JN265322

浪花の噂話

街迺噂二編／銀鶏雑記
[延寶大坂町盡]／攝州名所記

中村幸彦
長友千代治 編

汲古書院

序文という名の回顧談

ある日、名古屋市蓬左文庫で、雑賀(さいが)文庫の近代短歌の資料を渉猟していた時のことである。「水甕」の著名な歌人であり、哲学者でもあった加藤将之氏に、古稀記念という『序文功罪集』(昭和四十九年、短歌研究社刊)という本が目についた。その巻頭に、「序文功罪集について」という文章があり、

かつて数年前に、わたしは「序文有罪」という小文を弄した。序文をと乞われて、がらにもないことを書くのが、有罪に値いすることは、その頃すでに敏感にみずから咎めてもいたのである。

と言いながら、序文の集成をしているのである。いかにも加藤氏らしいと思った。

いま、中村幸彦先生との共編の形で、長友千代治君が、畑銀鶏の『街迺噂二編』と『銀鶏雑記』二書の影印に解説を付して出されるこの書に、私が序文を書くことは、まさしく、「序文有罪」と言わねばならないであろう。

それでも、この書の序文を引き受けたことについては、いくつかの私なりの意味があった。まだ君が佐賀大学の学生だった頃、私もまだ若かった。卒業を前にして大学院に進んで近世文学を研究したいと

言う君に、私は躊躇することなく、大阪市立大学大学院を勧めた。そこには私も京都大学の学生時代から尊敬していた森修教授がおられたし、何よりも宮崎に生まれて佐賀で学んだ君には、上方の風土に親しむことが、君の近世文学を大成することになると思ったからであった。やがて、君は、錦文流の修士論文を書いて大阪府立図書館司書に就職する。そこで、暁鐘成や松川半山といった、当時はまだ誰も手を付けなかった近世後期の上方の作家に注目する。それらは、やがて『近世上方作家・書肆研究』（平成六年、東京堂出版刊）として結実する。この銀鶏という作家が記した二書は、江戸から上方に来て見聞したことを、こと細かに記していて、天保期の上方文学を知る上に欠かせない好個の資料であった。延広真治氏の教示があったというが、この書に目敏く注目する君の眼は確かであったと言ってよい。

思えば、中村幸彦・岡見正雄・阪倉篤義三先生を編者とする『角川古語大辞典』に、私は三十数年の長きにわたって関係し、先年ようやく完成を見たが、その最後の頃、淡路からはるばる京都に見える中村先生を、名古屋から来て同宿し、お世話したのは、君であった。この書の刊行の意図は、君が「あとがき」に書いているが、先生と君との京都における幾夜かの雑談の中で、銀鶏のことが話題となったことは私も記憶している。今や先生すでに亡く、その三回忌を期して、先生との共編の形で刊行したいということを聞き、何よりも先生の御霊をなぐさめることになると思い、ただちに賛同したのであった。

『街迺噂二編』二冊は、西尾市の岩瀬文庫の蔵本である。岩瀬文庫には、私も愛知県立大学在職の時、君や矢野貫一氏らと連れ立って、何度も調査に赴いたことがあった。この書がその折に出て来たものかどうかは、今では記憶にさだかではない。ただ、君が「大阪府の歴史」九号（昭和五十三年三月）に翻刻してくれたものを通して、やはり『角川古語大辞典』の用例の確かめなどに何度も触れた気がする。しかし、このたび、改めて読み直してみると、滑稽本ふうに江戸との比較において大坂を語るこの書はすこぶるおもしろい。大阪に住んでいて、大阪のことしか知らない場合は、どこまでが大阪特有のものなのかということがわからない。方言研究などに、しばしばそういう誤りがあることは、私もいくつかは知っている。この書に語られる当時の大坂の風俗や言語の中には生粋の大阪人であった母から聞いていたことが、思い出されて楽しい。

『銀鶏雑記』は、大東急記念文庫の蔵書である。君も、解説に引用しているように、中村先生が、『大東急記念文庫貴重書解題』（昭和五十六年刊）に、書誌と解題を記されている。その『大東急記念文庫貴重書解題』も、長谷川強氏とともに参加し、その折のことが私にはなつかしい。その折は、先ず、何をとりあげて解題を付すべきかということから始まった。中村先生が、貴重書の条件を示され、その条件に従って書目を選出し、近世文学は長谷川氏、国文学・国語学は私、その他を先生が一手に引き受けられたのであった。この書が選ばれたのは、一に諸家自筆本というにあったと記憶する。中村先生の解題にもあるように、この書は『街廼噂』の資料となったものといってよい。そういった意味でも、この書が残っていることは、作家の手の内を見る思いがしておもしろい。

いま、長友君は、この二書の影印に適切な解説を施し、作者銀鶏について与う限りの考証を試み、さらにその苦心に成る索引を付することによって両書の関係を明らかにしようとしている。諸般の事情で、先生の忌日には間に合わなかったけれども、この書が、先生の三回忌を期して世に出ることは、何よりも泉下の先生が喜んでおられることであろうと思うのである。

大阪大学名誉教授　島津　忠　夫

目次

目次

凡例

一、影印は原本半葉を一頁とした。資料の実寸と、縮小・拡大率は、解題に記した。貼紙のある箇所はめくって撮影、再出した。

二、影印本の柱には書名を記し、書名下のカッコ内に、丁数と表裏を（一オ）（一ウ）のように記した。「延寶大坂町盡」は原丁付を、他は通しで実丁数で記した。

三、『浪花雑誌街迺噂二編』の書名は、影印に見るように『街迺噂』である。角書はないが、初編板行本にならって、「浪花雑誌」の角書を私につけ、その二編であることを明示した。なお、初編の板行本は『浪花雑誌街廼噂』（外題・見返）『街能噂』（内題・尾題）である。表記は、二編についてのみ『街迺噂』と記し、それ以外は『街廼噂』で統一した。

四、『難波金城在番中銀鶏雑記　二』については、表裏一丁に貼付してある一枚物を鳥瞰するために、綴じを解いて撮影、「一枚物抄出」として再出した。

五、解題・注記・索引などでの原文の翻字は、常用通行体の文字を使用し、濁点や句読点を適宜つけた。

浪花雑誌 街迺噂 二編

浪花／雑誌街迺噂二編巻之一（前表紙）

浪花／雑誌街迺噂二編巻之一（見返）

街迺噂二編巻之一

大江戸乃野客　平亭銀雞撰

難波津に咲や此花冬ごもり今ハ春へとなりぬれど。何ぞなくろ兼し吾妻ぞと。万松千長の二客ハ思ひの外に此地にまさく。知人おほく出来にけれハ雨につけ風につけ。訪つ問れつ終日終夜雑談に隙でなかりける。ころしも春の初つかた。霞もなびく朝まだき。相ともかたいふん二人して。旅宿を出て三日目のころ。何方に夢を結びしやら。烏と供に起いで。帯しくの初湯に言入最愛可愛の口舌にて。折角織し油垢を。情なくも洗ひ流し。梅花の香ひふんぷんたる。歯磨つかひ口嗽き。一寸天窓も結んと。髪結床にて支度調へ。夫から直に千年舎の住居に立寄表から

【萬松】【千長】こゑを掛て年頭の御祝儀申上升。ハイまう大こゑ

ゆるさしてつかし。下女あそこて障子をひのける。

【下女】オヤ誰人かと思ふたらお二人

きぬ。ゑらうお早うお出ましぢや。〔万松〕イヤ女中一夜明ら格別美に成さぜい。〔千長〕モウ讃かけるぜい。ぜぶんのなふあみ。時に檀那ハお宿から。（此ころきゝて奥より鶴人かけつでながら。）

〔鶴人〕ヤア引これハお揃ひ強氣に早くお出うけで今ヤス。さアこちらへ。調度年処への御年始ざ。今雑莫に一ぺん伺ふと思ふ処でゐつヤス。（とひなおりてぶらぶら。いざなひざしきへ入る。）古い言ぶんぐザサテ明ましていふのい春でムりヤス。

〔万松千長〕イヤ先生皆様揃ひなすつて御越年お目出たうムり升。

當年も相替らず御懇意に預り升。[鶴人]それハ私ろふ願ふことぢや。おふきうなぶ〳〵。どふして御越年ハなされやしたか。爾お宿でお楽事なさるや正。[万松]さやうで升。能ふあんじませぬやうに改〻してきましたが。さぞこの人を待て居や正。[千長]三月ハ竝兆樂齋などが来るやうすでムフヤスう〳〵。どふぞ其くき一処にこの人ふいので厶フ升。[鶴人]ソリヤアいつ御連ぢや。イヤ時に雑煮が出来やした。野暮な奴ぢやが是がなけねばやア。

青めきやせん。コレさんや。其床(とこ)の間(ま)の屠蘇(とそ)を持(もつ)てまゐれ。御雑煮(おざうに)に祝ふる重詰(ぢうづめ)もこゝへよかョ。とさしづをするうち・女房ハ膳手まめに雑煮の膳をこしらへ二人のまへに持きて・いろ〳〵のあいさつをのべる・一方松千長も禮をのべて坐さだまりければ互にむかひて・

鶴人

サア召上(めしあがり)やしとたがひに椀のふたをとり餅をはさみながら　モシ御覧(ごらん)なされやし。江戸のやうに大坂(こちら)ハ切餅(きりもち)でハムりやせん。皆(みん)な此やうに丸(まる)く拵(こしら)へやす。夫して餅屋(もちや)で賣(うり)やすも目(め)にかけて賣(うり)やす。先頃(さきごろ)もおはなし申す通り。京大坂ハ雑煮(ざふに)ハみんな味噌汁(みそしる)でこしらへやす。加役(かやく)へも昆布(こぶ)をいれやすが是ハ然し殊によると江戸でも喰ことがありやすヨ。千長 さやうし。昆布のだしつやく雑煮を拵へる家が江戸でも有やす。万松 汁でするうちもありやすぜへ。モシ先生ござりやせんか お塩梅ぞ。コレハ誠に遠慮なしのモウ一盃と出かけやせう。千長 いうさま私もモウ一盃ぞ。鶴人 仕込ハ大壮ムクヤスから僕におねがひ外爾さんが喰るのが少ないとて恨らもきこえぬやうすく誠に用心なさろやし。下女 オホヽヽ 万松 なるほど是ハ心つきやせん爾女中の恨なく受るるござりや正ア。ハヽヽヽモシ是が先生例の海山のお重詰でござりやス。大公年のおえなしで正しく見るハ好事の欲る処でござりがしござりやス。鶴人 さやさ。ぶんか海山のお尋がござりやしたつけ。則此重詰でござりやス。モシ東が江戸でせぬことござりやすぜ。二月初午の日ハかならず菜の芥子あへを喰ひやすのが大阪の定例でござりやス。三月節句ニ胡葱の酢味噌和へを致しやすのハ江戸ばかりで。京摂にハ無ことでござりやス。又四日ニ雛へ蕎麦を備へることも大坂にハござりやせん。八月十五夜の月見の團子も江戸のやうな白でハなく。餡や黄な粉をつけて數も十二と極て備やす。それも閏年にハ十三上やす。九月十三夜にハ団子なしに枝豆のもゝのを出で備つるのが大坂の習ハしでムクヤス。イヤそれハ〳〵が其層穫で一口ハのがりや〳〵。跡ハ前酒と云てねどろ〳〵朝飲の初や正。[千長]朝ハ〳〵先生ハ𢌞めてハ恐入やす。爾私ハ兼て御存の通。朝酒が格別にこようムクヤス。[万松]矢立を出して鶴人のはなしを鼻紙へかき居る〳〵が筆をおいて千長にむかひ。

千長さん朝酒ハ格別ニくハどふもこくねい。昼酒も又格別かとおもふムリヤ正。[千長]悪ひ処へ気のつく男ござい。今ニ見さつし意趣を返すぞ。イヤ先生今のおさなよしの九月十三夜ハ此地でハ豆名月と唱つるぢやアムリヤせん。扨して九月の節句ニハ栗飯を焚ときやしさが左様でハありやすらう。[鶴人]栗飯も焚やすが九日の膳部ニハかならず平へ栗をいれやす。十月の戎講も江戸のやふニ家々でハ祝ひやせん。此地でハ呉服屋と古着屋商賣の者ざういひやす。万松 十二月の朔日ニ餅を喰ふことがあるぢやアムツヤせんか。鶴八 ソリヤア乙子の餅とて雑煮ぜんざいなどを喰ひやすのさ。十二月十三日ハ正月の事始といひやして。此日ニ澤菴の出し初といゝしやす。京都ニてハ十二月八日ハ針の供養とて。蒟蒻を喰ひやす。千長 ぞぶ〳〵訳で針の供養にこんにやくを喰のでムツヤ正。コリヤア解やせん子。鶴八 さやうさ。商さういふ事が儘ありやす。

先それハ指おいて。酒からしや正。のんまり朝からの理屈めいたはなしハ春めきやせん。【下女】お雑煮とお数なさりまし。【鶴人】さうし。皆さぬが澤山お強ひさんに。【万松】万松さんハ別してお好と見えるお口ぶりが大分見ゆり。【万松】コレハお讃かひのづうんびのつがらい。お言が甘モウ一ッいふたい頂きや正。女中このならずぬ笑ふめりぞ。【千長】イヤ是ハおとなしい感心ぢや。升しくハおみ際ぢや。先刻から先生と噺て居やるうちにモウ五六膳もやつさやうすぢや。御喰といきつい。

道理で太公年恵方参のとき。妙見の土手で團子を二十八本喰たといふ説が虚じやア無と見へやす誠恐しいやつさ。[市松]モウ棚おろしハ御免だ。アリヤア[琴臺]さんと静軒さんの懸合を側でうろうろすけさのざいナ。モウ五本懸直がある。十二本でしのいやつさ。[鶴人]十二本も強飯白魚を三枚おおろして喰たといふ通人も楽屋へ入と皆なさうきやすぜ。是が當時でムりやす。[千長]モシ恵方で思ひ出しやしたが。此間も一日恵方参と出掛

やうぢやんのムヲヤせんわ。鶴人ヨリヤア面白うムヲヤ正。九日十日ハ
今宮の戎で強氣な人が出やすうぷちと早く出のけて
英斎さんの宅で一盃やらうして。花月菴と南里亭
ご誘つて往や正。万松 國廣、貞廣、貞芳なども春ハ
遊ぶつく約速でありやすゆゑ其前日なりしておきや正モシ
先生十日えびすハ大壮な人ぢやアムヲヤせんわ。江戸の
浅草市のやうなときとやしさが。左やうでムヲヤスカネ。鶴人
手もなく其通りでムヲヤス。其内にもお目にかけさいハ藝

子ハ駕ニ乗て幇間が踊ながら舁やすがコリヤア見物のでムりやス。駕ハ駕でも毛氈で包んで強気な声花やかな蒲團ハ二三枚も敷重ね幇間の身形などきてハ丸ニ役者の仕立でムりやス。千長　なるほど其ことハ北海さんの噺で聞て居やしたが昔ハ其様ニ賑ひやしたそふ。鶴人　イヤ余り古いことでハ呑込めやすめへ。先頃お目ニかけやした難波枕ニも難波鑑ニも今宮のゑびすのことハ少しもムりやせんわい。如斯ニ参詣の初りやよい

近年のことでムりや正。濵松子の南水漫遊ニも戎橋の條
ニ今宮のゑびすのことを少々ばかり記して聴ふことゝ何とか
噂やさん。万松 戎橋とハいひやすのが昔操櫓といひや
しこので、ムりヤス子。鸚人 昔ハ戎橋の西ニ操芝居が
有たとふことでムりヤス。夫ゆゑ諸見物がおほく此橋
をとふりやすゆゑ、いつとなく操櫓と異名をいゝしと見
ゑやす。又戎橋といひやすと、此橋の南詰で毎年
正月九日十日ニ西宮戎の御影を弘めやすことが昔

おりの嘉例でござりやす。夫ゆへゑびす橋と呼ましといひやす。又一説にハ今宮の恵比須の社へ今湊に向ふるゆゑ名づけたともいひやす。此橋の西の難波橋を大黒橋といひやすのハ全く戎橋に對しての名と見えやす。とんだしのうちに女房の手料理にて有合のさこのなかでこしらへて酒でこぶす三人して雅談のうちにさらつきでかゝふけ。さゝつさくやつ。いと面白くりかゝすんで。其うちに下女ンでござふにのぜんでさげる。女房ハ勝手へンず吸物のおついですると見えふり髪ら亘く推しぬかべし。千長 イヤ橋といへバ四ツ橋さん昨日天神橋の間數を聞やしたら。何程というてやゝつけ子。［万松］さやうさ。天神橋が百二十三間三尺。幅が三間半さ。天満橋が百十五間五尺。幅が四間ヌ。難波橋が百五間六尺。幅が三間半。是ハ大坂の三橋と称して三ツの大橋でムりヤス。何と恐かるい物でござらふ千長さん。［千長］おそれ入やした。何の間におぼえさる由地図のなふぬ人だ。先生ハ用心なさうやし。［鷗入］いうさぬ三橋の御即答ハ感心ご御褒美ニ一ツ上げやす。［万松］頂きます。オトリ散ますりやモシ千さん其

ごろ鱈ニ一ツとひながぐふ生ちうぶさ〜ぶつぶす。千長ふふふ生ささみてなるぞど
万松さん公ハきつい此お肴ニごろ鱈などゝふゝとニ
ごふ〜て知てゐるぶらふ。万松博識なよめぶらふ。
大坂へ来て半年ぜんうろ居うちか大抵こちらのとハ
知やしさ。一番先生へ鑓ニ入や正。難波新地ハ
ンうゐの開地でおさやすお先生ねするでムりヤスカ。鶴人
ながぐふずこ〜うんこて。おつなことのお尋ぶら。速かこゝへや正難
波新地ハ享保八癸卯年の開地でムりや正。万松コレハ

強(きつい)さうなもふ高津新地(かうつしんち)はどふでムりヤス。[鶴人]延享元甲子(きのえね)年でムりヤス。[万松]是も強(きつい)ぶ其通りでムりヤス。[雀人]元禄元年と始

堂島安治川はどふでムりヤス。ござりやすが聢(しか)と知(しり)やせん。[万松]誠(まこと)に奇妙の咄(はなし)。當(あて)りやーした。[千長]サウ當(あて)られちやア鑓(やり)のさきが折(をれ)やーしたらぶ。イヤ[万松]さん此廿五日には天満の初天神へ往(いき)や正(しやう)ぶだ。強(かう)気(き)に張(はり)やらぶさうだ。[万松]六ツ鱗(うろこ)が兼(かね)ての約束(やくそく)でムりやす。廿五日にはぜひ寄(より)とふことだぶ

うち不美人の宅へおしかけや正。雇人 私も御同伴いたしや正。去ながら咄さへも出逢やせん。モシ狂歌ハ餘程ゝい口調でいきやすぜへ。味 ありとすておかぬぞおもしろき。田舎豆腐の岡部の大鍋太。孝長 さやう／＼。二軒茶屋南ぜんじで詠ぞのぞ。アリヤアござりやす訳でムりやシタ「ねのあらき山時る初うつき耳から口へ飛こみおりく」庵中庵のゝい口調でムりやス。万松 其ぎ并お江戸へこられしときにも詠ぞござりやすでムりやス。雇人

江戸も狂歌ハ大分中〳〵おみなりやしませぬ。何ぶおもれぬよ
ソレでも湊橋や。數寄屋河岸が丈夫な時分には
押ゑがきくやしん。千長 おまきみさやうでムりきス。イヤ江戸
うぶ川柳の点をする人が来ぬちやアムりヤせんぶ。誰人で
ムりヤス。雁人 ソリヤア素行堂のことでいのゐや正。松屋町通
お君らねやすぽおあづねなさりやし。此人が来られてからい浪花
川柳がおゐい流行でムりヤス。万松 モシ夕霧ハ外料が
かくらぬぞこ〔ウリ〕ハ私の祖父の句でムりヤスぜい。雁人

左様でムりやすか。なるほど外科がかゝらぬだうりでハのりやすまい。[千長]どふいふ訳だか分りやせん。[万松]コレハけすかぬ。無骨のてござる。[千長]どふして。なるほど〳〵。煎薬と煉薬と鍼と按摩でふう〳〵とござる。外科がかゝらぬぞすじや甘穿つさ。[庄八]モシ其衝立の裏ニ張てあるのが夕霧の文でムりやす。美筆でムりやすな。新町の吉田屋ニ正筆がへのるといふ事でムりやす。それ〴〵掏て客ニくれやす。其内ニ一行わのかぬ処がへのりやすヨ。[万松]なるほど見ごと

な筆ぶ゜モシタ霧の着さうちこのけへ見せる寺がへる
ぢやアムクヤせん。窪人 ソリヤア下寺町の浄國寺とふので
ムクヤス。彼岸中ゎ徃ハ見せやす。来月お出なさりやし。
千長 ソリヤア見ておきさへ物でムクヤス。好事家ハさうでこと
へご道てハなすめやせん。正松さん徃や正ぜへ゜きゝして安部の
村の狐の手跡も見ゎつきや正。是等ハ道具ゎきを舎やす
ざいぷ゜きの脂同道で見うけやしさ手紙のき所とふ着板ハ
江戸ゎ無とでムクヤスが能工夫でムクヤス。江戸でれじめら

當やエ。［万松］私も先日何方で見掛やしたらコリヤ
面白いとぶいと男ひやーして。一ゝ書つけておきやーした。何か
年始状ぞ五十文とふ書附で冷やーしやーしたっけ。［雀人］さやう。
大坂あ八所ゝあムクヤス。なるほど［千長］さんのお説の通り
江戸でもはじめると當りやすぜ。［曽浦］さんの代作屋
も此上手で徙ゝもので公ヤスらふ。山下ぞ両國ゝ
一大肴板かーして手紙ぞき処と大文字あ記して。其
下へ何がいくら。何がいくらといちいち直段附を記して

おきやアんす。諸國の人の入込処でござりやすから。急度(きつと)いの
さくや惣(すべ)て江戸とちがひ。大坂では早(はや)く人の目につくさき
好(このみ)もすらぶ。両替屋なぞでも御覧(らん)じやア。銭小貴(ぜにこだか)よ
銭あまのといふ小看板(かんばん)をかけておきやす。江戸に無(ない)とでござりやす。
イヤ江戸に無(ない)でもおもへ申しゝ。今橋一町目に天王寺屋
五兵衛平野屋五兵衛といふ大町人(おほちやうにん)がござりやすが。此両家では
召(めし)つかひの丁稚(でつち)に夏冬ともに木綿(もめん)の振袖(ふりそで)を着(き)せて
若衆の天窓(あたま)の前髪(まへがみ)を二ツにわけて後(うしろ)へさげやすが。尤

お若殿様のこゝらひでムリヤス。先年狂歌堂が来られしとき見られやしてきつい感心のことでムリヤシタ。千長 其おはなしを兼て聞て居やすさ。今橋一丁目に十兵衛橋丁といふがぢやアムリヤせんか。雇人 さやう〱。五兵衛が二人リある処でムリヤスから、謔人がいひはじめたと見えやすのさ。万松 江戸の一こく橋も前後に後藤があるゆへの名ござうでムリヤス。難波何方にも似寄ことがあるのでムリヤス。丁稚小僧にみなそでを着せるといふは古風なことで

昔がしのばれて。ちつとふみヤス。みんな先生のおきゝ清く
さうと思ふことがムりヤス。此間旅宿の前で子供がよめ
いふひキツキリモとゑやさうとふひやーてさとぎやすがアリヤア
モシなんのことでありやす子。〔千長〕それにいれておきゝ清さ
と思ひやーふ。〔雇人〕へ、引ソレハ江戸でふ鬼(おに)ん袋(ぶくろ)のことで
いひやす。〔万松〕ハア、鬼ゴツコのことキツキリモさういひやすろ。
それで解(げ)せやーふ。江戸でハ鬼(おに)ん袋とも まゝハ鬼ゴツコともいふ〔雇人〕それについて
おえなーがいひやす。鬼(おに)ん袋(ぶくろ)の遊びの此子ハミソすーておくと。

いふことハ大坂でハ|ハイボ|かしておくといひやす。江戸でいふ|ズリ|
のことハチボといひやすぜへ。|手長||チボ|とハどふいふ訣でムり
やす。|雇人|いろ〳〵な説がありやすヨ。癡な者ハ何野暮人
ぢうふ小盗ハするといふのさ〳〵して。|癡暮|といふ字ハへのでると
いふ説もムりやすイ。又人の目ハかすめて盗ハするなど|智謀|の
いるをハないといふのさ〳〵して。|智謀|といふことめて|智謀|とでめ
ていふともいひやすぶ。皆んな杜撰説で取やせん。|チボ|ハ
|チヨボ|の訛で|チヨビン|といふことでありやせう。一寸障ことヽ

チヨボ チヨビリなどいひやすぜい。江戸言に一口飲（ひとくちのむ）といふをチヨツピリやらのさうなどいひ白魚（しらうを）も一（ひと）チヨボといふなどもすこしづつといふ事で、ゆつやな事さ。するとチボハすこしといふ事でチボリサハ小盗人（こぬすびと）といふ事で、ござりヤス。悪者（わるもの）のことをモガリといひやすが、是（これ）も紺屋（こうや）の干物竹（ほしものだけ）をモガリといふなめり衣がまつ事でござりヤス。大坂（おほさか）の干物竹ハ股（また）が出（で）て居やすのふ。夫へきせるとかくるといふ事とおもふて。悪者（わるもの）にさせると引（ひく）のくるといふでモガリといひやす。諷（ふうゐ）のうちするうとふの合(あひ)狂言がモガリといふことがござりやすぜい。又大坂でも場所がらモガリのことをイガミともいひやす。是(これ)も悪者(わるもの)のことでござりやす。千本桜のいがみの権太も是(これ)らからつけた名でござりやす。正

万松 面白(おもしろい)おはなし。チボのお説はこれで穏(おだやか)でござりやす。

千長 モシ此地(こちら)ではチボをごつうま合と橋のうへの放下為(ほうかし)込(こむ)ぢやアござりやせん。

寉人 イヤ江戸とちがつて大坂ではスリは一言(いちごん)もござりやせん。ひどいめにあひやす。

万松 さうだといふことでござりやす。それはかぎる月見のつても尽(つき)ぬと

いふハ是非もないことでムヤス。寉人 石りや濱のはさごハつきる

ことでムヤスのさ。モシ盗人のことハ大坂でハおくらこみといひ

やすぜ。ぶらく者ハごろつきとも極道ともいひやす

江戸でいふひやかすといふことハぞめき おごるをハあてる

ゐいこ持ハべんけい 無闇なことハむさんこ 子虫ハ

どんぶり赤ゑうぶりハ赤子 きちやこ貝ハぜゝ貝

あやまるハそふでござる 太儀なことハえんどい 十納ハ

おきうきハとめらすハ板おみき 味淋のらすハこぶれ梅

辻番ハ番所　猫股ハ股猫とひつくりかへして云
やす。それで真種さんの事ハ弟子どもがしやれて。おま
ねこさんといふので云やすハいな。訳を知らんでハまねこ
さんのしやれが一向わかりやせんのさ。モシ一ツあげやせう。
おはなしついでにお吸物が出やした。サア、おのみなさ
なさりやし。といひながら　モシ是ハ江戸で[illegible]で
云やす。雪花菜と黒胡麻をすりやつて。味噌
でゐて。それ（赤貝ハいれるので云やス。そのつめ汁と

はなしやして。大坂でハ折くやうやす。モシ此數(かず)の子(こ)の
芥子和(からしあへ)もあんまり江戸でハ喰(くひ)やせんぜ。家内の花
か數(かず)の子のこひやうごろう記してありやすが。大根
おろしでくふも中〻おつで厶りヤス。［万松］［千長］コレハおめ
づらしい御吸物ござりもうしやせん。ゝお塩梅ぶりがお家
さんがいつさい御(お)調理(てうり)ハおふどゞうまいものぶ。モシ一ツ上(あげ)
ふいもので厶りヤスが。［雀人］イマ参(めしあが)りましたマア一ツお重
なさりやし。モシ是(これ)も江戸ではないやうだ。イづれもとゝのへて。

鯨の油を取た薬らいで厶りやス。一ツ召あがつて御覧じやアおまへんので厶りやスが素人料理の口取よふくつかひやすヨ。【万松】いろ〳〵珍物を頂戴しありがたく存升。【千長】モシ此三盃漬のむきみハ妙で厶りやス。【雀人】へ、それハ尼が崎から到来やした。蜆のむき身を干しので厶りやス。至て軽いのでハのりやす。【万松】蜆をむくとハ面倒な玉で厶りやス子。【鶴人】さやうさ。ござ〳〵むきみにするのでハのりやすめへ。何れ訳のあることで厶りや正。

[手長] 御存なる、草冊子の口絵で見ておなじみが、モミ先生此幡随長兵衛のせがれ。「何をざ鳥ハ浪花イく。籔鶯ハ京そだち」とふことも能人ゞ口はねへきこへやすが。私えじめ職洛が、ゐやせんがつい

どふぞうけでムりやエ。[雇人] コレハおつなことのおあつめでムり

ヤス。さやうさ面白せうてでムりやス。へのえざ鳥といひやすの。

大坂の阿波座ハ若者ども駈力などのおゝく住処で。

江戸の新場小田原丁とふやうな場処でムりやス。それ

ゆゑ。其処の勇で多ひが。毎夜〳〵色里へかよひて。

カオウ〳〵とざわめき歩くを鳥が引つけて。阿波座鳥は浪花形といふので厶りやす。籔鶯は京ばかりぢやない身を籔鶯と見て。長兵衛が卑下しさことだ京雀を羽うちからしめ。江戸の男と立られちやア男の中の男一疋何時もおつねてござゐまし。影隠居て待つてござりやすぞ。いくせあるふで厶りやす。三ヶの津を對手取て男立の文句よく穿やし〳〵。万松 それでこのちさ鳥の訳がきこれやし〳〵。さうすると跡が解せやす。なるほど雨

白イヤモシ春狂言ハお供さして見物ムリヤス。鶴の屋公行
ども初逢しておきやしたが。大勢でおしすけや正。庵人
ソリヤア能ウムリヤ正。薫馥堂　旦見　梅好　篴成など
いふ風流家を誘ひ出して。一日大のみとおそえ正。
どふも近頃ハ芝居も遊里も長くハひきてへきや
せん。半日見されてもあきつぶりでムリヤス。イヤモシ芝居
といふハ道頓堀初芝居が難波鑑に出ていやす。
又も面白ムリヤスうふ。鈔録しておきやした。といひながら
[illegible]

いろ〳〵かきくはへつめたる。かりとぢの冊子にこぶして見わたる。モシ御覧じやし。是でムりやス。千長ハ、アヽ引是ハ面白さうぢ。万鑑ばらんなされやし。万鑑なるほど古画ぢ。と云ひて。ふろうしそ。其うきぬきにひきよせて。こゝろのうちをそろしよむ。ぬすじハ。難波何ら女房ふさしづしてさうなをいひつくるやうす。千長ハ扇子の要と又扇子の端にて。小声にてよむ。難波鑑第一巻目の九枚目に出づる道頓堀初芝居初芝居とふ事なり。其名めづらしく。心も浮ふわ物ハ役者堀江の川波ぶちきれやす。

太鼓のごと磨土ハ云ふ。日本撟のえーの〳〵、老若男女きせると火燵み弁當提重箱のへ、毛氈緣むしきーとみせかけさせ、しもやまてーとさ持来る。錠ハ妻のごと霞みやふ。撫役者のみいろいろ汗どもし乃うちの向ミさへピよい〳〵そへどやきまして、かうつとふる戌き〳〵もやつうく嵐ど戸のかふうふみ俳個してよくさ来る。べく乃なかふつぐるうちの異様なるをかさぬと見る。
が、ひらがなはるゝやうやるくはなくとすりハ、それと
おりへど、事がすがるに見付られども、ちのぶ
乃山の山守も、人めのひのこのまつげきふあれ。
さらふこゞもなくへも、るし、御芝居の兄
ものゝあはれむかしのハ、おさせるゝ拙はどもれんへど、能
の音に心をうつせしも、肉に入らんとこね
わすれハ楽器をとれバ立るちよそらんと

ぞといふも。お咄(はなし)なんぞが席(せき)に入(いれ)んがためて。こくら
の人に案内(あない)してゐるが。いまだ狂言(きやうげん)もすま
らず。其中(そのうち)にてとゝあらく[illegible]。四方山(よもやま)のはなず
ぐるまでおしはかる。偶(たまたま)なる人のいひけるごとき
けハ。此所(ところ)ハ[illegible]場(さうえんぢやう)といふハ。人みな此地(このち)ニて
まくらて。歌舞(かぶ)妓(き)とよぶ[illegible]の遊興(ゆうげう)に入(いる)を
の娼(ちやや)[illegible]ゆへなりく名づけゐるとぞ。[illegible]
なる流(りう)歌舞(かぶ)妓(き)の名のほしときゝハ。僧俗(そうぞく)によ

らば貴もなく。賤もなく。價をもつてなさけ
をうけしゆへ。銭さへあれバ此市に立ことを易し。
遠寺参ハ布施乃つみがろきハ花代と
と新げ。町の一番子ハ親のゆづりの[illegible]の
かゝ孫をふ。そひ孫乃身代袖枡。口よりかね
をすひそふれ。あすひハ富賤にこしはへ。蔵
こころちを立さうて。身をおちぼさく多し。
きゝなはれのもどりめぐる嬢なれバ。立に口[illegible]

人ハ生れて出そめしより誰が披露ハなけれども往(いん)
じ寛延元年初秋のころかぶき若衆
の額髪(ひたひがみ)をそりしも下ハ野郎となりし歳(とし)
芝居ざかりける子どもまでさかしせさせ給ひ。
普天の下率土のはてまでめぐみのうるほひにすむべきみなもと
ねがハくハせのが生縁より立ちうえもいきれぬとげざ
乃ミかハ落穂ひろふあつや宿へるめもいと
壇くし。きうしより世にすこしとさめてがん。

されども芝居乃ことハ、ぞめきさせるのみなれバ、此の
乃ち能狂言と同じことの、右近左近があしぐる
御舞しうちへ、すさ二人静の舞すひずまし。
いつくやともてはやして群集しぬとかるるかさちみ。
さじめましと乃しれバ近づけるさじめぬぞて
さしうきのかさ也えやれを、ぞしのよいひハ
二八ぞうの粧みて、なよしたる。楊柳のさるうせみ
さるさが風流清にて、出ると、いなやこれでやつる。

いつも油でりなひ。好音菩薩の御裳這りと あ
むればいきながしあむらひ袖とちうげてめくだもで。
ひとしとじぞめるうかぢや。いさなぢ李花の一枝
春雨ふるころぶるとおもうすゝ三九ぞうり
ちぁすゝるちと見えぇーがはくひて出られ洞
庭の秋の月二れくと。かむるも知らーぷくるも
つとをや真がいろこぉー〜ぞ呆匁けうちい
づいゎゞとぢぬ中古霸匁十二月の花よめむ。

くるわなれば、なのみぞ、いさましからねど、其名
ごつそう凡人ある所にこそ、ずいぶん、つねに懺悔の
うれひもさりぞく世の中に、何ぞ男色にめで、
遊興にひまを費しちんぷらんや。されども狂言の其
のりをさるるにざれめきたることどもまでおさな
き事ども致し、いましめへ仏神の本縁
もしらずうちひまひゆれば人へ申す
ずりものみ、れがたし、ふつつかなる今やくはずきめ

さうぞきのふ大坂のうちみのほしをさぶらふハちや
そうくこ。恋慕密通せしを狂言ねして。
其人の名をさして。それといひされバ人まで是
ごおもしろからぬ。されバ大坂のうちハ言ふに及ばず。
国ぐ遠き縣までも沙汰して親へ
恥をあたへるをいうぞくの歎なり。すゆめく記
なりきをぞうしとおもひて人の物や娘なんど引
つれさうて物見しあるを恥らればげふれ

人のくあすのこれかぎりなきこと〱で。うかくと役者(やくしや)
おそらふれうるあさましきのと。畑とおもひ出る
よめりしぎく立むとしうるぞ侍(そぞ)なる人のまゝ、
しめゆとひざおさつても(ともども)と感じて。沢のごく
さみてん。想じを娘(むすめ)なんとおるる人の心づかひある
べきハ式見物なり。其人かハよすべけれども数寄(すんぶ)
のみぞでさえるゝよぞも心なきもこゝろをつけ。乱(なさけ)
もましやせ園しぞ乃びてもえんまでし情も

かけてもやと。色のなかも。どのづくら色をつくるふ。
此見世のならんと。若しくて立ワりれぬ。いとおかし
うきりり。
[万松]なるほど面白いムクヤス。殊に画風がござんすに
やせん。真に昔が志のまんなやす。承応元年初秋の
ころ。ろぶき若衆の額髪をとつさとあろやすが。
承応ハモウ幾年ぞうみなりや正。[千長]慶安の
次。明暦の前でムクヤスかうら。カウト天保廿年と。百年

九年おなりやす。［雇人］さいで厶りヤ正。難波鑑が延宝八年の印本で厶りヤスかいな。是(これ)が謝度(ちやうど)百五十七年かなりや正。古(ふるい)もので厶りヤス。文中がちと解(げ)ぬところがひのイやすが本の儘(まゝ)でかきぬいて。側(そば)へ星(しるし)をつけておきやした。とそなたの処へ（下女さんぞ）［下女］旦那南久太郎町からかき餅干(もちぼし)が出来(でき)さとて持参(もておま)しさ。［雇人］モシ此籠(ろう)の工夫でお覧(ごらう)じやし。鑰裡(おうつぼど)穿(おうつ)さるものでいのうヤ正。大一場(だいいちば)蓆(せき)を取(とら)ずして。凧が上下(じやうげ)らぶせんひめ

やすのう。乾も早し、亂の用心とて、狹の家など是ハ
でハ大やんやでおますか。○圖あり末巻にみへまする[万松][千長]ところのげ是ハながら
奇妙ぢやなるほど、つくねんでおます。鳥渡見てもしらぬが人の
氣のつかぬ工夫ぢや。是ハ江戸へ流行せたいもので御座ります。
敷織のみなすふぶるやうでも。せまい家でハ、ぢきに倒れ風
やす。お侍けに氣に引れるとおもふので、なかなやすらふ。
世話が行とゞきやせん。[女房]モシみんなへ松翁さんが
御すうけで年始においで。とふこゝへ、みてふ[雇人]ハア、さようでマア

扨そこで屠蘇（とそ）でもあげさつせい。ポイ皆さん母へ座来（ざうらい）
〜えへのげる〜先生（せんせい）さゝ。さんやお年始（ごねん）においでのお客（きやく）へハ。
小豆（あづき）おしるこのぞヨ忘（わす）れめいぞ。座来ハ江戸にていふ気ひつゑのことなり　其説初編につまびらかに論ず
手長　小声（こごゑ）にて　モシ今お家（いへ）さんが松翁さんがいうけで来（き）さとおツ
ちやりやしゝ。ぞふゝふ訣（わけ）でムウヤス。雇人　なるそどにされ
これやすめい。ほ最（ごつそう）ど　マア一ツのおめかしなさろ。今おそなお
隋へしや丘。

街迺噂二編巻之一終

浪花／雑誌街廼噂二編巻之一（後表紙）

街廼噂二編巻之二

大江戸乃野容　平亭銀雞撰

酒は只の囲ねは須磨のうらさび。飲は明石のこゝちこそすれ。万松千長は朝はぎきうふ。雇人ら家ふもちけこみ。三人して。さつされつ。飲酒の一盃一盃ま一盃鳥渡おやのひのふびごともかも。思ひ出しては向のくるはなし浮世の滑稽なるぞ。木曽の山吹其処此処に。何方

みな実のある風雅朋友どし。根どし葉どし穿鑿も好
事の癖ゝ随筆のたすけとするきゝ知なども互にこゝろ
うちとけて。見聞せしを其儘に包まず秘さず。語
合ひ江戸と浪花のかはりを磨いてゆく新玉の
年のはじめの酒盛ハ。いと目出たくぞ見えける。［雀人］
マアモウひさ。おりさねなさるやし。今ニ何ぞさうなが来
や正。イヤ妻がいうけで来るといひやしたハおつなもんでムう
ヤス。男と女とこんなに連で歩くともいうけで似るくと

いひやす。其ワけハ鑄かけ屋ハ夫婦(ふうふ)して歩(ある)きやす。
それをそれて大坂(こちら)の者がいふので厶りやス。ひとり者ハ
男女(なんによ)して歩(ある)くことを駱駝(らくだ)であるくといひやす。なんの
一時(いちじ)の通言(つうげん)で何ともやすのさ。［干長］へ引 それで解(げ)せ
やしぬ。どふも一すじとふわからぬことが何やすふ。
困(こま)りやす。此ごろも借本屋(かしほんや)が来(き)やしたぞ。粋書(すいしよ)くと
いふことをいひやすが、勝落(みそおち)がなんやんすふ。氣(き)をつけて
見(み)やすと滑稽本(ちやれぶん)の事で厶りやスナイ。［雇人］さやうさ。

兩江戸でいふしやれ本とハ又すこしちがひやす。大坂の粋書とハいひやすのハ。おそらく江戸でいふ中本の人情本のことでムりやス。爲永や素人の作が所謂こちらでいふ粋書でごさりやす。万松なるほどさやうでムり正。江戸で意氣ざといふ場へ大坂でハ粋ざといひやすね。粋ハ通人ざといふことで。通り者ざさしていふことぞで今や正。寉人お説のところでムりやス。能物のわかるさ粋とも通ともいひや正さ。本朝文粋ざよ。青畫番粋

どゞ。白虎通風俗通などゝ粋(すい)通(つう)の文字で
ありやすのふ面白(おもしろ)がりやス。江戸でいふめかすといふ事を
大坂でいやつすといひやす。色里(いろざと)をひやかすことを
ぞめくといひやすぜへ。まゝ虚(うそ)をつくことをかぜめくといひ
やす。酒をのむことをいれるといひ。悪(わる)くいふことをいなす
阿房(あはう)のことをいんご。孕(はらむ)ことをころつぶく物をうることをだらす
下女をろきうまん。間違(まちがひ)をへこ。むこうへふることをてれ
ける。相手にならぬといふことをつんくとうみぎゝことを

せらんさ　別(ゆう)るをば　つく　誤(あやま)るをば　こゑなげる
このくし　遊女をば　こそ　無器用(ぶきよう)をば　てづく　まぎらすを
てれん　恥(はぢ)かくをば　てれる　指出(さしで)るをば　さへいじ　般く
ごきね　銭を出(で)し合(あふ)をば　きろくのひ　器量(きりやう)ある人をば
きれる　自(じ)慢(まん)するをば　ゆすくる　志ばさりふ゛をば
する人をば　せんみんと　いひやす　最(もつとも)此ちか　遊里(いうり)
なぞうでつうふ言(こと)も　ムヽヤス。千長なるかど。ぞろくことばの
ちがひもあるゆゑで　ムヽヤス　細工などよ　手習(てま)をば　めくゝと

をなぐるといひ三味線をひくをかぢるといひ。銭のこと
をちやんといふなどゝ。皆な大坂の言(こと)ばさうでありやす。
江戸でもいひやすぜへ。[万松]大坂言(ことば)が江戸へたちやう
や〳〵を三馬が書附(かきつけ)ておくを見やしたが。損掛(そんかけ)
るをせぶさといひ。むりをするをこじつけるといひ。なれ
あふをせぐるといふなども大坂(こつち)のことでござさうでひの
やす。[鶴八]さうで今世。惣(すべ)て江戸で流行(はやり)やすとが。
十のうちが七ッハ大坂からふたをやう初るとがいつれやす。久(ひさ)

い跡ハ江戸で相いるまへやろの。膳所の御城ハ見事ぢや急引。
の言ぶの。梅ハ北野の天神やらの御神木ぢやの。今でも
引やす。松つく〳〵なども尋常な大坂が原で厶りやス。ミモ
松づく〳〵のすつくりがはやりやすが。江戸でハ一向引やせんぞふ
ゟすると蘭をがはやりやすが餘り誰も知やせん。壬長
替歌ハおぼえやせんが何といふので厶りやス。雁八 ソレ
松つく〳〵の。一本目ハ池の松。もぢヅッとので厶りやス。色
大黒と名づけて。大坂でハ能ひきやすヨ

〽一本めにハつくと。二ほんめにハ日限（にちげん）さん。三本めにハさき
やきで。四本目にハえびすさんで。五本目にハごげんなし。六ッ
むつとうつとふかつふぬちぎりさいひやうし。七本目にハ人め
せき。八本目にハえでのなすめ。九ツこゝろざしのしるしの心。
十でめでとおなすめず酒上。二人（ふうふ）が中のむつまじさのめでや
うるうでおだくと。とくふかどへふくさるつひ子
だく〳〵酒うけをめ。入ますます。酒ますます。えびすまず。
まつ川のみどりの。よいひ酒めでめでたる太こ〳〵引。」

万松 面白うムクヤス。なるほど江戸では引やせんぞ。イヤ此ある一寸樓への行ぢやーさかい。藝子がねつなこす咄さうすやーさ。何とうぢやーさかいけ。千長されおざえないうそ。千長さうソーア、何とうひやーさい。ソレ「紙の半えり鰻の皮てぬ」ゞ。ぶらーさといふ文句さ。雀入 エ、引ソリヤア 松 江戸そ なないもの女子ちふ便なお。あさのお糊ぢや。袷のいまきや。紙の半襟。うなぎのあたまかい。たーかく鱧の皮 引。この らーそで、ムクヤ正。万松 さやうーそれでムクヤス。雀入 マダかくふのござりまひやーさらふ。稲荷さんのお尻か。雷さんのお尻か。
天狗さんのお尻を三ツ合せて。こん月。らい月。さらい月。引
千長 万松 さやうさ。どこでも其ござりまする人
やつた。替して合のきのかうふくをせいひやすぜ。お江戸の
おうさめや惚ましたこてかなんだともうしません。恥ない
とおもうしません。雇人 さやうでござりやすよ。イヤモシお
馴染がこふ年始の文が来やしやせんか。万松 イヘなぜで
ムりヤス。雇人 今の参りや正お覧じやし。どうも古風なれ

でござりやス。大糊入を三ツに折やして。片面の、初の処へ「初春の御祝儀いはひ納目出たし」と、むすうかきやして正月元日と日附を記し。文の中包を美濃紙か半紙でゞやすが其上へ。上の字をひらきやして。又其上をこみの紙で封じ。金と紅の長水引で結び。宛名を書て。下女の為をさまるしやして。それから客の来る茶屋へ配りやす。さうさしやすと。茶屋で其文を柳の木の枝へむすびつけて。天井の下へさげて置きやすが。甚く陽氣なものでござりやス。

茶屋でも文のうずのおろく下るを巾にかくしやすし。おや梅
のうちでも文のうずを茶屋へおろくさげるを見えにくさ
しやすのさ。暮の廿七八日のころから。大晦日を限りに茶
屋へ出しやすから。茶屋でも晦る元日とさげとおきや
して二日目ぐらゐから配り出しやす。此文の結びやう
うら書きのやうす。何から七草と豪しかるべき種々
の嘉例のあるでありいきなしが。夕ヤスが。此皆な銀雑先生
の女郎花浪花の穴に精く出てみやすから。今に御覧じ

や。早(はや)まもなく出板(しゆつぱん)でござります。千長 録鶏先生も浪花のことを大分(だいぶ)手がはひりやすが。ソリヤア面白(おもしろう)ござりやせう。早(はや)く見たいものでござりやす。万松 去年八月にのぼられやしたが。今年の四月は是非(ぜひ)登(のぼ)れるお約束(やくそく)でゐやすとて。喜楽さんや鐘成さんが待(まつ)て居(ゐ)られやす。どふぞ待遠(まちどほ)なしみ表られるのでござりやすが。寉人 さやうさ。私(わたし)などもいろいろ掛合(やつ)て○くことがゐやすから。度々書状を出しやすがさて。返事(へんじ)をよこさぬのハ困(こま)りやす。千長 毎度(まいど)何方(どこ)でも返事(へんじ)

のぶ言(こと)をいはれる人でムりヤス。［万松］モシ先生今おはなしの。年始文(ねんしぶみ)はいのんほう跡(あと)も先(さき)もない。かきやうでムりヤスネ。［庵八］おかきなさりやすさ。すこしづゝは違(ちが)ひもかきりさもムりヤスが。マア同じやうな事でありやすのさ。［千長］モシ藝子(げいこ)などが鶴の羽で天窓(あたま)へ指(さす)とがあるぢやアムりやせんか。［庵八］ソリヤ節分(せつぶん)の晩(ばん)に女郎屋でも。茶屋でも。鶴(つる)の吸物を出(だ)すを吉禮(きちれい)としやす。吸物椀のふたの上へ鶴の羽をのせて出しやすのさ。ソレヲ藝子(げいこ)などが取(とつ)て髪(かみ)へさすのでありやす。

藝子などハ澤山所〻を歩けハ。羽のずいぶんさん

さしやすろふ。それでまア見えぬくらいでやす。子長なる

いどそれで鶴の羽ござんすのだ。わつちやア。モシ大坂でハ

鶴ごやさかい喰やしてもお商ひやせんろうな。雀人さん

と見えやして。やさかい吸物もつかひやすし。そしてまア

鶴の切売がありやすのさかい。何も訣ハムヤスメイ。万松

それいうてもこうけみなさるやーす。大坂で鶴の味を

知て往や正。おきづのことぞぶ。商ぶ味ハ知るやせん。

千長 なんの法同前の私も知りやせん。雇人 一日おふるまへ
侍じや正。万松 それハ何がめい。イヤ鶴といへは此宮る
屋根のうへから鶴の舞てゐる処ご棒の先へつるして。
出しておく看板が何じややら。アリヤア何でムりやす
千長 其向の家でハ鳥居ご棒のさきへつるしてお
きやしやせぬ。雇人 アソリヤア旅篭屋の印しでムり
ヤス。長町などでハ両側がそごやでムりヤスゆゑいろ
な看板が出て居やす。旅人のちやく眼につくやう

に種々の事も家業でかんがへて守でおくのでござります。早起をさしやるによつて。途中で逢らんなさるやうにござりやうが今迄お目につくとハ。おろいとでゐのやす。〔万松〕へ引旅、籠屋の事でござりやすか。なるほどさうおつしやれば心づかいもしんのやうなゆへ。〔客人〕モシ旅ぶ不審があるならござりやすが何と大坂の床場でハ指を取お糸を口へくわへてハ取やせんぜい。先おそくハ輪を首へ引りけて。其輪へ糸を引こみ。首をきくらせな。

垢(あか)をこそごきやすが、お氣(き)がつきやせんろへ。其して床場(とこば)も
のきれいなをご覧(らん)じやへ。床(とこ)のより袋戸棚(ふくろとだな)まで。
ちがひ棚(だな)などのある処(ところ)がへのうやすぜい。千長 なるほど
其とご先度(せんど)から 万松 さんともおそなす遊(あそ)しやったが。
輪を鬢(びん)へのけて垢(あか)を取(と)りやすのは妙でござりやす。其して
すり出しが髭(ひげ)をするやすかい、居(す)わつてゐて。するやすぜい。
實入 さやうでござりやす。床(とこ)のより江戸は同じ様に立(たつ)てゐて
するのも。まア京は口でくまつて垢(あか)を取(とる)のも吟(ぎん)ゆやす 万松

髪結銭ハ江戸より高うムりやす子。寅人 大坂ハ三十
二文でムりやす。千長 女の髪結ハいくらでいりや正。寅人
是ハ場処によりて三十二文。五十。百とムりやす。此辺ハ大
抵五十ツでムりやす。万松 江戸も下町へんハ五十ツで場
末ハ三十二文でいりやす子 千長 せんどハ江戸ハ百ツでム
やーくさうざ。今でハ多く女の髪結が殖へますので
ムりやすうく。直段もさのうや〜と見えやす。鬢指
出入てゐるのハ。今でも百取やすぜへ。万松 其やうす

みなさん。蜑人 モシ女の髪諸の初りハ大坂ハ明和のこ
ろふ初りやしたらうと思はれやす。竹本座のあやつりに
敵討手打の太鼓とふ狂言があつたやし。其うちの
詞かへなんだが大坂かやとふて。姫ごぜの髪結と男
の取揚婆ハごぞんぜぬとふてとぢやるさうでみなさん。
此狂言が享保十二年の正月でやりやしたさかい。
其後明和の初め。俳優家の金剛とふ者の。
妻が妓婦の髪を取あげて居を見て。側ふ手を

守して。結てやつとうふとでゆつやす。それかぶして。
おやはや。膝子に出られて。さここに織るへるが
女の髪結のえゝはうぶど。大名随筆抄に今ヤス。其ハ
年の七年寅の九月。豊竹座の浄るり。源平鵯鳥越
四の口ハ。女中の髪結由井の浜。お花といふて当世かゝ。
もてはやされて。にぎえしき。綿襷韓鞴かけあんも。
ちよこく走の向ふより。髪のおくれそゝ。つひなで
つけねオゝお花坐。お前のくち「ぬところ」などゝふ。

女がムスヤスかいな。明和のころハ。早さうんにおこなはれやと

あんそへやす。享保から明和の頃。四十年餘のうちに如

斯世中がちがひやすぜへ。其後安永六年の印本。

浪花名物富貴地座位に。富で世話しきのハ虎

屋の饅頭の切手が竹田のからくり。女の髪結から

いふ女もムスヤス。千長なるなどお説のそれか。明和安永

のころから流行出しためと見えやす。江戸も其位

のころでムスヤ正が。素人の女が髪結にゆはせやすのハ。

文化の中ころゟぽつ／＼初り。文政ニ至つて甚しく
なりやした。享和二年ニ鈴木芙蓉が浮世小路の吉
川で雅人を集めて。一盃催しゝたがはじまりさうで
ムヽヤスが。其時藝者を二人頼て給仕で呼つかひ
あつた処が。そのまゝ来やうが遅うムヽヤスら道の
人がやつてやつた処が。藝者が出来てうで髪を結合て
居たといひやす。此ときに狂歌堂が毎夜たのみやされ
やしたつけ。僅三十四五年前と云ハ。侍が其位のこと

見えやしよ。其時分にハ髪結一派で暮といふ女ハ実に江戸にもこう捨つる程といふ無つたことでムりやスが。今でハ何方場末にも二人と三人無い町ハおりやせん。

【万松】夫ぢやといふ御覧じやし。其日暮の処の内方が随分な髪結にゆはせやすぜ。最これハおごりといふでもありでもなく。三十二文位なら商賣人に結はすがい。みなぜやくをゆうムりやスけ。大仕事でもするうち細工でしてかせぐかみさんなどハ自分でいぢり頭ですませば。埒があいて

てへござりやす。千長 おそいきにさういふ訣でござりやすのさ。ヤ
先生今におそなはりの。其虎屋の饅頭といふものがかう
ぎつい流行ぢやアござりやせんか。大坂の人は直に其見世へ
上つて喰さうでござりやすが。コリヤアモシ江戸に無いことで
ござりやスチイ。庫人 さやうさ。菓子屋で直に喰は江戸には
ありやせんが虎屋の見世は手もなく浅草の金龍山など。
船橋屋ぐので。餅や汁粉など売のとおなじ訳であ
りやすのさ。饅頭も菓子屋の見世先でくつて喰

ござります。眼につくやうでムクヤスが。幾世餅を喰もあることも喰ない。大根おなりーとで何やす。一方松なるなど饅頭ぶけがおかしいやうでムクヤスが。コリヤア江戸で見附ねへござらやもしれやす。モシ大手饅頭といふも近頃さへ聞かやすぢやアありやせんか。鶴八さやうさ。是ハ知らいでムクヤス。安永の比冬も堀に銭屋饅頭といふが流行さうでムりやす。虎屋といふをなふて。別の製しうを工夫して一家をおこしなさる世見で片意地な人ぢやうと異名しさと。

いふことでムりやス。手長 そんなら其とこ天満の寄場で。先日は
なさりやしたけ。モシ寄場の札ニ御ざいちひさいびらでさげて。
きれいニ初だんだらくとしたことがかいてありやすが。どふいふ
わけでありやすね。宿人 アリヤア初だんハ料なしロハ
見せるといふことでありやす。なるほど江戸でハ寿やせん子毎
おはなし申しやす通り。何事も大坂でハ早く耳
へはひるやうに精くしやす。それる師匠の看板
お何方でも見やしつけが。諸学手跡算術諸禮

生花教授所と記（しる）しなどしてありやす。［万松］いんま先日（さきだつて）子なぶり師匠の看板の下へ。夜なぶり一人前五文とこう書いてあるのを見やしたつけ。正札附の子なぶり芸者などが。こつと面白ないなどゝかいてありやすヨ。［千長］砂糖屋（さたうや）で幟（のぼり）が出しておくなアし。江戸ではハありやせん。［寛人］さやうさ。江戸でのぼりがござりますのハ。ござう汁（まる）と蒲焼屋（うなぎや）みつぎるやうでありやすが。それも安売（おしなへ）てといふぢやアありやせんがマアをり〳〵見掛（みかけ）やす。［万松］さやうさ。ござう汁ハよく幟（のぼり）が出てありやす。［千長］モシ此方見なさい。

色里町芳左所代参とて着板も面白うムりヤスゼイ【松】

ごんざうが着板（うんだん）がゐやしたつけ。とはなしのうちに女房のぎろんかてうけにおんがくへにこうちてふん

【鷹人】モシちつと時分が早すぎやすが。毎膳（まいに）でんがくが

出きやしたか。【銀雞先生】がきつい好物（かうぶつ）でゐやしたつけ。

味噌（みそ）よりハ軽く（かろく）てなりしまうムりヤス。【千長】コリヤ

おろやかが久しぶり（ひさしぶり）でござりきやす。ごんざう【銀雞】さんが好（すき）

なかでゐやしたつけ。毎膳（まいに）でんがくと。鱠（さしみ）の汁も鮮き

喰（くひ）がおつ手きれるかハ感心（かんしん）でごさりやす。【万松】蒟蒻の

八さいへも能喰れやすぜい。［雀人］ぜんてい妙なもの。
すきな人でムクヤスヨ［千長］田楽もモシ此剣串ハ妙で
ムクヤス。并して削の塩梅の綺麗さゞふもくや
せん。江戸の串とハ訳がちがひやすぜい。［万松］なるほどきれ
いだ。まゝお肴でくくきや正。モシ誠ニ上塩梅妙で
ムクヤス。［雀人］此串も松葉串といひやす。これも安永
のころまでハ。一本串で焼さと見えやす。茄子田楽ハ
なかりきらのでとと見えやす。茄子でんがくハ江戸ニて〆ちやぎ安永の時分から

尊ちやかゝのと見えやして。安永三年午の何豊
竹坐のゐやつて。花籬會稽の道行の文に茄子
田楽みたいなふねぞや。鬢みとろりと油ぬつて二本さしたる
身なりじやとおとがいのつやす。此ころハ二本串が流
行ると見えやした。それがいつか此頃行の中へちよつと。
いれるので今も正。茄子田楽のハ松葉串でなく。
一本ツの串を二本さしるので今も正ら。壬辰コリヤヤさう
とおもされやす。モシ此田楽みおはなしがいのるやす。田楽

法師のをどりの形に似たといふのが名付たといひやすが
昔からの説でござりやすが。其処にすこし訳がおますテ。
今世間で焼やす。田楽串へ豆腐をさし積でゞ。
ちがひやす。アリヤア奥州白川辺で用ひやす。田楽
串ニ節ぶんのうやして枝をすこし切残しさ串へさし
ころちといふので、ムヽヤ王。それでムヽヤスから豆腐をさして。
串を立ても下へずりおちやせん。其からさちと田楽
をどりに似ておりやす。串の枝で豆腐の留りやす処が

田楽踊の足の留ッてみる形ヵ似たとこから名をつけたのでおすやろ。世間通用の串の横でハござろく
ござりやせん。京伝も骨董集ヵ田楽の説を挙やしたが北斎ハござりやせん。手もなく江戸の子供の乗やす竹馬のうちでござりやせう。足の留が眼のつけ処でござりやス。

雇人 なるほど是ハ面白ひ説ざ。並の田楽で、づつねちやすうぞうしくおすやせん。

万松 田楽と火鉢へこのけて焼やすなども。古くハねいことでおすや。先年

上州の榛名山へ参りやしたとき。何方の村でムりやしたっけ。今おもひだしの枝のある串へ豆腐をさして地爐のまはりへ立てならべて焼て居やしたっけ。昔はみんなあの伝で焼たのでありやす。千長 さうでありやす田楽火鉢などハ分て近年のものと見えやす。イヤつのもとでありの するやすが。太公望ニ狂言をされやす。人ニ出ありひやしたが名前の角へ陽臺とかいてありやすが。どふいふ訳でムりやす。雇人 ヱ、引 それハ嶋の内の人ぢやアムりやせん。千長 さぱり〳〵嶋のうちのやうすでムりやす。[隺人]嶋のうちのことを陽臺といひやすヨ。まだ外にも南陽ぢよ江南ぢよ崎陽南劦南江などもかきやす。[手長]へ引それで分りやした。通称ぢらうといぞんぢやしたが。どふも解(げ)せやしなんだ。[隺人]是ハ御もつともだ。坂町道頓堀よりハ。嶋の内をさして向ひ側といひやすぜへ。まつ南と斗いよびやすのハ。嶋の内に限りやすヨ。坂町ハ坂亭ぢよ難波新地ハ難地ぢよと書ともムりやす。粋客ハかり

いふをご存なイと指突が出来やすぜ。【万松】イヤおれ
きゝさやうでムりやス。先日も心斎橋で亀の立賣を
讀で居やしたら十分泥亀の積りで買やして旅
宿へ持て来やして。其なすしを煮しやうが何それハ
江戸でいふ鼈とハちがひやす。料理亀とて。亀の子が
とつちれやしまさう。少し氣味わるく。人がきつしやいやさうぐ。
モシ大坂でハ亀の子を喰やすのかへ。【實人】誰も彼も
喰といふぢやアムりやせんが好て喰人もありやす。爾近

手江戸で。牡丹紅葉を喰やすやうにハ流行やせん。

一力松 さうでおますか。なるほど近頃猪鹿のみせもやす

ことハ強気でありやす。出しますりハ二百か五六百

もふおも売やす。和泉橋の伝ごんじなどてハ。

江戸中ハつふおものきん近在までも知て居やす。

雇人 さうでおますか。私がおぼえても久しいもんぶ。僅三

十四五年跡までハ此向な吸着で喰さうので

ありやすが今でハ影もありやせん。かうぐの手字

〽こぢみとふが有(ある)ので厶(ござり)やすわゐな。彌(いよいよ)流行(はやり)やすのさ。なるほどまア酒の留せるのハ。妙でおまやすの。位(くらゐ)が甘(あま)くうけるのハおまやすめへ。千長 さうさ。お説の通りで厶ヤス。何程(いくら)喰(くら)ても喰(くら)るやつでおまやす。兩(ぞうり)うろ悪病(わるびやう)の殖(ふゑ)るのハ。猪鹿(あれ)を喰(くら)ふからでおますと 嘯城 先生の梧窓漫筆ニも　ごされやしるが。なるほどさうかのもごされやせんて。万松 爲何(いづれ)なりまする薬(くすり)のとハおまやすめい。それもすこしツでも喰(くら)ふと知(しら)れを。今の人の喰(くら)ふやさお鍋(なべ)でハ。せッでハ。おまへりやすめへ。此所(こゝ)も見掛(みうけ)やしまへんが。

お茶(ちや)湯(たう)地(ぢ)法(はう)のおかゆハ賣(うり)ところがござりやすて　寛

さやうでござりやすが。大抵(たいてい)でハ一向(いつかう)流行(はやり)やせんどふ

ろすると喰(くら)ふものもないのでやすが。先(まづ)ハ江戸のおかゆが来(き)てゐて

喰(くひ)やすから。それでなけれハ下賤(しもざま)の人。又ハ諸國(しよこく)から

入りこむ旅客(りよかく)のあぐひがおもでござりやス。土地の人ハめつたん

まア喰(くら)ふ者(もの)ハなしやうすでござりやス。其證據(そのしようこ)にハ御覧(ごらう)

じやし。一軒(いつけん)でも江戸の（猪口(ちよく)うる家ほ）やうなにぎやかな見世(みせ)ハおまへん。

鼈煎の喰てハ。江戸よりハ大坂のうちが流行やす。千長 なるほどさやうでありやす。モシ大坂に泥亀屋鋪といふのがありやすがアムりやせんか。ソリヤア鼈を賣る會所ででありやすうね。雇人 鼈屋しきといふハ。ぞんじやせんがソリヤア何方でござりやす。へヽ引 伏見坂町に泥亀屋東といふ。名高い処でありるさうでござりやす。其ことでありやす。イヤ是あい面白いはなしがありやす。寛延のころ川奥[illegible]ごろくやす者が北裏に住やして。泥亀ばかつで[illegible]

堀江(ほりゑ)通(どほ)りでこうするのるきやすときざぶ〜〜やして、粋(すゐ)の
ようずが一ッ不足になつやしたさうだ。さう〳〵やすと商人(あきんど)
人が、ぞろ〳〵ちやして。側(そば)に居(ゐ)やして。五六人の若者
ふつてかくうやしてゐる所。お前(めへ)らがかくしそうとなぢり
かくつてる物でふう使(つか)へろうか末(すゑ)ハおおそうあひみなか。若者
が口〳〵に我(われ)く生(うまれ)て盗(ぬす)みをするおそれなし。不面目(ふめんぼく)
至極の商人(あきんど)なりとて。てんでに気(き)うぬ気(き)になりぬ。おそい
ころゑんのげて。いうに粋(すゐ)へうつくきけ。為(なす)も此処(ここ)通(どほり)

あるならバ。速に来れ。我價を償てかひそう。命をあずけ。つらまずべし。とおわそゑひげて舌人をがいひやす。と不思儀がり。其ずつかんが何方から出て来やして。若者のまへ跼蹐泪を流して居ますといひやす。それから其驚ミて高直でかひとうた桟橋へ旅しやすと。石垣のあるへをひつといひやす。商人もやもつれいちめて。其場をおひやりやすと此のき人めが大膽不敵な奴でござります彼鼈の右の方へ。たゝひつこハ見ておき。ソレつと其処へつきやして。そろ〳〵と右ほうへにげ。其すつぽんハまハつちら向てといひやす。其れから其すつぽんハ脇へ持ていき。いくらめう責やしても首をおさへつとまちやすと出刃包丁へ喰つくといひやす。それでも首ハかまハず。喰つかせながら。包丁ハひつぱりやすと首ハおなじく長く出やすところハ。外の包丁で首ハ打落しやすと。其首が商人の咽喉ふゑへ飛つき。

一うなり。うなりやすと。魚屋ハ七轉八倒の苦しみ出てアツトひとこゑといひながら。手足をふんばつて。其儘息ハ絶ましたといひやす。それからして。其魚屋の住居るやしき東ゟ。鼈屋東といひやすと。聞やしが。今やあづまの鼈屋敷といひやすの。其ことで今笠正。此おはなしハ虚説でないと見えやして。南木漫遊の五巻目に出ておりやすが。大同小異で又うおはなし申しやしたと。齟齬て居る処もありやす。

万松 サテ面白(おもしろい)やはなしでムリヤス。其魚屋(さうなや)ハ不有奴(ふてへやつ)でムリヤシタネ。千長 さやうさ。それでムリす。つひ〳〵命(いのち)を失(うしな)ひやした。何も同しことでハ[illegible]が。ぜんてい鼈(すつぽん)を殺(ころす)のハ別して罪(つみ)のやうに思(おも)入(い)られやす。賓人 おろかさゝ左様(さやう)さ。ぬれを喰(くら)ずとも外(ほか)にいくらも喰(くい)ものハおりやす。オヤ早(もう)昼(ひる)ぐと見えて豆腐屋(とうふや)が来(き)やした。

街廼噂二編巻之二終

浪花／雑誌街廼噂二編巻之二（後表紙）

難波金城在番中 銀鶏雑記 一〜五

難波／金城／在番中銀鶏雑記　一（前表紙）

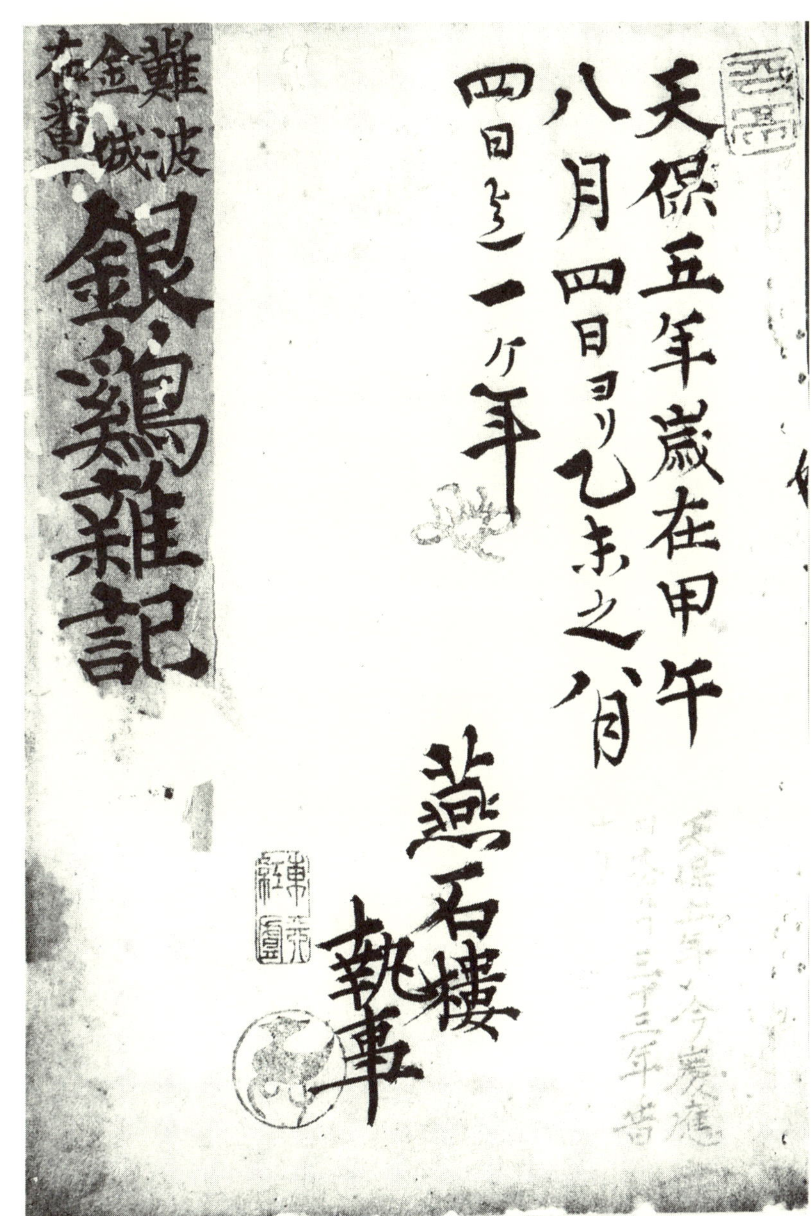

難波
金城
在番中
銀鶏雑記

天保五年歳在甲午
八月四日ヨリ乙未之八月
四日迄一ケ年

蕙石樓執筆

遠からんものハ音羽屋に聞け。近くハ寄て眼にも三升のなで衣裳とハ不破伴左衛門がせりふにして。三ケの津ハいふもさらなり。唐天竺西陽乃はてまでも人の知る當り狂言。其親王に紫なる光かゞやく金屋の主人ハ。名のまゝ久しい誹諧朋友。我儘者の江戸ッ子なりしが七年以前に武蔵野の逃水なして鶏がなく東に名高き玉川の水道の水に飲なれして。財寶自由の浪花なる心斎橋のかさやより。水上清き清水町西と南の其角へ。ちよつと出しゝる江戸見世ハ。言ねど皆様ごぞんじの紙入さげ物たばこ入。江戸錦繪に草雙紙。ふちやかにハ特より御披露申、置漬物なめ物香煎のかはもくさぐ渾にハ用日に増し遠近の。擅那場殖て商ひも。年々歳々弘まりしハ。偏に御贔屓のゆゑとなるしが歓ぶうさふしハ。然るに此度又別に。鳥渡穿つゝ新製ハ外類なき品にして。其味ひの旨きこと一嘗なめまきバ諸君でも。コリやたまらんといふてあぐれ。夜食の菜に寝酒なり。是のみで肴ハ事足ると。御賛あそばされ知まてこと。まづ其上を重宝なハ味淋も入らバ。溏油入らバ醤油も入らバ手も入らバ。唯入るのものハ歩行ねど。銭が少し入るばかり。よし夫とても。試ハ五十銅より指上まバ親父に相談此家内へ。向ひなされて。求なさるれども散財ハ。原よりかゝらぬ見

世のまゝバ。朝まだきよりたそがれまで。お客は絶え間なくますやうに。偏に願ひ奉る
と。祈りいのるそれがしハ。浪花の里へハ初舞臺。花のお江戸に名うての狂歌師。
奇々羅金雞がらすれがらみ。花月堂の主人に替りて。　平亭銀雞誌

鶏味噌
にハとり味噌といへるハ。鶏の肉といれるゆゑなれバ。其風味ハ淡泊なる精進味噌なまど。其風味早くとつてかへしておかれよ　名づけたり。

丁子風呂
これハ薬よりかゝりふもあり。丁子風呂と名づけしハ。湯酒の口取にしてよし。香がかをりよいふてござる。

表具醤
此ひしほハ。海苔。此のりが種なるので江戸に名高き浅草のりで表具の名あり。

息才煮
此品ハ子供衆がたべれバ。虫気をさりて成長し老人がたべれバ若くなる。奇妙な若右。「オット皆近い。まめで豆なり。

新枕
初のうちハひやゝかなれどもすこしヒリヽする「モウよして」まあおひへ「イヤ／＼」喰ひしめてみへらるれぬ味ひなり

東都産物取次所　大阪心斎橋清水町西南角　江戸店　花月堂　金屋喜五郎

黄葉園大藏永常著述目録

田家茶話　全五冊　出板
くわんぜんちやうあくの話を集めあるなり

砂糖製作録　全二冊　未刻
さたうつくり方同製法を委くあるなり

農家培養論　全三冊　未刻
こやしの性質を備し記す

農家心得草　全　出板
かてひ製の仕様又毒草の図を真写し記す

竈の賑ひ　小本全　出
飯食のたきやうをいろ〳〵記す

徳用食鏡　同全　出板
かまどの賑ひにもれたる事を記す

文章早引　小横本全（紙数凡六百丁）出板
書法并文章ともに見出しやすき便利の書也

農家業事後篇　全五冊　未刻
五穀ともあるべき種々植育又川ふしんの図を記

文章假字づかひ　全四冊　出板
世に文字づかひ……よむ便りまで俗言ハ文まなびにも俗言もかなちがひとなるべきか……に著し拾遺バ必所右に座べき書也

紙漉必用　金花堂板　全二冊
諸紙漉様の秘事打図とりて委しく記す

國産考　全十冊　未刻
国々の気候土地により国産の仕様を委く記す

彩色寄画狂歌一會角觝立

撰者
大坂 寉廼屋大人
江戸 檜園大人
仝 文々舎大人

兼題
初鶯　梅薫袖　春雨　花
夘花　聞時鳥　舩中納涼
艸花　月　野亭鶉　山紅葉
行路落葉　雪　除夜　初恋
待恋　寄衣恋　寄海恋

補
諸國江戸 水魚総連
宝市亭
花咲庵
武隈庵
梅廼屋
竜中屋
壷水園
秋福軒
帰風軒
聴川舎
玉の屋
實側総連
六々廼屋
檜垣総連
檜月庵
春友亭
檜園政明
檜園秀明

題　仙家　名所　〔以下草書、判読困難〕　雲間鶴

瀧邉酌酒　祝

三月毎日〆切
五月十日開
會莚うしむ〔判読困難〕

玉詠集　一冊

入花

助

文窓園千秋
文章舘樂住
文花樓清丸
文宝園〔判読困難〕
文玉菴頼益
清路亭柳馬
〔判読困難〕
白日園岩雄
文壽亀茂
深川堂
文拂堂翠
玉花樓駒子
玉都子〔判読困難〕
香原亭〔判読困難〕
豊年樓津守
龍門舎鯉成
喜樂亭安
麗花樓〔判読困難〕成
香樹
平亭〔判読困難〕
金誘舎秀方
梅廼屋星輝
吾足齊樂丸
二毋冬菴福丸

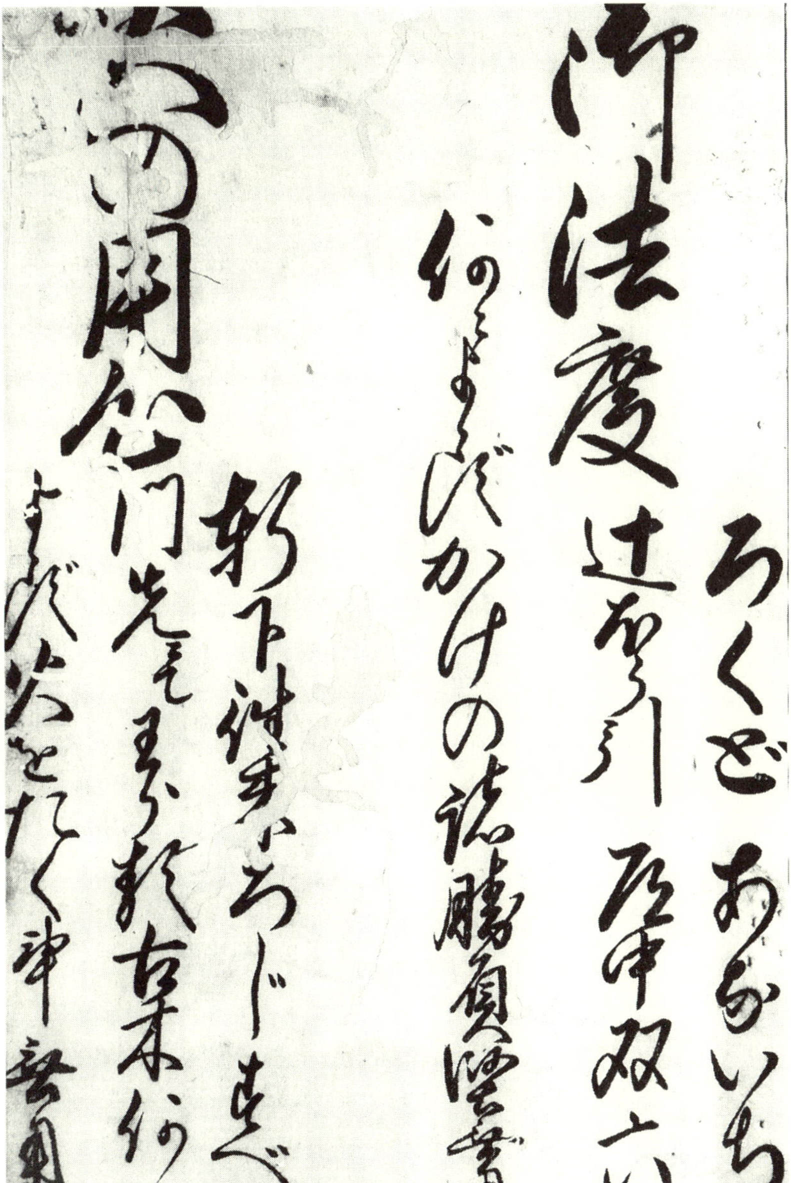

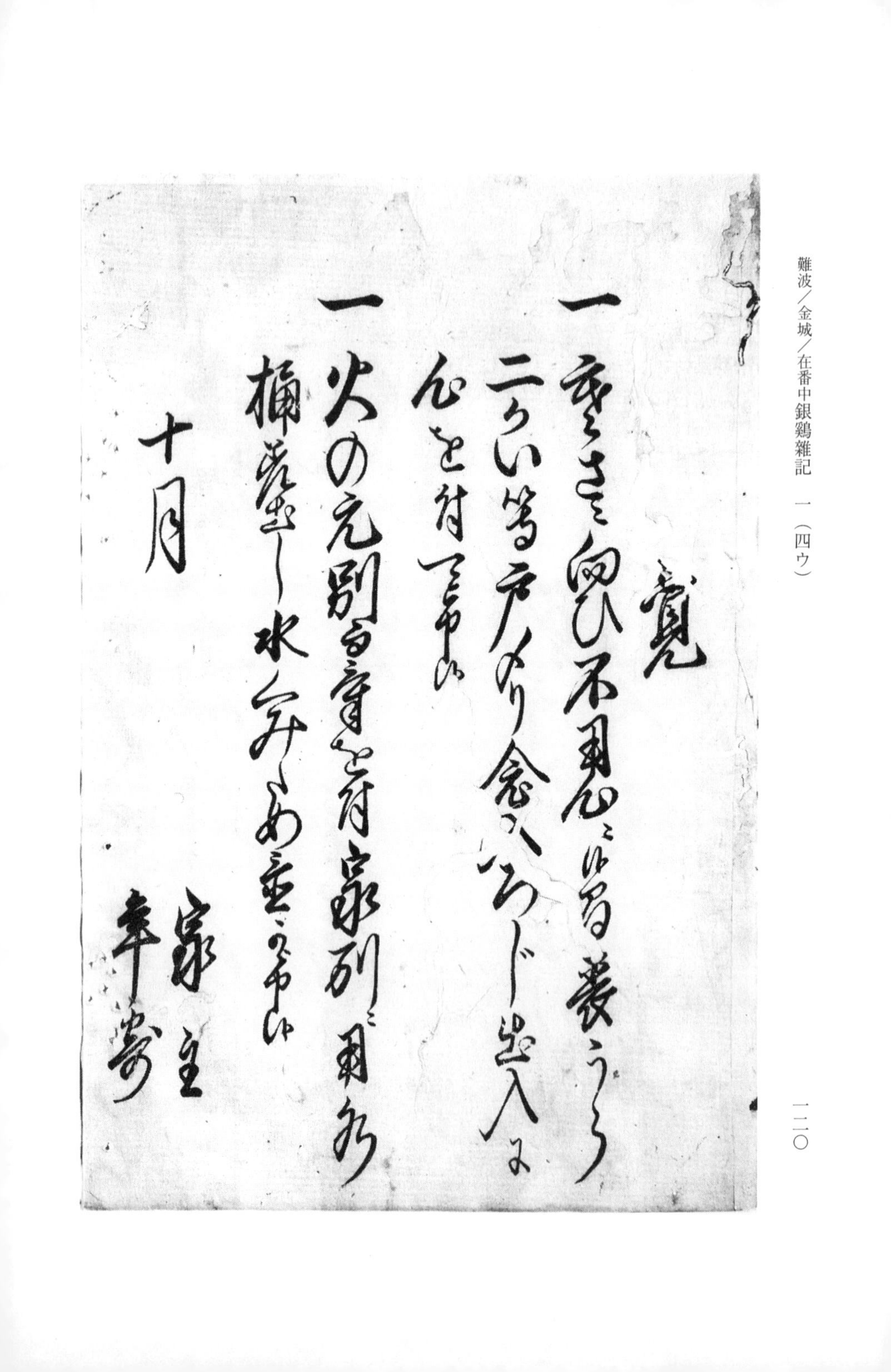

覚

一 寒さニ向ひ不用心ニ候間[illegible]
[illegible]戸〆り念入レ出入ニ
心を付可申候

一 火の元別而大切ニ相守家別ニ用水
桶差置水溜メ置可申候

十月

家主
年寄

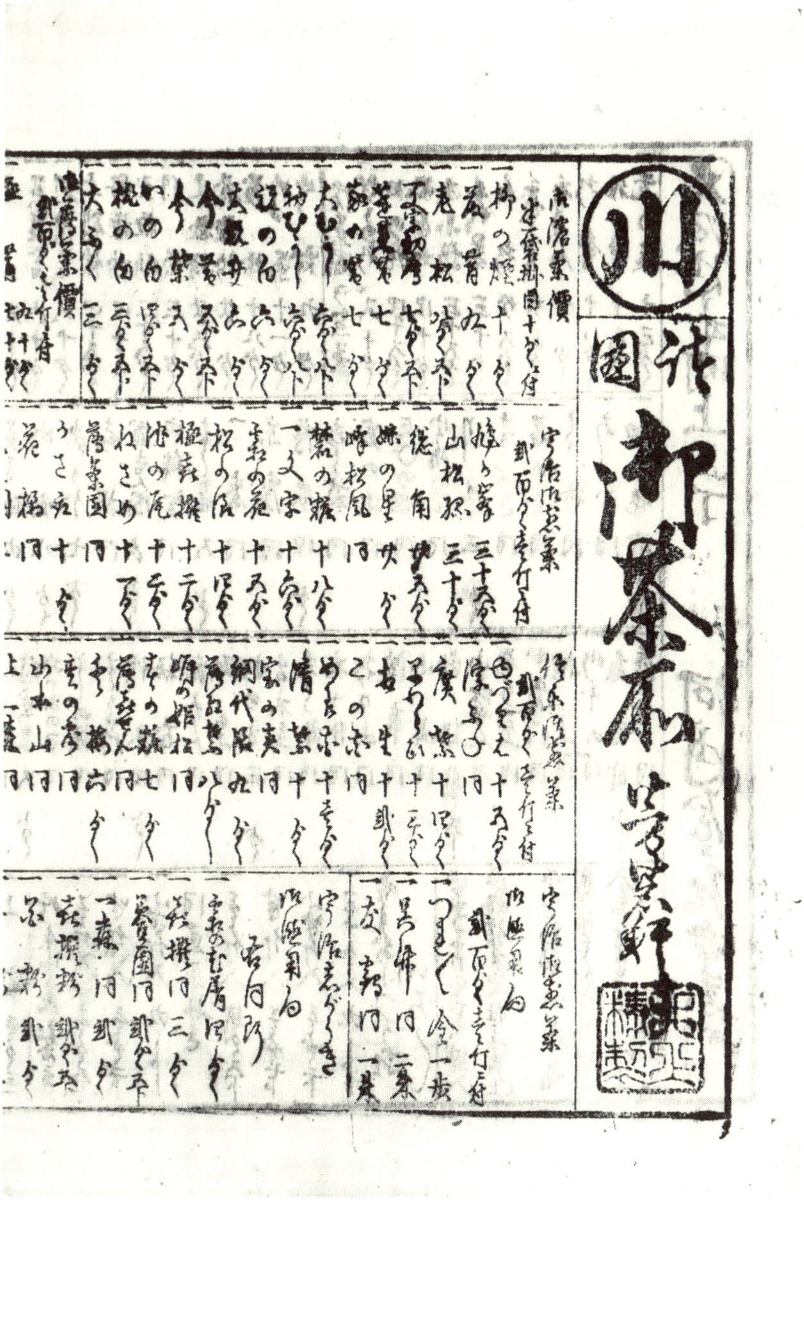

御茶所

一 [illegible]　八十匁

一 天[illegible]　八十匁

一 別[illegible]　五十匁

一 上[illegible]　四十五匁

一 [illegible]　四十匁

一 [illegible]　三十五匁

一 別[illegible]　三十匁

一 上[illegible]　廿五匁

一 花[illegible]　廿匁

一 [illegible]　十八匁

一 [illegible]　十一匁

一 [illegible]　九匁

一 [illegible]　五十匁

一 日の[illegible]　四十五匁

一 [illegible]　四十匁

一 [illegible]　三十五匁

一 [illegible]　三十匁

一 [illegible]　廿五匁

一 [illegible]　廿三匁

一 [illegible]　廿匁

一 [illegible]　十八匁

一 [illegible]　十五匁

一 [illegible]　十三匁

一 [illegible]　同

一 山[illegible]　八匁

一 [illegible]　七匁

一 [illegible]　同

一 [illegible]　六匁

一 [illegible]　同

一 [illegible]　五匁

一 一[illegible]　同

一 [illegible]　同

一 [illegible]　四匁

一 [illegible]　同

一 [illegible]　同

一 [illegible]の[illegible]　同

一 [illegible]の[illegible]　同

一 川[illegible]　三匁

一 [illegible]　同

一 [illegible]の[illegible]　同

一 [illegible]　同

一 [illegible]　同

一 初[illegible]　弐匁五分

一 [illegible]　五匁

一 [illegible]　同

一 [illegible]の[illegible]　同

一 [illegible]　同

一 [illegible]　四匁

一 [illegible]　同

一 [illegible]　同

一 [illegible]　三匁

一 [illegible]　同

一 [illegible]　同

一 [illegible]山　同

一 [illegible]　同

一 小[illegible]山　同

一 [illegible]　弐匁五分

一 山[illegible]　同

一 [illegible]　同

一 [illegible]　同

一 [illegible]　同

一 [illegible]の　同

一 [illegible]　弐匁

一 [illegible]　同

一 上 [illegible]

一 [illegible]

一 [illegible]入　[illegible]

一 [illegible]入　[illegible]

一 [illegible]入　[illegible]

一 同[illegible]

一 [illegible]入　弐匁五分

一 [illegible]入　[illegible]

一 [illegible]入　[illegible]

一 三十[illegible]入　[illegible]

[illegible]いろく

[illegible]の上[illegible]

[illegible]

[illegible]

[illegible]以上

大坂内本町上三丁　河内屋[illegible]門

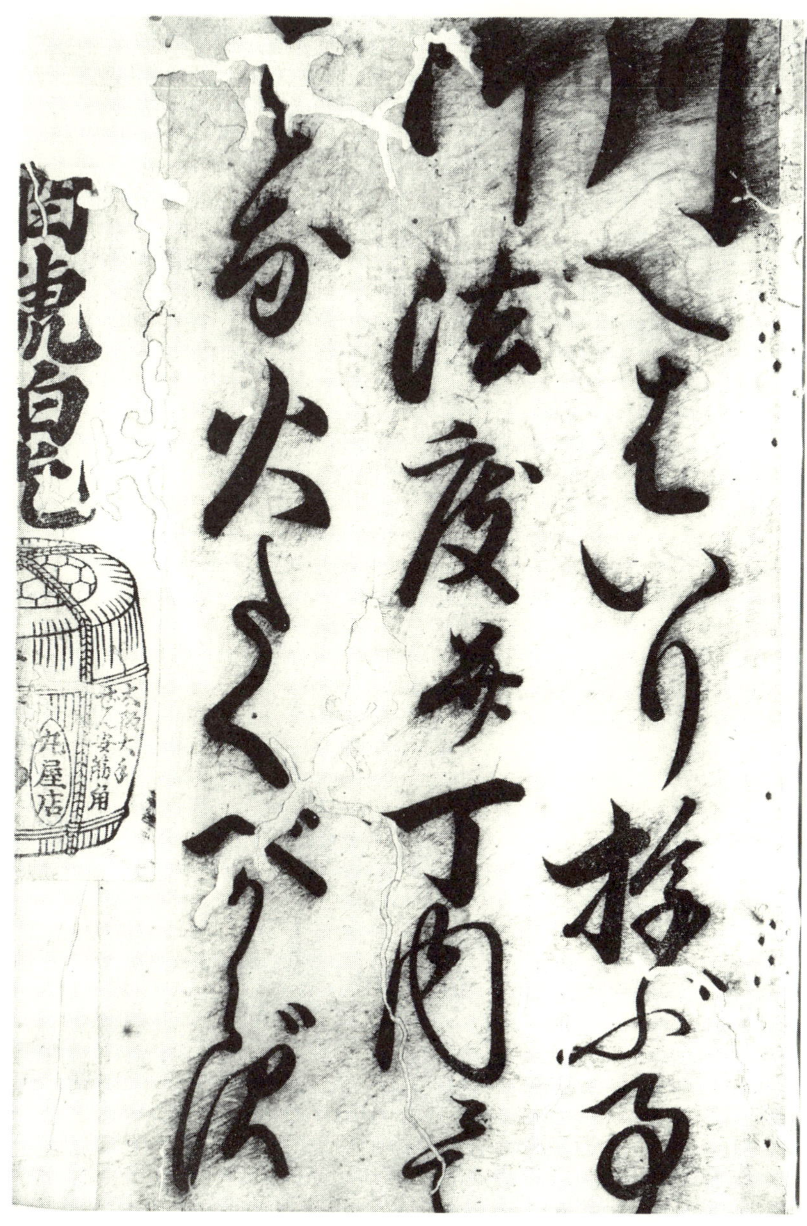

飛花落葉亭

桃園の花盛りに瀧水の醉ひを催ふし番場ヶ原の摘草
春の日の長きをわすれて蘐亭にかへる折から石翁屋主人
来りて懐より一と虫ばみたる古写本を出していへるハこれ
ゆふべそうふすも市にて得しが見ぬ如く。ちらしかなり
何いづれともわかちがたし。さく[illegible]の消えし処も多
なれど。珍らかなるものなれバ推て来りしなりとておのれに
見せまゐらすぬ。いかなる父やと取上見るに。飛花落葉と
題せしハ。こハ風来山人のかひやうせる由を人ゞ。赤良が
集めしにまま有ても世に稀なるものゝ。おのれ先見ハ
猶あまたに物もの。父なるが。つまびらかに写さしめたる。
共ぞ免まれ令んまれ。ためしなきのてぞ入とし。主人

かく読みて。今校合を加へて。再板せんと思へり。先生よろしく
糺してよと。又かの前におけてさりぬ。折もおかれずひらき見るに。
蠹魚の住居の穴のみなりふし。丁数のみだれ文字の誤り假
名ちがひ等いと澤なれども。是を見るに煩はし。先其文のち
ぎれしなすを取揃つて首尾を合ふし。それより文字乃
誤れるを糺し。かなのぬけたるを補ひて一部の
小冊子となしぬ。さいはひ　ある大人達の序をもこのなれ。
乱りにふんでを加へんもいと本意なくおもひければ。餘りに甚
しく違へるのみを補ひて深く校合を加へざるも其古き
なるを尊びてなすめざれど此書を見ならん人校合乃
あらざるをなとがめみそ。このくりかへし赤松金鶏らわすれ
みくみ。平亭のしるし　銀鶏なする。

貴義園蔵版

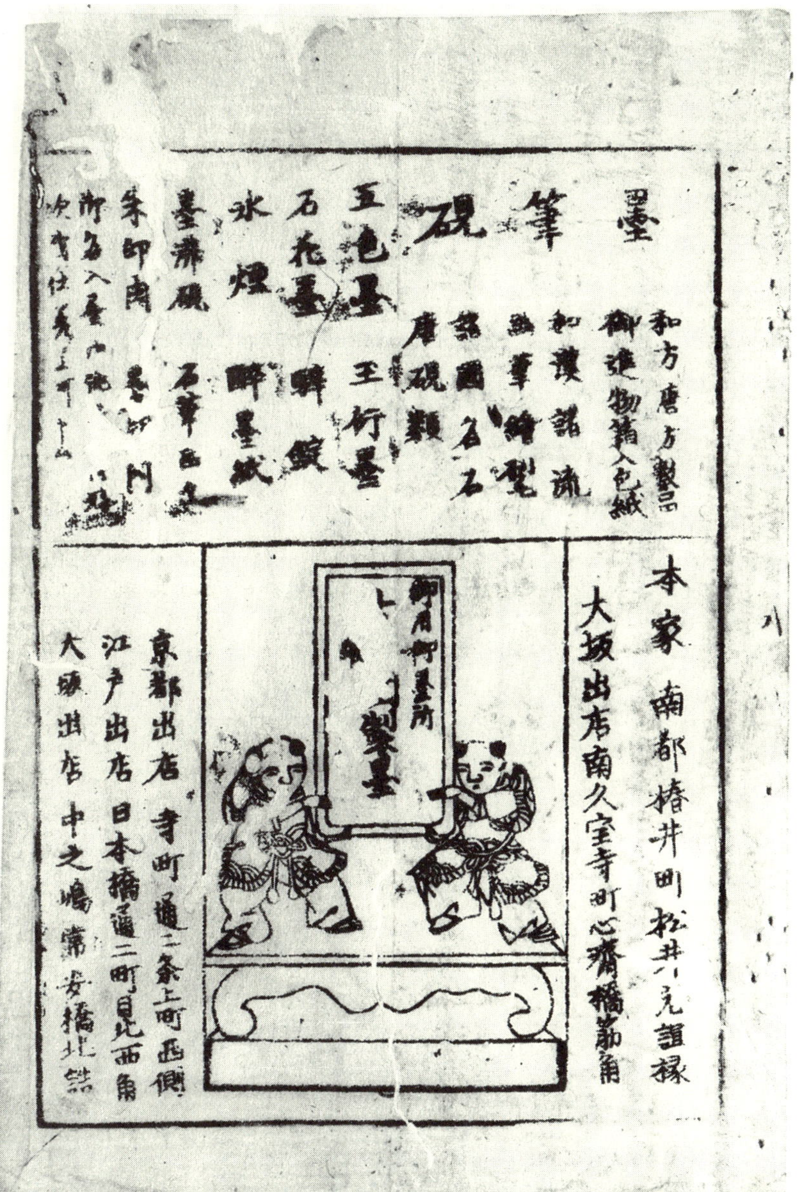
墨
筆
硯
和方唐方製品
御進物箱入色紙
和漢諸流
唐硯類
五色墨
石花墨
本家　南都椿井町
大坂出店　南久宝寺町心斎橋筋角
京都出店　寺町通二条上町西側
江戸出店　日本橋通二町目北西角
大坂出店　中之嶋常安橋北詰

南京正傳
上
大坂ひしの町三丁目

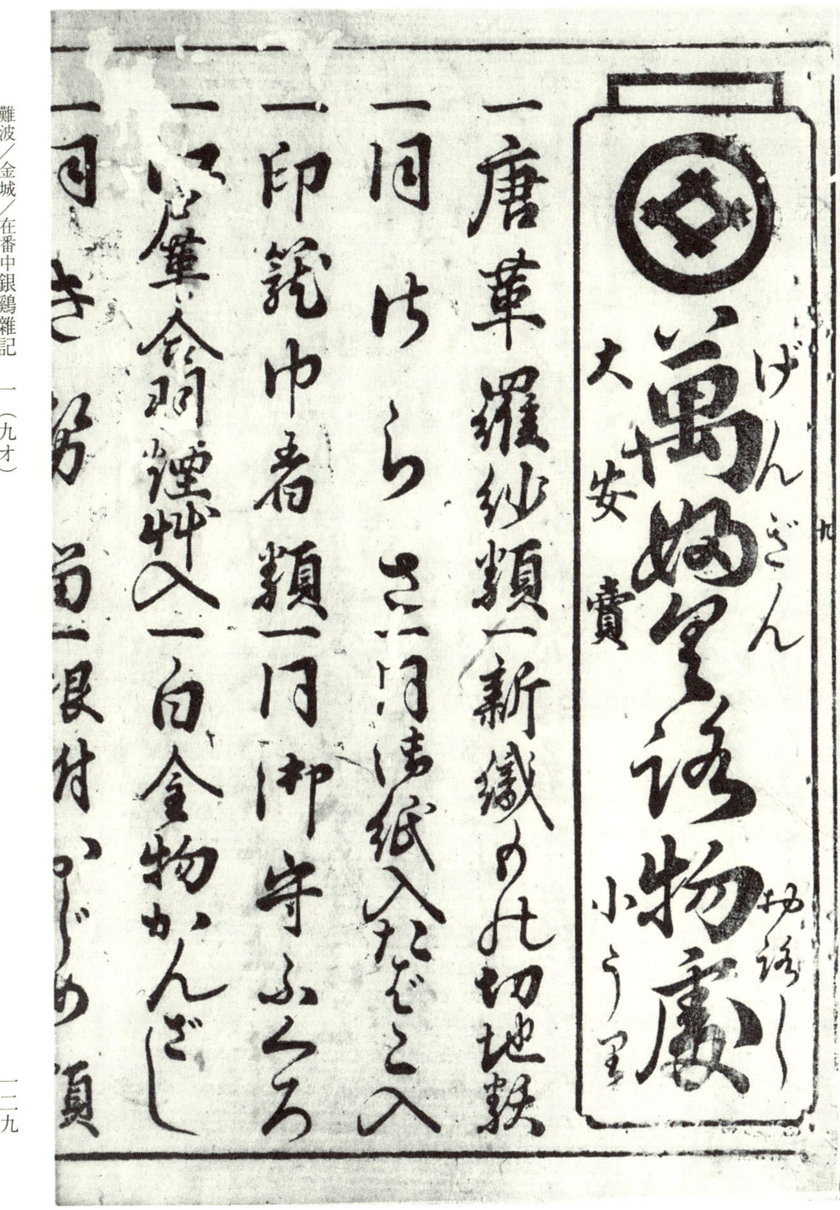
萬婦見参（げんざん）物處　抄録し
大安賣　小うり

一唐華羅紗類一新織のれ切地類
一同けらさ一同紙入たばこ入
一印籠巾着類一同御守ふくろ
一江戸筆ヽ合羽ヽ煙艸入一白金物かんざし
一同き[illegible]笛一根付ヽかんざし類

蕣之小間ニ於數品之

右之品此度私共大安賣仕候ニ付為

はゞひろう之人[illegible]日限を相違なく為成候ニ合

且又御遠方様は人数ニても代品物ニて去るへ

不申越候とも何程ニても出精差上申候間多少ニ

かぎらず御用向被仰付被下候様ひとへに

奉希上候已上

大阪天神橋通
天満宮東側　満留井卯兵衛

家傳御暑藥

以三角ニ縫ヒ嚢盛ル之除懸
井底九日取出置酒中
煎數沸擧家東ニ向從
少至長次第飲之滓
還投井中歳飲此水一世
無病

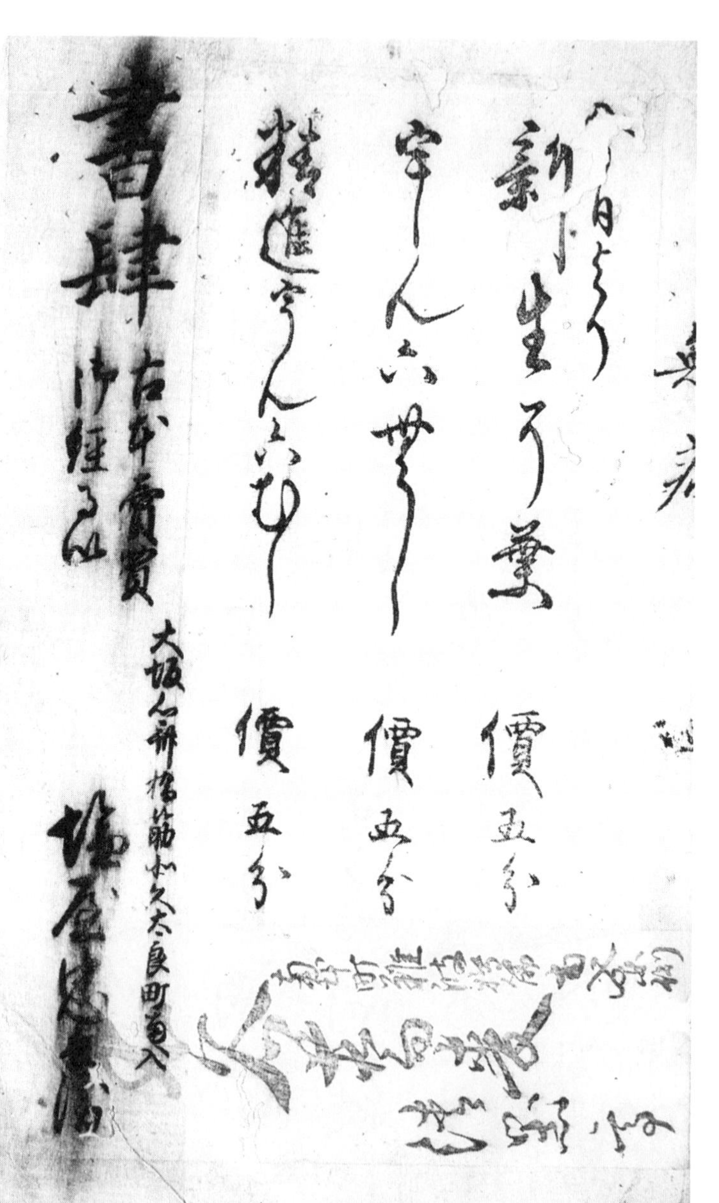

十二

六月四日より

宇治

一葉茶漬飯　漬ものお価　三分

きゝしるべちよく付　精進八分

一漬肴　三り針　三分

一吸もの　三分

一漬さけ　一ちやうず　五分

古葉茶漬飯と云は古物地にて小昵ごゝしくとぞんじ候ハ、左

先達よりさいき町にて松吉中に始め漬落やん茶の花香も

うさい御日増ニ繁昌仕難有仕合ニ奉存候依之御ひろめの
御旦那様あやかり西方角居合お客様東く勝宅ニ参詣ニ付御入
愛宕山盛ニ御座候所此宅ニ而仕入候極上小ハ御座候とも新宅
の御馳走ニハ別してさんぷりとした新茶せんかおりを
さし上ケ候朝茶ハツ茶夕飯の御茶漬ニハちよつとつまんで
茶はお口上も宇治乃蛍の夜遊ニ涼しき風の薫にてまた
お客様御光来ニ相成候へ奉希上ケ候銭様方おはやく

太左衛門橋筋八まんすじ北へ入東がハ

菓一堂

可石

月　日

六月四日より

宇治 一葉茶漬飯 御香の物付 価 壱匁
精進 八分

一 御肴 三ツ付 三匁

一 吸もの 三分

一 御さけ 一ちやうし 五分

右葉茶漬飯と云ハ宇治の地にて八始メしくしとぞんし候度
先達而より三ツ寺町にて出始メ候処御膳茶の其香も
よろしく御目頃と存居仕候有仕合と存候御家の
御且物様手あまり西方角辺今ハ益々繁昌と承り候
處幸此度存し取ニ宅かく仕ルませむ様ニハ御座候とも新宅

の御馳走(ちそう)ハ別してえんありとした新茶のかおりを
さし上ん為 朝茶(あさちゃ)八つ茶夕飯(ゆうはん)の御茶漬(つけ)にちよつとつまんで
茶味口上か御酒乃席の夜遊(よあそび)ひ夕涼(すゞ)しまた風の香(かをり)もよ
お客様御光来を往偏ニ奉希上ます以上

太左衛門橋筋八まんすじ　北へ入東がハ

茶一堂

可石

月

日

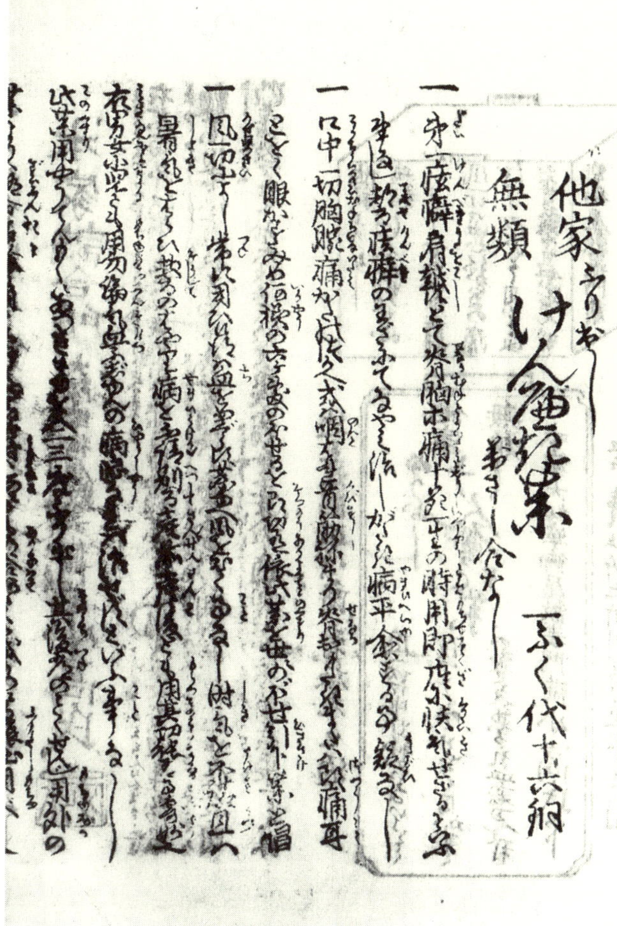
他家ニありおし
無類
けん癖薬
一ふく代十六銅

本家調合所　大阪窂御屋敷表御門前　小高氏

右薬[illegible]年久[illegible]来[illegible]けん癖薬[illegible]

類薬[illegible]

[illegible]大坂[illegible]

近来諸国販売所有之通

他家ニ無類　けん癖薬

風一切[illegible]痛

[illegible]

本家大坂窂御屋敷表門前小高氏ト

他家ニ無類　けん癖薬

風一切[illegible]痛

[illegible]

窂御屋敷表門前

本家　小高氏ト

江戸売弘所北新川菊屋半兵衛

京都出店建仁寺門前松原通上ル所西側

天保四癸巳年改板

例年之通正月朔日より[illegible]

[illegible]

宇治
信楽
諸国
御茶所

御濃茶　半斤ニ付
初昔　六分弐分
後昔　六匁
今昔　五匁五分
老ノ白　四匁五分
祝白　三匁八分
御薄茶　壱斤ニ付
別儀　四十目

御煎茶　壱斤ニ付 直段
黄菊　弐匁八分

十四

廣葉　三十文
上極揚　弐十五文
撰揚　弐十文
別製揚　十六文
京都流茶揚煎茶

萬代　廿四文
鷹爪　廿五文
白折　廿八文
友白髪　三拾目　廿五文
大福　四拾三文

初緑　九文
喜撰　八文　十文
越渓　九文八分
青葉　拾文
梅の尾　拾一文

白葉　五文八分
喜撰揚　六文
銅　乙　六文
澤の鶴　四文五分

御進物壺詰折詰袋詰茶の箱

葉茶之儀ハ製法宜敷場所ニお撰
諸葉製法別而念入葉向てかくまで
香気風味よろしく格別ニ吟味仕
其上中以下何事ニ而も御用
向ニ随ひ相備へ差上申候

並段又ト々切手江戸以

たばこの声かく

挽料　壱斤ニ付　八文目

茶道具品々

大坂平野町淀屋橋筋角
鶴寿堂　笹屋勝治郎

でん茶品々大安売
壱斤　百文　百三十文
二斤　百四十八文　弐百文

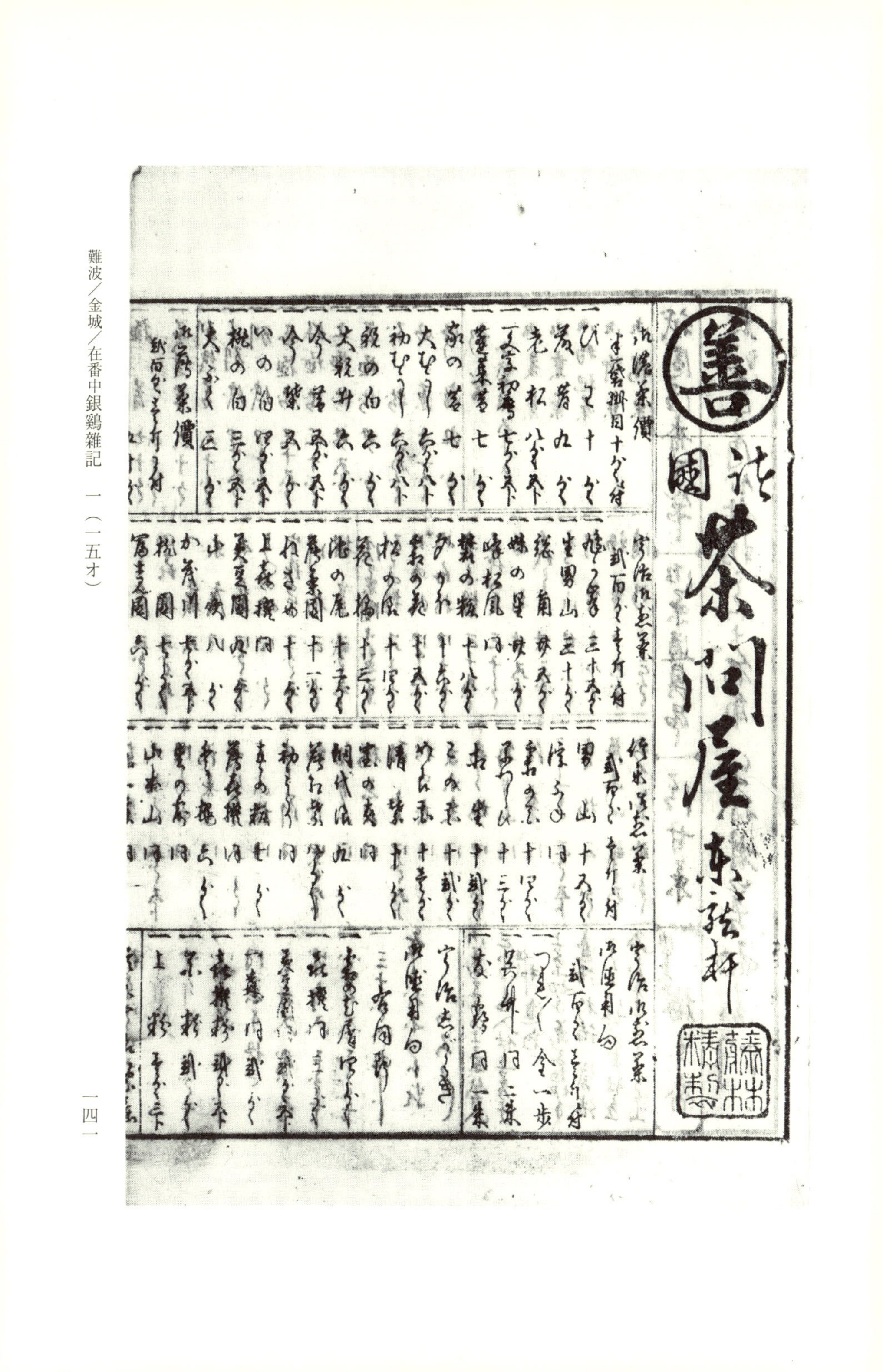

善

茶問屋

一極　煎　七十匁　八十匁
一芙蓉煎　六十匁
一別〔製〕煎　五十匁
一上別製　四十五匁
一別製　四十匁
一玉極揃　三十五匁
一好極揃　三十匁
一上極揃　廿五匁
一〔?〕極揃　廿匁
一〔?〕揃　十五匁
一〔?〕葉　十二匁
一〔?〕粉　〔?〕匁

新茶　小袋詰　[illegible]
同　麦葉　[illegible]
同　〔?〕葉　[illegible]
同　枸杞葉　[illegible]
同　柳葉　[illegible]
同　〔?〕葉　[illegible]

[illegible]

祇園〔?〕香〔?〕
〔?〕茶道具品々
〔?〕甘茶
〔?〕梅干〔?〕

大坂〔?〕　[illegible]　〔?〕林〔?〕門

伏禀

煮ハ味ひ淡泊にしてさめ安く
茶ハ諸気を退て眠を覚す其
功験をしるも諸君子皆よく御存
なの事なし今般しらく新店の
思入ハ只ゞ茶飯の手軽きを専とし
菜茶飯の汁人気にかなふよふに
思ひつけるまゝ上戸下戸の差別を
いはず代ハ二ゟ醉よお給も下され
又ハ饅△はぐくみてはくるミともに
気を更てお上り被下候へバ有難奉存候

どちらもけつこうな二品の御膳のおかず
清酒一瓶も御望みならば小折箱を
添へて御随意に差分けてまづ進上仕
御調味しよく鄙米よろしく御吹聴に下
さりまして御贔屓御引立の程偏に希上まする

二月

麦飯	価八分
葉茶飯	右同断

○
諸国旅行
御客様方　御宿

○猶又ますます上品に御入来を
希上ハおかずもひとつ名ふよろしく
御よろしく御茶つけの湯を献じ
玉盃数よの茶飯を解し
遊上をとるさげ宿酒肴
さまざま名方の数菜も
御披露まで上く

大阪道とん堀西ふろり
喜楽亭

茶問屋

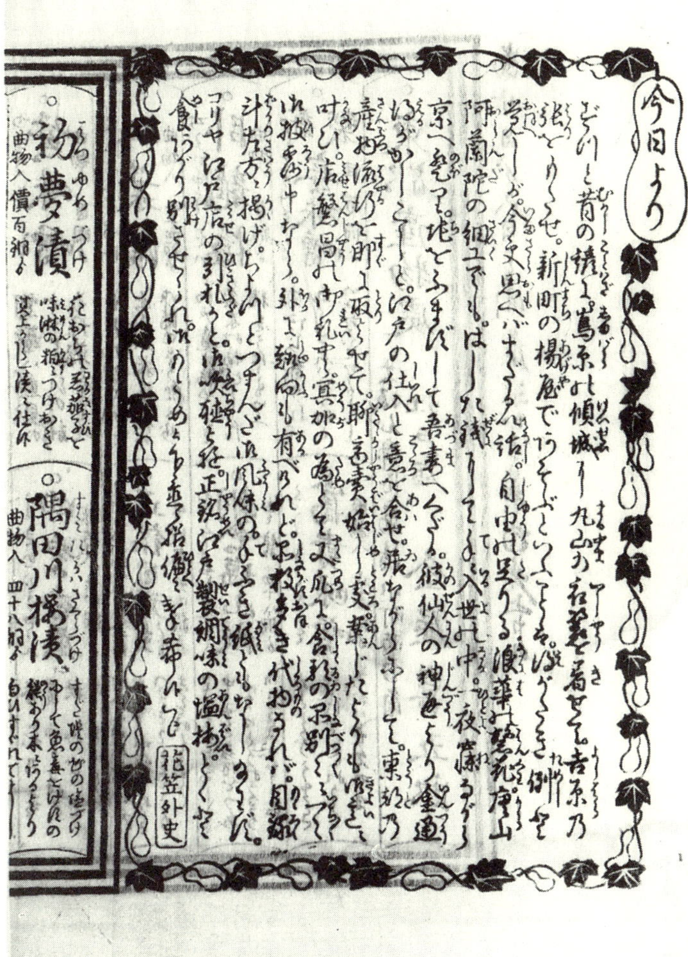

今日より

花笠外史

初夢漬
曲物入價百銅より

隅田川桜漬
曲物入　四十八銅より

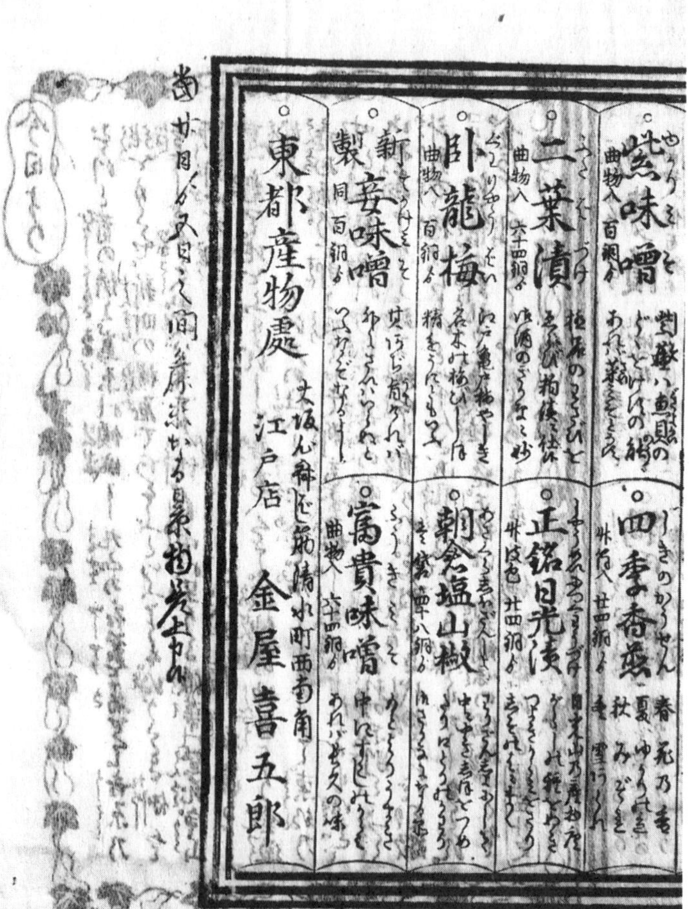

味噌
曲物入 百銅ゟ
四季香煎
二葉漬
曲物入 六十四銅ゟ
正銘日光漬
卧龍梅
曲物入 百銅ゟ
新製 妾味噌
同 百銅ゟ
富貴味噌
曲物入 六十四銅ゟ
東都産物處
大坂心斎橋筋清水町西南角
江戸店
金屋喜五郎

善

諸国茶問屋

一 極 煎　九十匁 八十匁 七十匁
一 天 茶　六十匁
一 別儀茶　八十匁
一 上別儀　四十五匁
一 別 儀　四十匁
一 玉極揃　三十五匁
一 好極揃　三十匁
一 上極揃　廿五匁
一 並極揃　廿匁
一 [illegible]揃　十八匁
一 [illegible]茶　十五匁
一 [illegible]揃　九匁

新茶
小袋詰入 [illegible]

一 麦 茶
一 棗 茶
一 枸杞茶
一 柳 茶
一 [illegible]茶

[illegible]

大坂名物 [illegible] 山[illegible]

名畫彩色狂歌怜野集

前月二十日上ヶ切
本月十六日開巻

撰者　檜園梅明

八月　秋の上　初秋　七夕待　萩　葛　萩　女郎花　夕薄
兼題　蘭　垣槿花　草花　露　野分　虫　鹿
秋眺望　山路秋行　秋夕雲　秋田庵　秋夜長　関駒迎　秋時雨

九月　秋の下　山月　野月　川月　海上月　名所月　雁　霧
兼題　夜擣衣　鳴　鶉　菊　山紅葉　惜秋　暮秋雨
秋山　秋野　秋里　秋庭　秋植物　秋動物

十月　冬の部　立冬　時雨晴　雨中落葉　霜　氷　寒芦　冬明月
兼題　霰　月前千鳥　池水鳥　月照網代　雪　鷹狩　早梅
歳暮　待春　冬天　冬籠　冬遠情

十一　恋の部　初恋　恋書　契恋　増恋　近恋　遠恋　序恋

月納會

雜の部　絶意　春意　夏意　秋意　冬意　幼意　意命

兼　意涙　意鏡　意枕　意莚　意床　意鐘

題　星　風　谷　原　関　驛　道　橋　水　濵

池　滝　竹　松　鶴　民　匠　漁　社　賀

右八点上出板再考画上表紙附摺 [illegible]

十一月納會 [illegible]

[illegible]

四　執筆

入花　六首一組 [illegible]　十首　三百孔　二十首　五百孔 [illegible]

集所
ナコヤ　水奥園中
キフ　神垣内中
〃　欟柯園中
キヨス　千芽菴中
仙タイ　伊勢屋書助

[illegible]　浅草庵中
[illegible]　武德菴中
[illegible]　楽俍舎中
[illegible]
[illegible]　小湊屋 [illegible]

校合
諸国
水魚總連
花圃總連
同盟總判者方
檜垣總連
臥竜園
千種菴
花咲菴
器楽菴

清書　包嬉園廣好　檜樹園秀明

墨　檜月菴　春友亭政明

會主　檜垣連

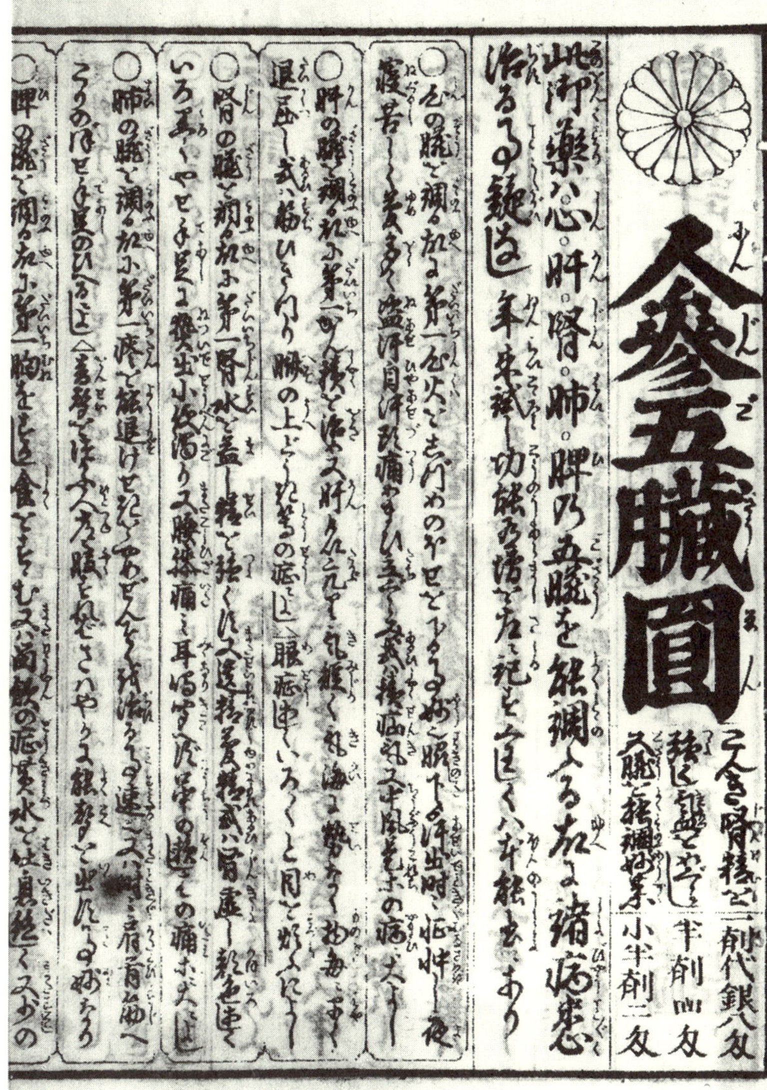

人參五臓圓

一剤代銀八匁

半剤四匁

小半剤二匁

食こあたり後中の後痛ニ或ハ大便結しのぼせ又ハ食後ニ気むづかしく気のふさぐ労症ニ妙也

其外ひへしやうびやうしやうの吐血下血五痔脱肛是ホの病ニ用ひて大によし

○婦人さんぜんさんごいろ〳〵と血の道の病或ハ手足ひへ癪痛ニのぼせ髪あぶらなど出る症ニ大によし

○小児のかんむしけて退け腹いたむとて又ハ[illegible]驚風のうれひ無し

右に謂所の病たとへ極老人ニ難治の症なりとも治せずといふ事なし

る也虚症の人ニハ元気をたすけ或ハ未生の労多き人又中

年以後の男女暑寒四季の[illegible]服用せば気血順し

腎水衰へ腰より上ぶを補ひ肉を生じ顔色光沢眼明らかにして耳能く聞え歯ハ

根をよくして寿命を延る妙薬なり用ひて知りたまふべし

[illegible]

御免許御薬製所　法橋浅野慶山

大阪阿弥陀池南門東

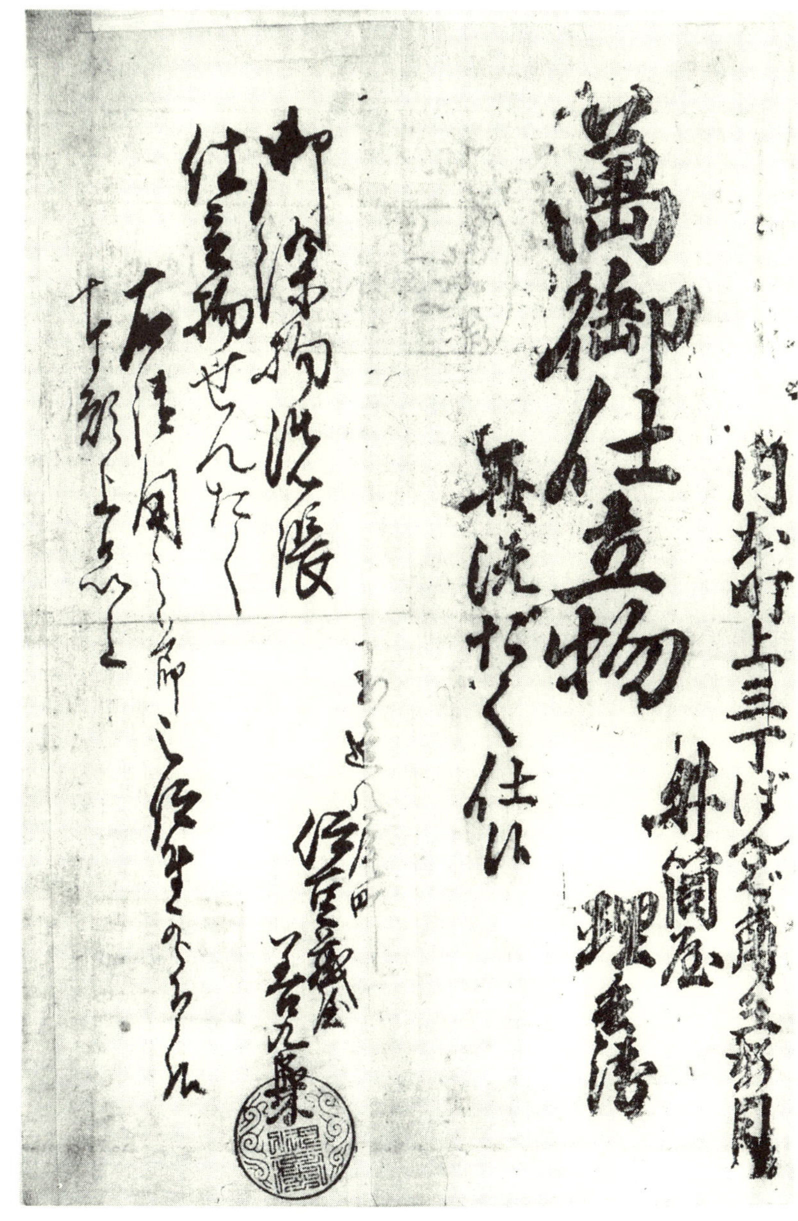

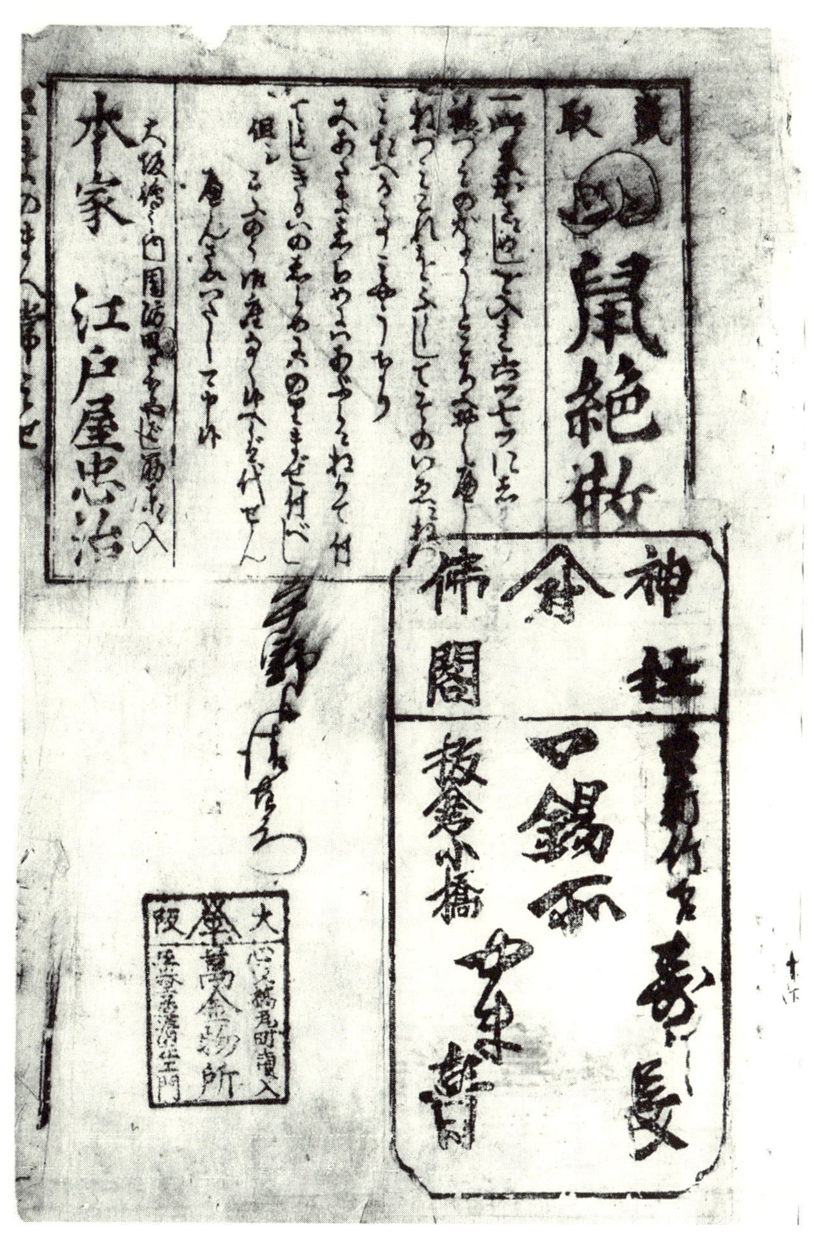
鼠絶散
本家
江戸屋忠治
神社
佛閣

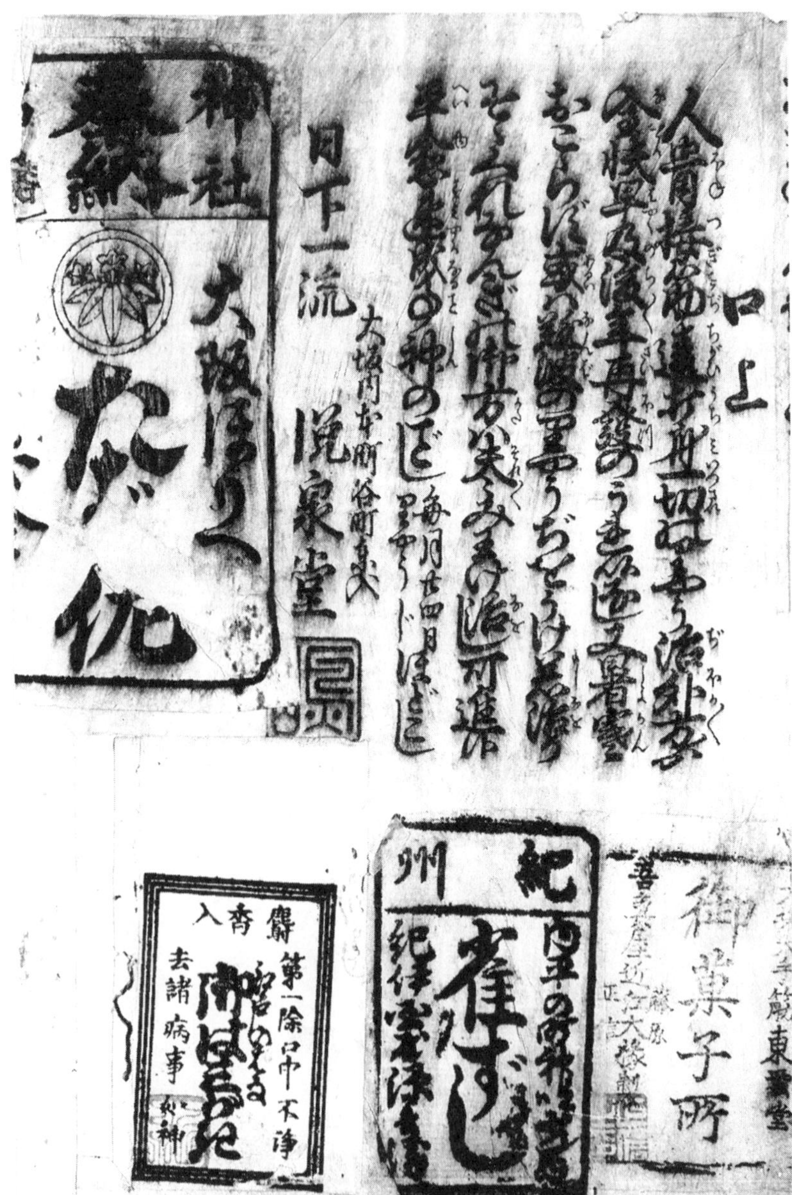
日下一流
紀州
御菓子所
第一除口中不浄
去諸病事

廿五

今日より
せいろう蒸（むし）[illegible]し
代百五拾文
[illegible]
[illegible]
心祈[illegible]
十月
[illegible]

大坂心斎橋壹丁南
御菓子所
近江屋[illegible]

麝香入
第一除口中不浄
去諸病[illegible]
[illegible]

唐紙
毛氈
焼物
[illegible]物
人馬平安散
日本高麗[illegible]
米[illegible]
[illegible]店
御進物御望次第

銘酒琥珀光
伊丹
大阪大手
せん安筋角
光屋店
光

銘酒琥珀光
伊丹
大阪大手
せん安筋角
光屋店
光

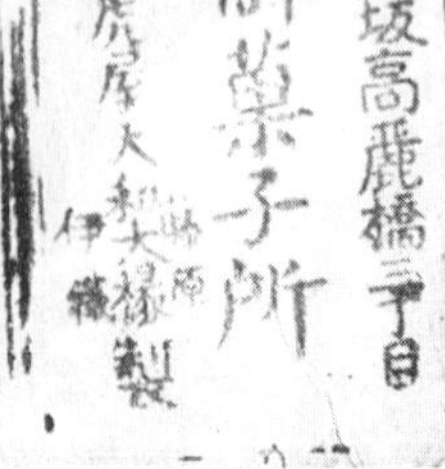
大坂高麗橋三丁目
御菓子所
虎屋大和大掾製

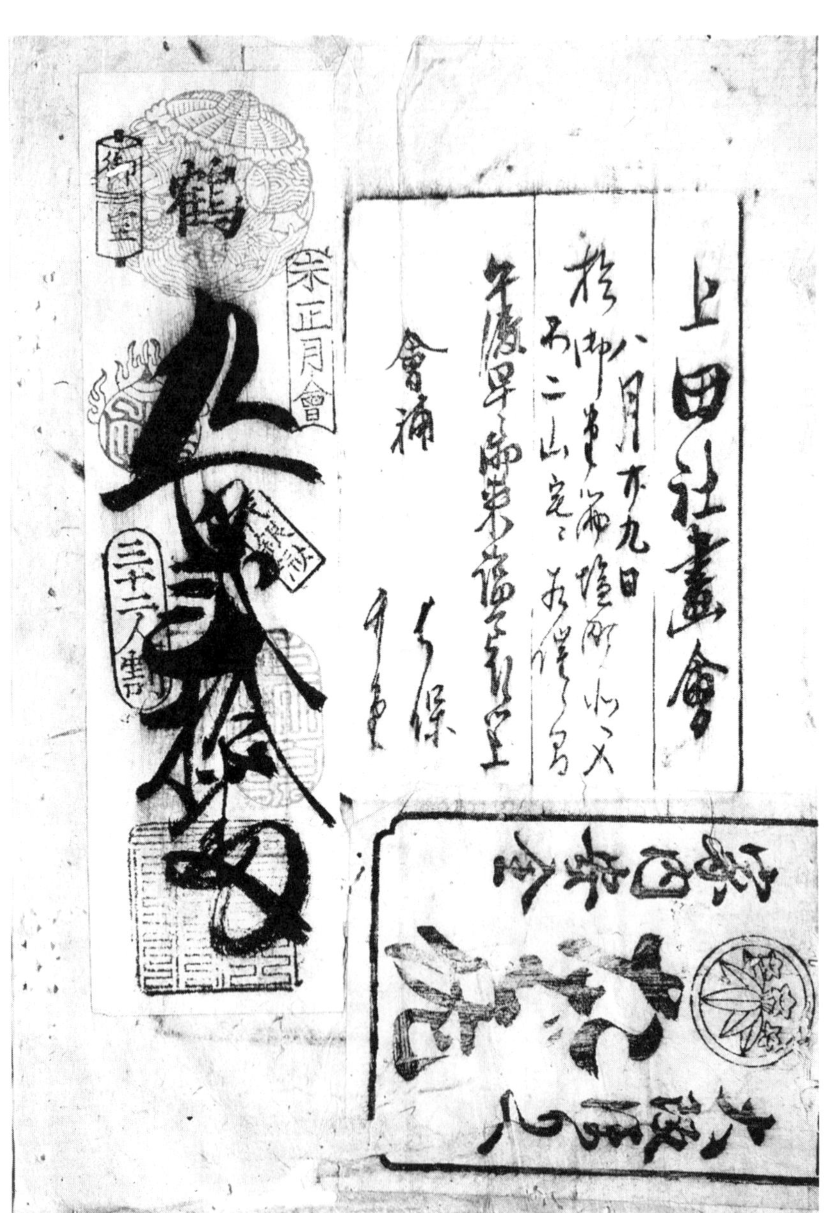
上田社畫會
八月廿九日
未正月會

藥師寺
午極月會
三十二人割
三之山
午極月會
三十二人割
午極月會
廿七

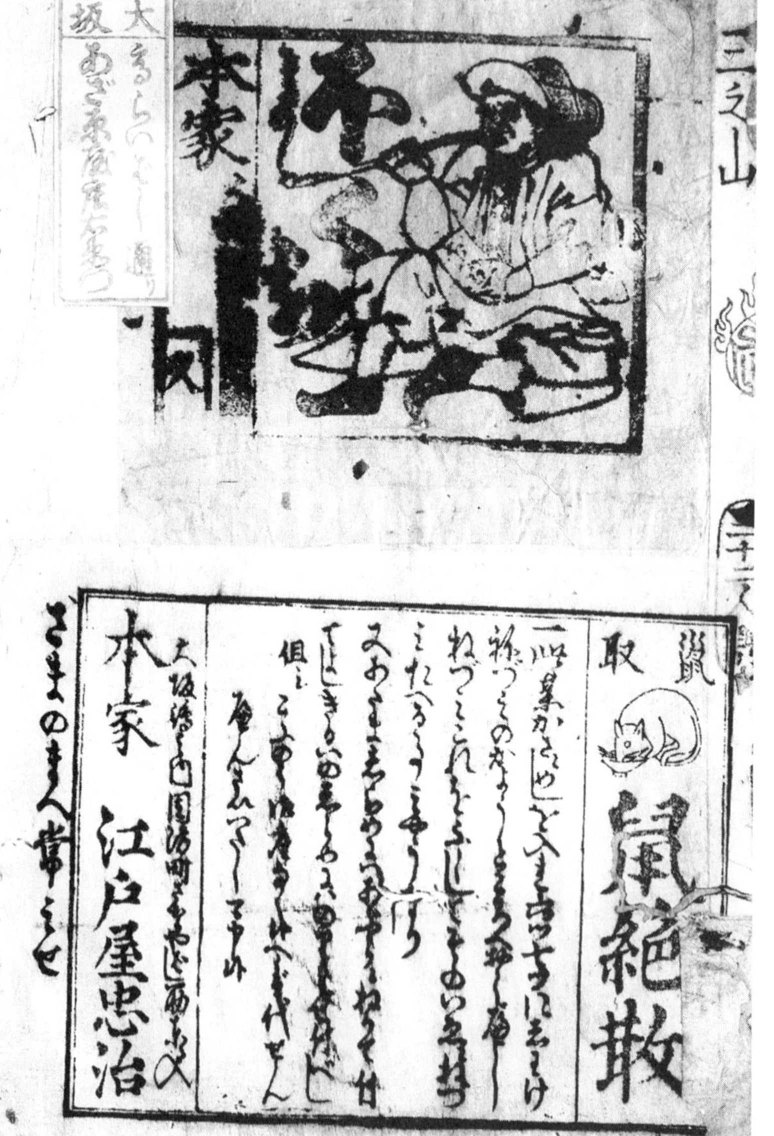
本家
鼠取
鼠絶散
本家　江戸屋忠治

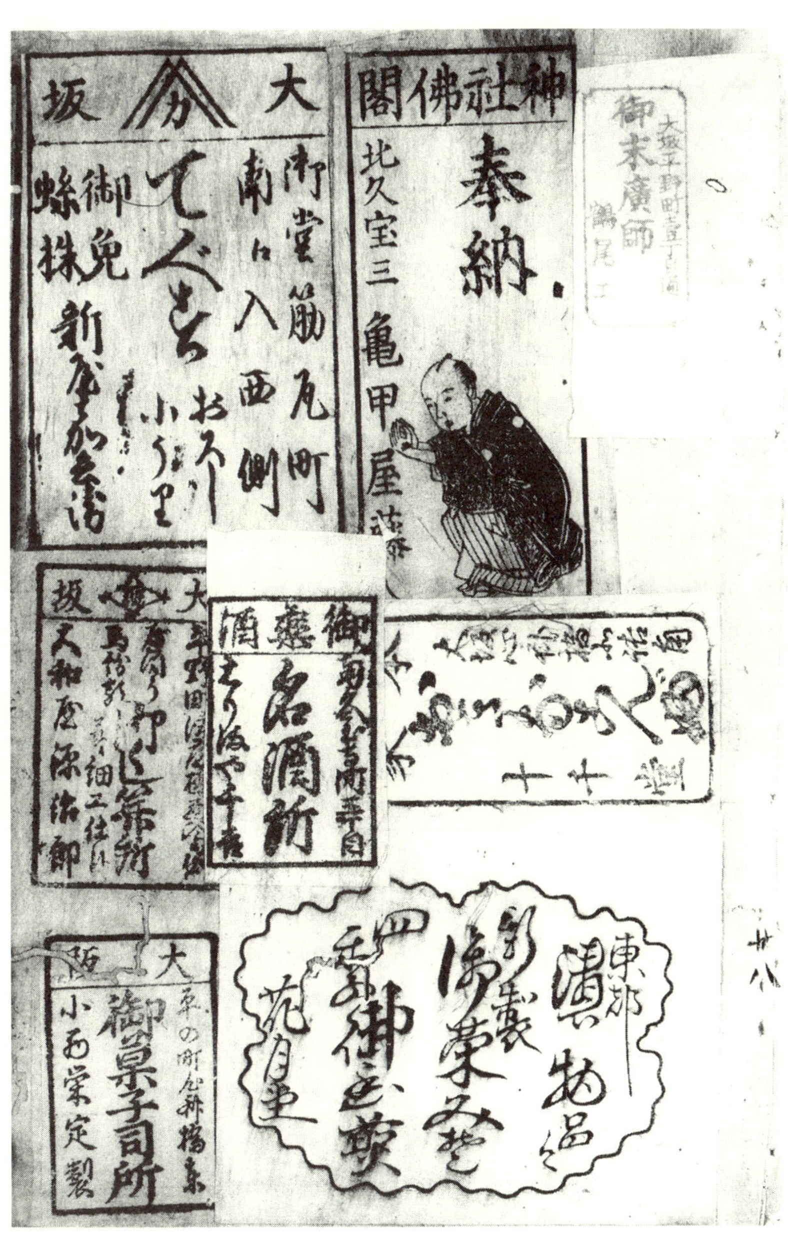
大坂
御堂筋瓦町南へ入西側
神社佛閣
奉納
北久宝三
亀甲屋
御末廣師
大坂
大和屋源治郎
御薬酒
名酒所
大坂
御菓子司所
小西栄定製
廿八

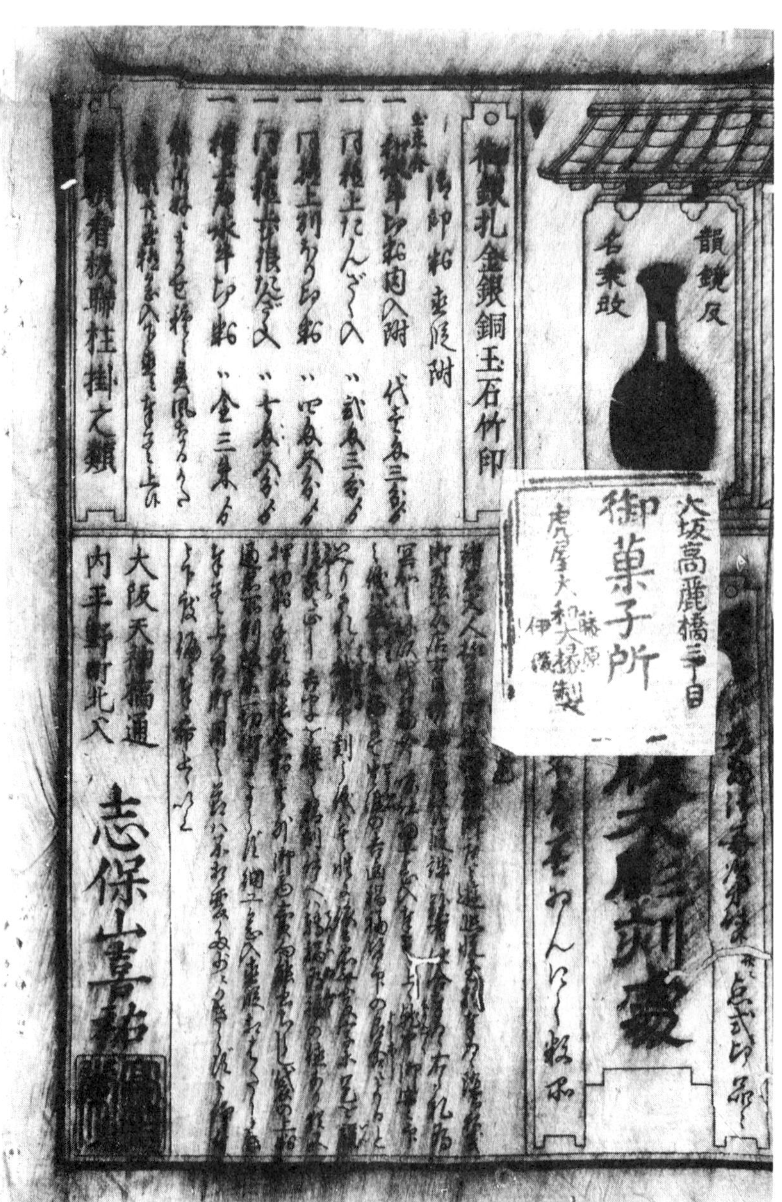

大坂高麗橋三丁目
御菓子所
虎屋大和大掾藤原伊織 製

御銀札金銀銅玉石竹印

扁額看板聯柱掛之類

大阪天神橋通
内平野町北入

誰知盤中飧
粒々皆辛苦
炭薪米麦豆にいたるまで
みな山賤の汗とおもへば
箸とらば天地御代のめぐみを
父母や主人の恩を味へ

書林
大坂心斎橋筋唐物町南江入東側
河内屋太助
新本古本
唐本石刻
賣買仕候

御誂向
應御好

長崎流
大澤流
箱入流
引出流
問屋流
懐中流

御算盤細工所

大阪心斎橋通塩町角

おろし
并ニ小賣仕候

河内屋清太郎

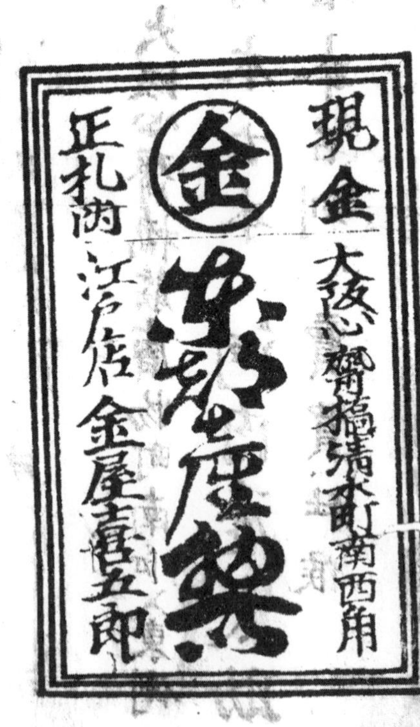

現金
金
大阪心斎橋清水町南西角
正札附
江戸店
金屋喜五郎

大阪谷町久宝寺町角
古道具賣買所
中島屋
徳兵衛

書林
舩場塩町壱丁目
倉橋屋孫一郎
和漢新本古本賣買所
心斎橋通塩町北へ入
出店

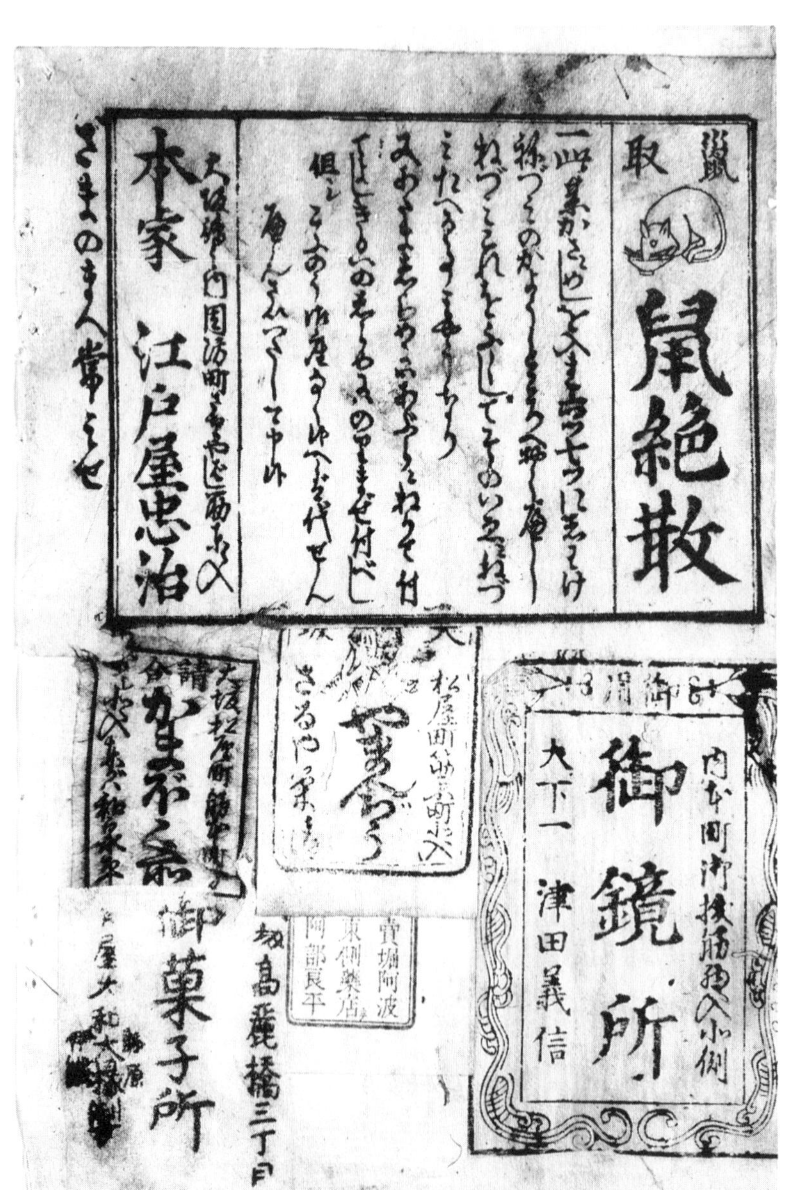
取
鼠絶散
本家　江戸屋忠治
御鏡所
大下一　津田義信
御菓子所
髙麗橋三丁目
賣堀阿波
東側薬店
阿部長平

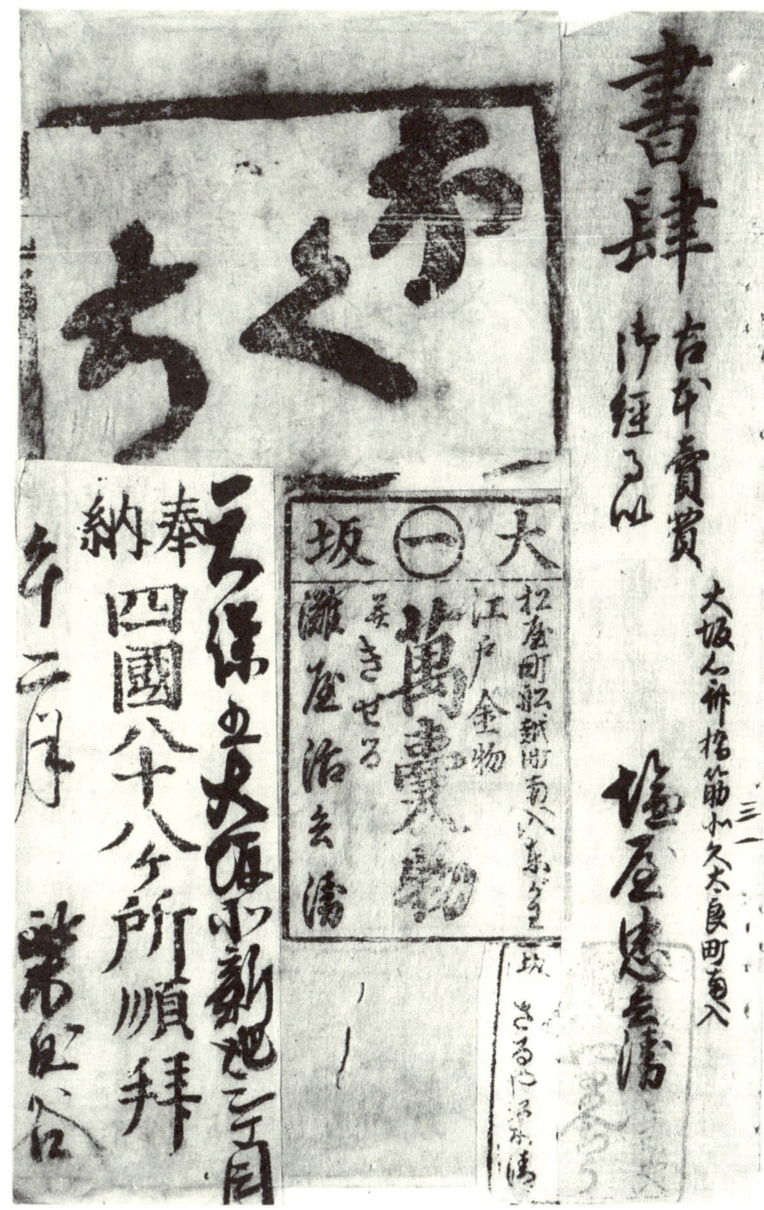
書肆
古本賣買
大坂
江戸
金物
きせる
奉納
四國八十八ヶ所順拝

神社
佛閣
古道具賣買所
大坂せんだん町
かど伊
四丁目すじ角
奉納
子孫長久
笠原氏

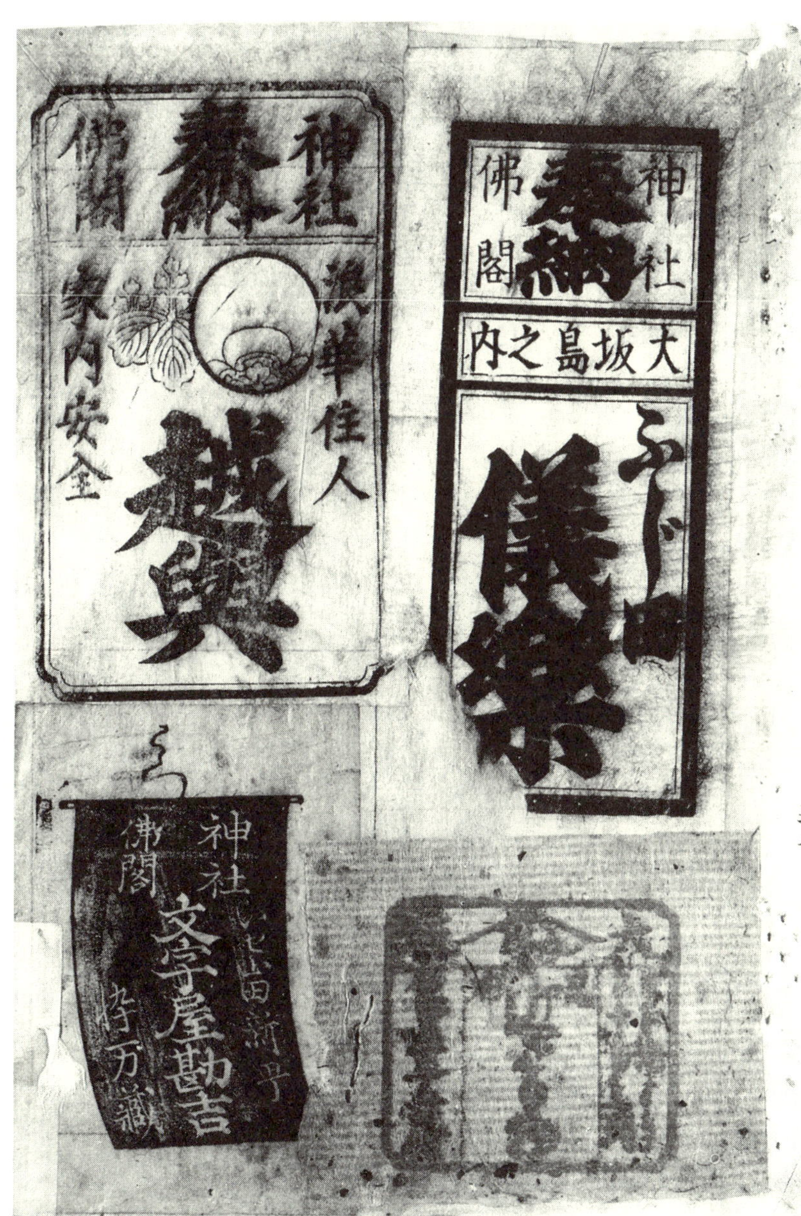
神社
奉納
佛閣
浪華住人
家内安全
神社
奉納
佛閣
大坂島之内
神社
佛閣
文亭屋勘吉

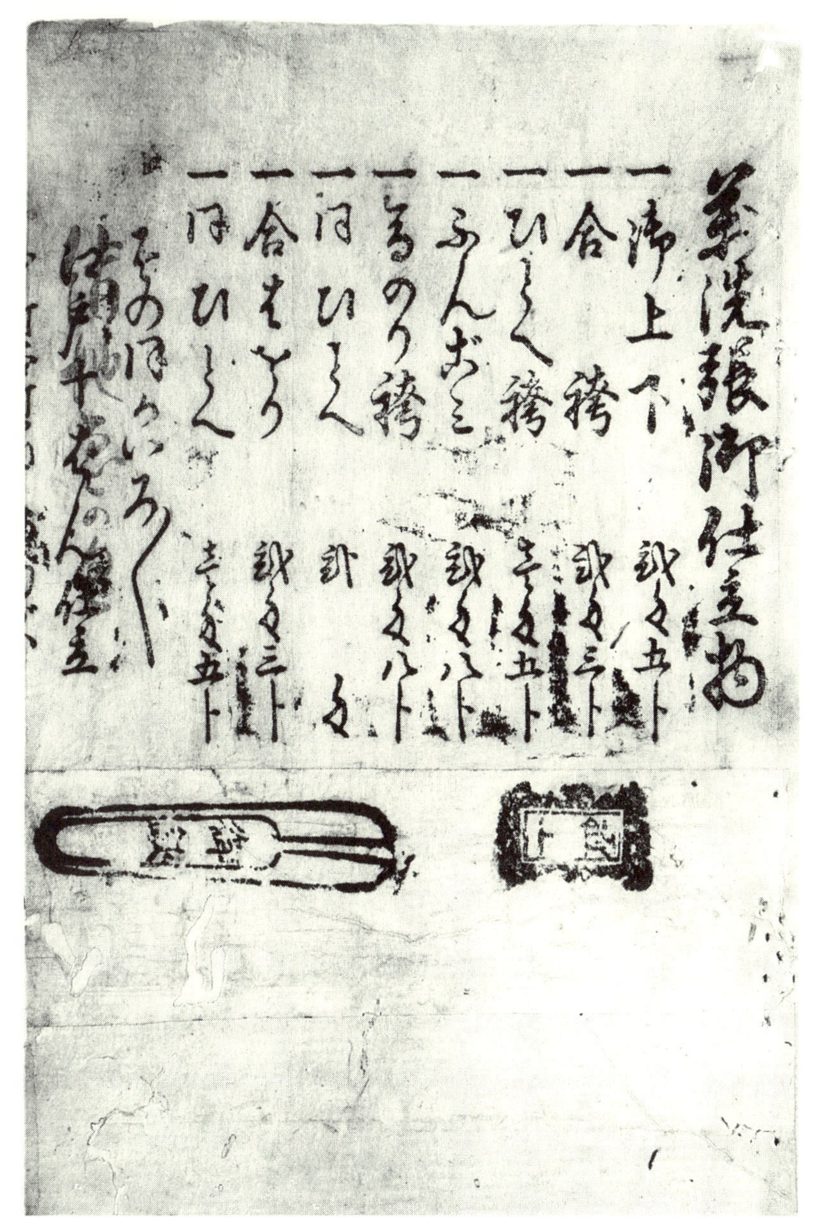

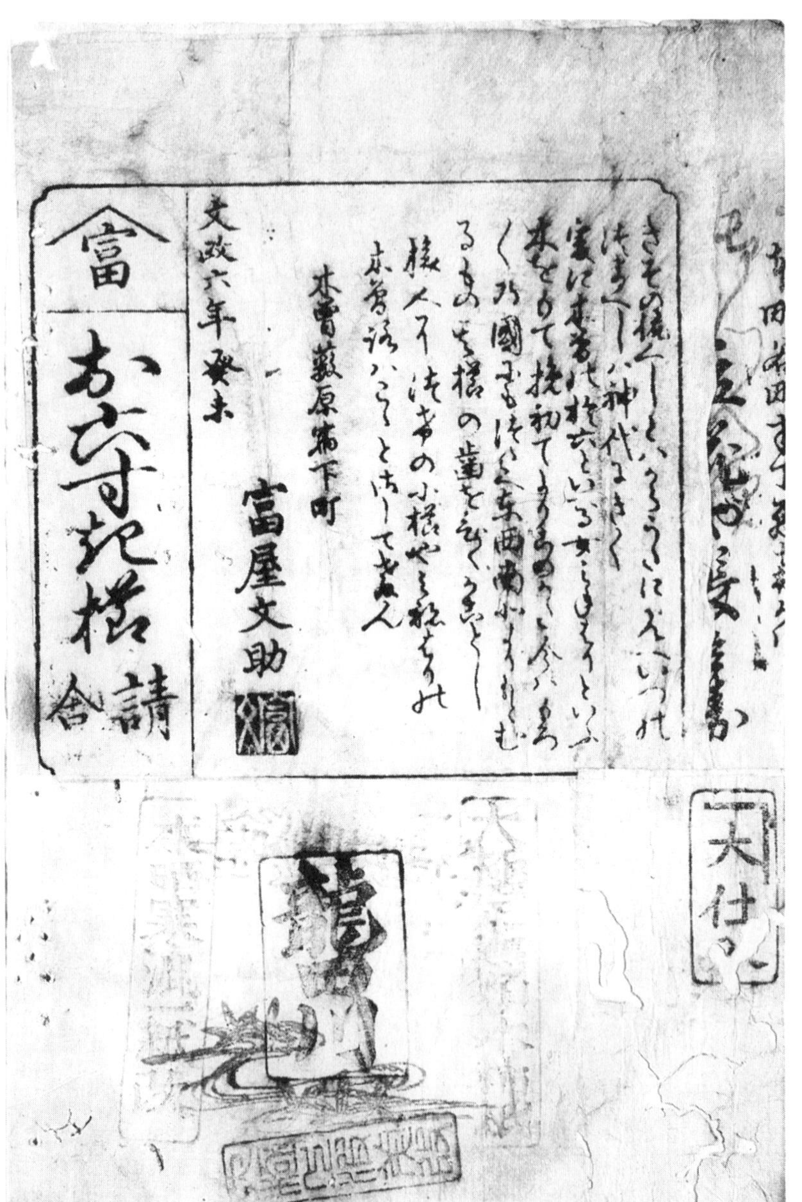
富
請合
文政六年癸未
木曽藪原宿下町
富屋文助
天付

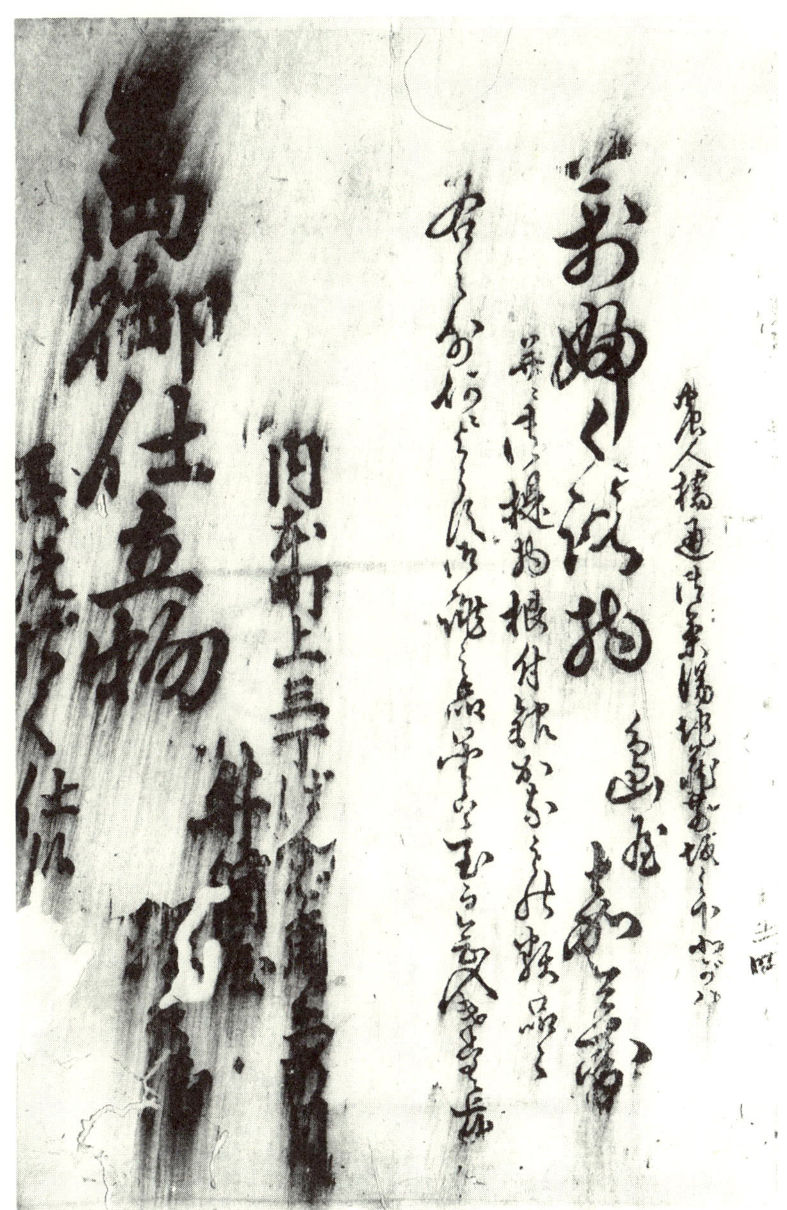

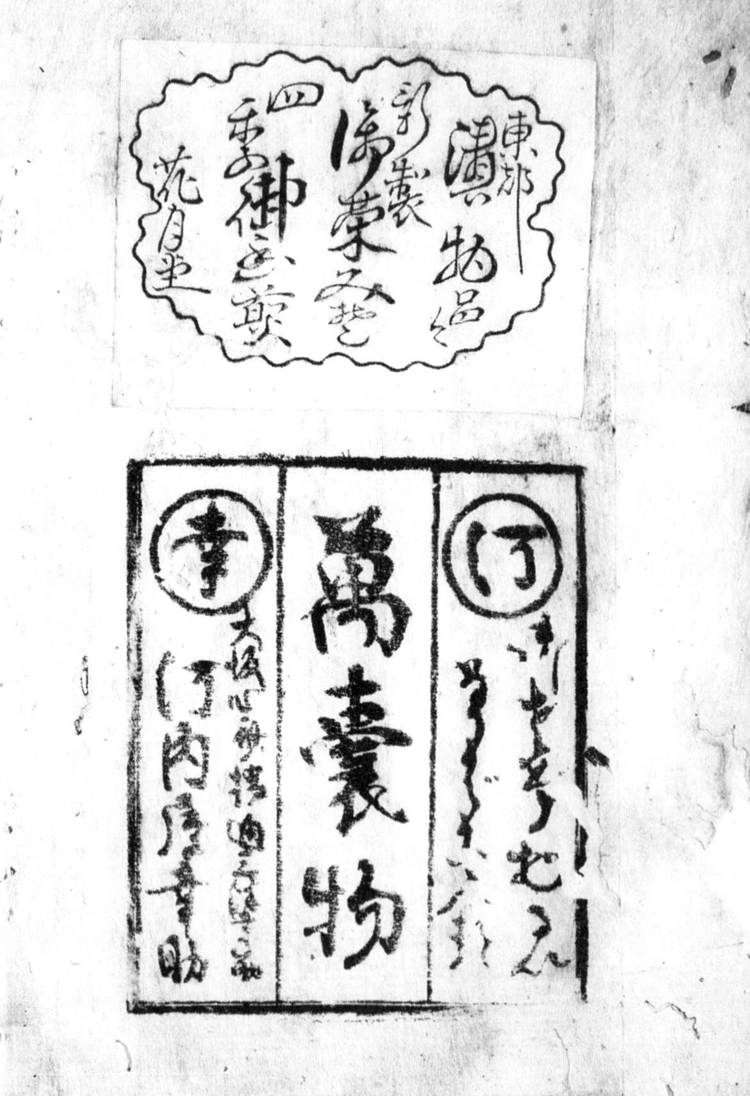
東都
新製
萬嚢物

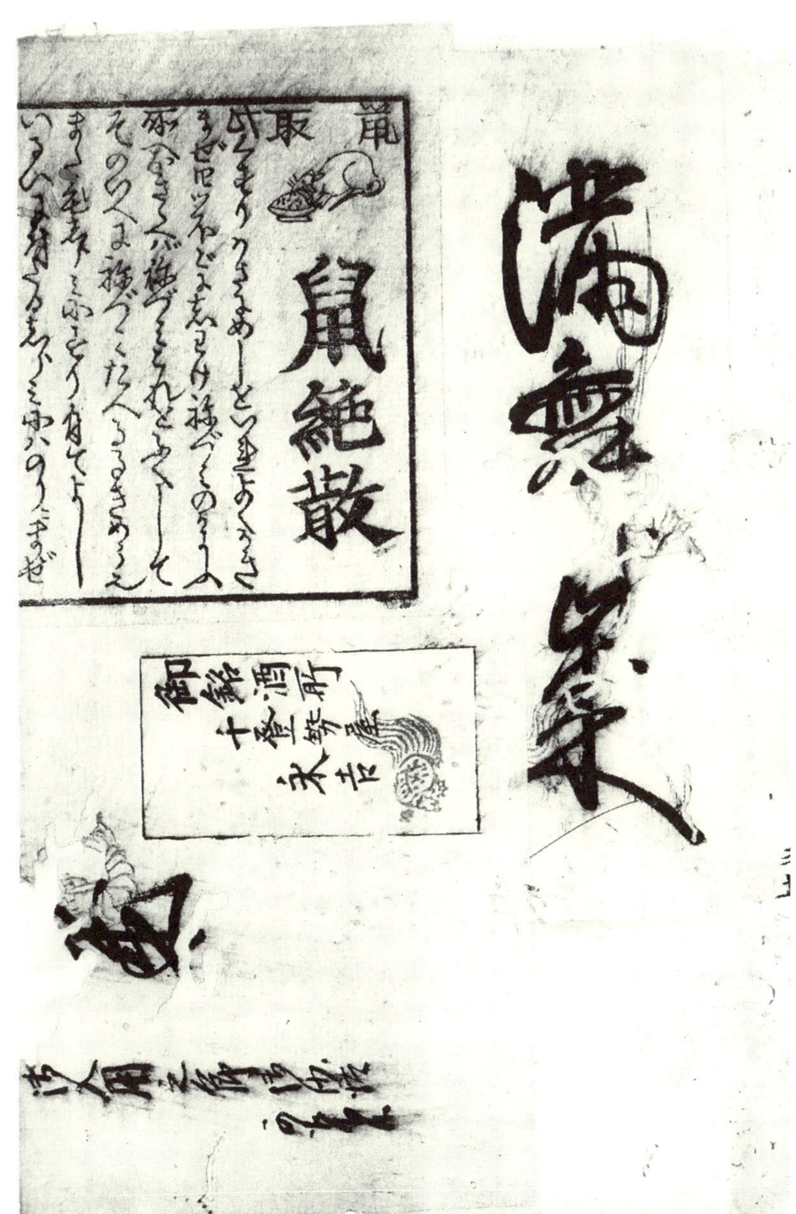
鼠取
鼠絶散
御銘酒所

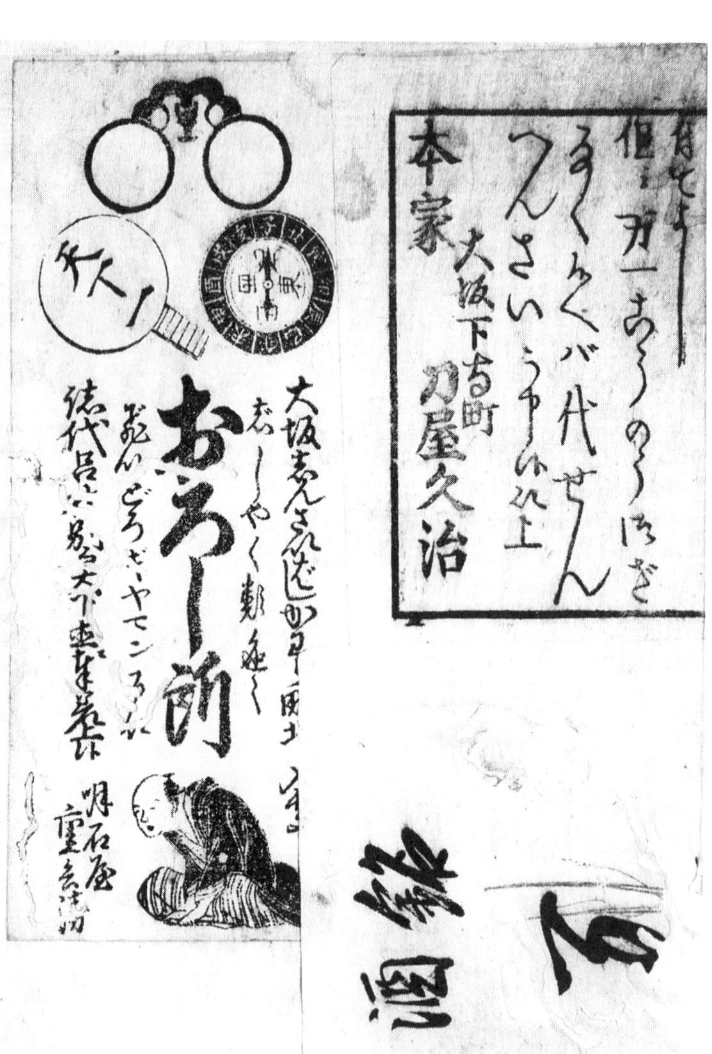
本家
刀屋久治
おろし所
明石屋

御書物 新本 古本 賣買所

御蔵板

侍集に章の数板下彫刻摺製本迄引請

御集冊類

板下筆耕

狂歌俳諧御月次集

狂歌俳諧御摺物

江戸流大坂風

御好次第

狂歌月次新板類

躾書引札類

御實印反切相改彫刻

御銀札米札銅印石印刻

色紙短冊類

書輪囊

江戸の[illegible]

板元製本所

狂歌書林千里亭

大阪中[illegible]

[illegible]利助

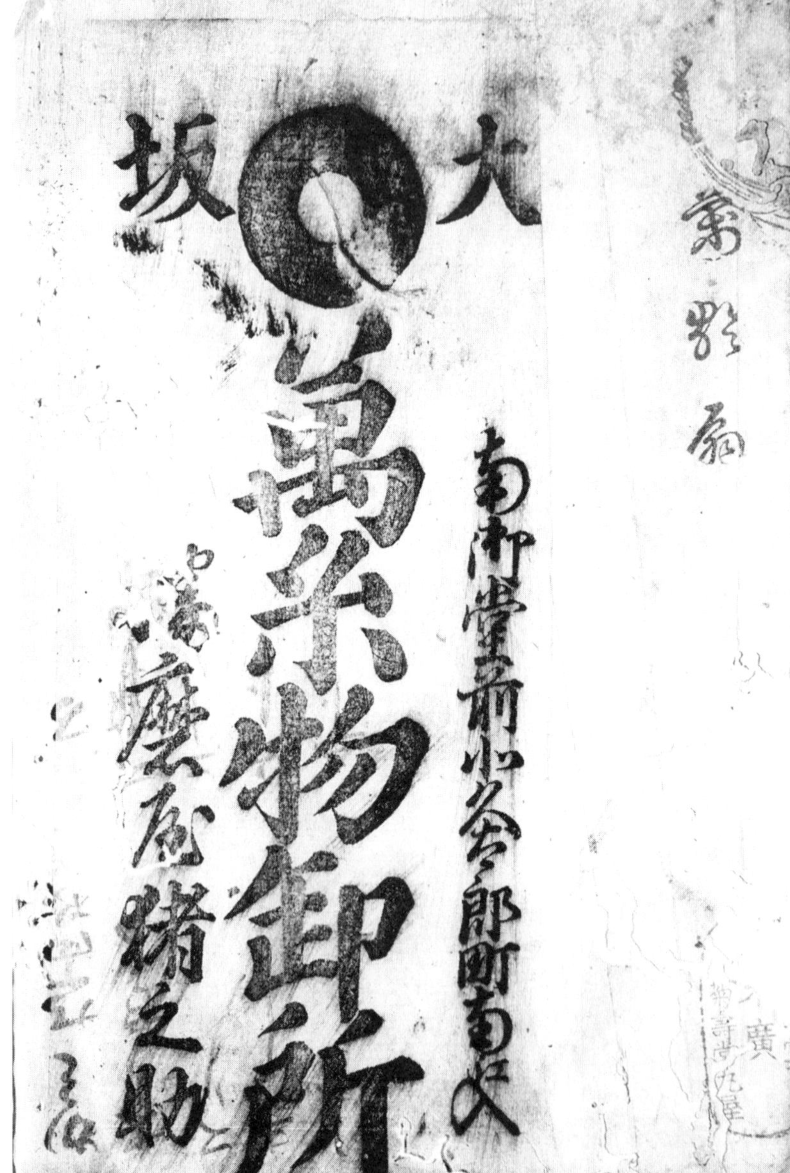
大坂

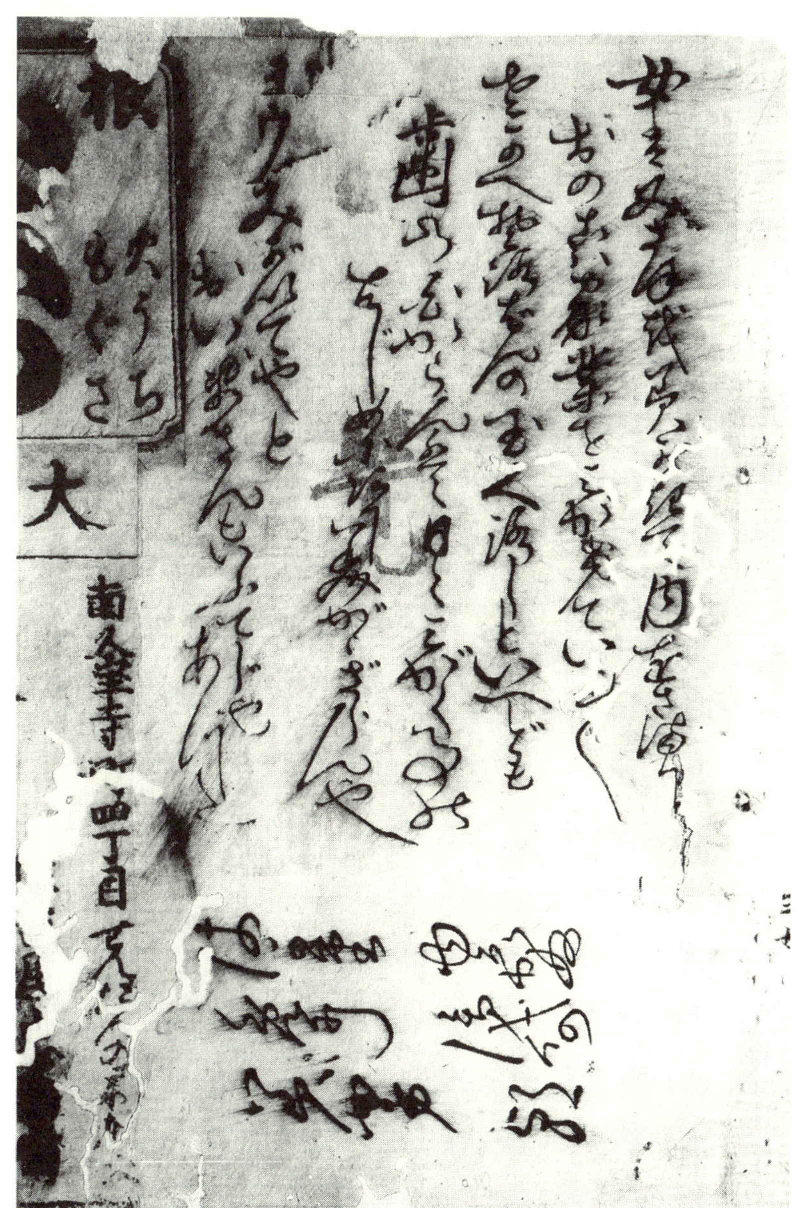

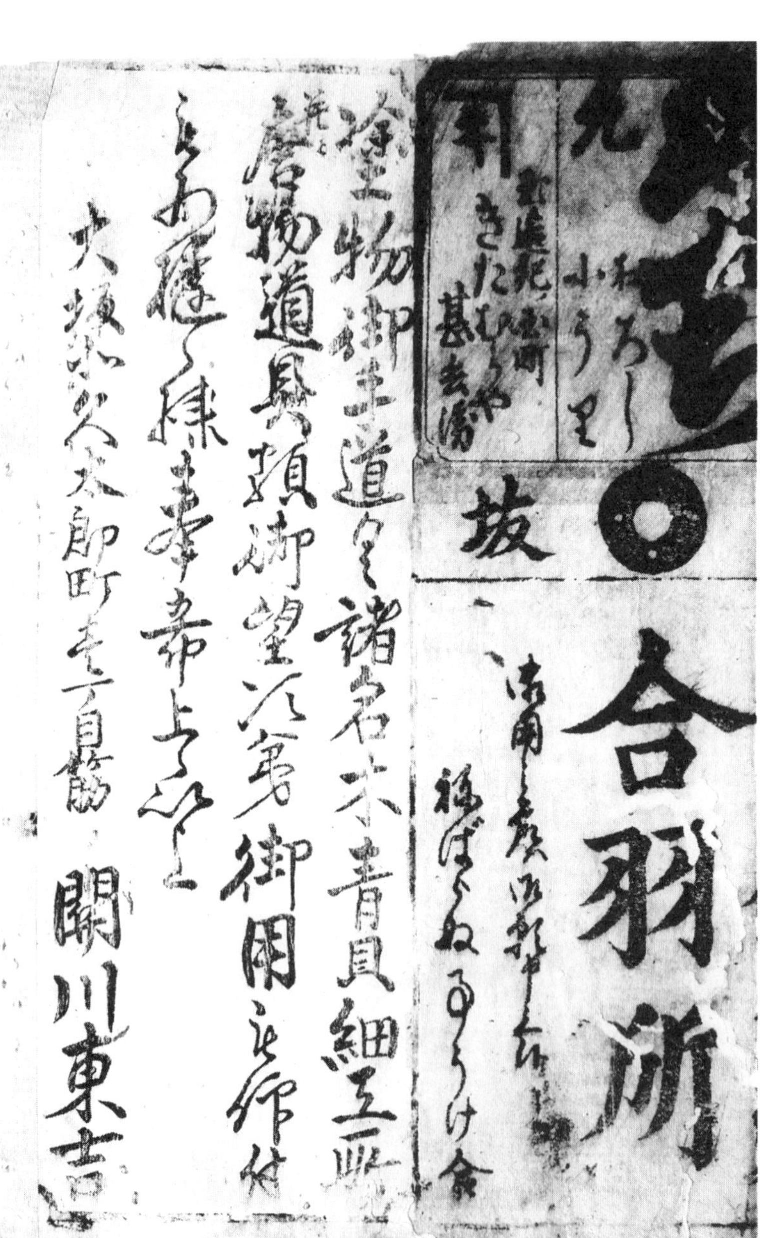
抜
合羽所
塗物御道具
唐物道具類
関川東吉

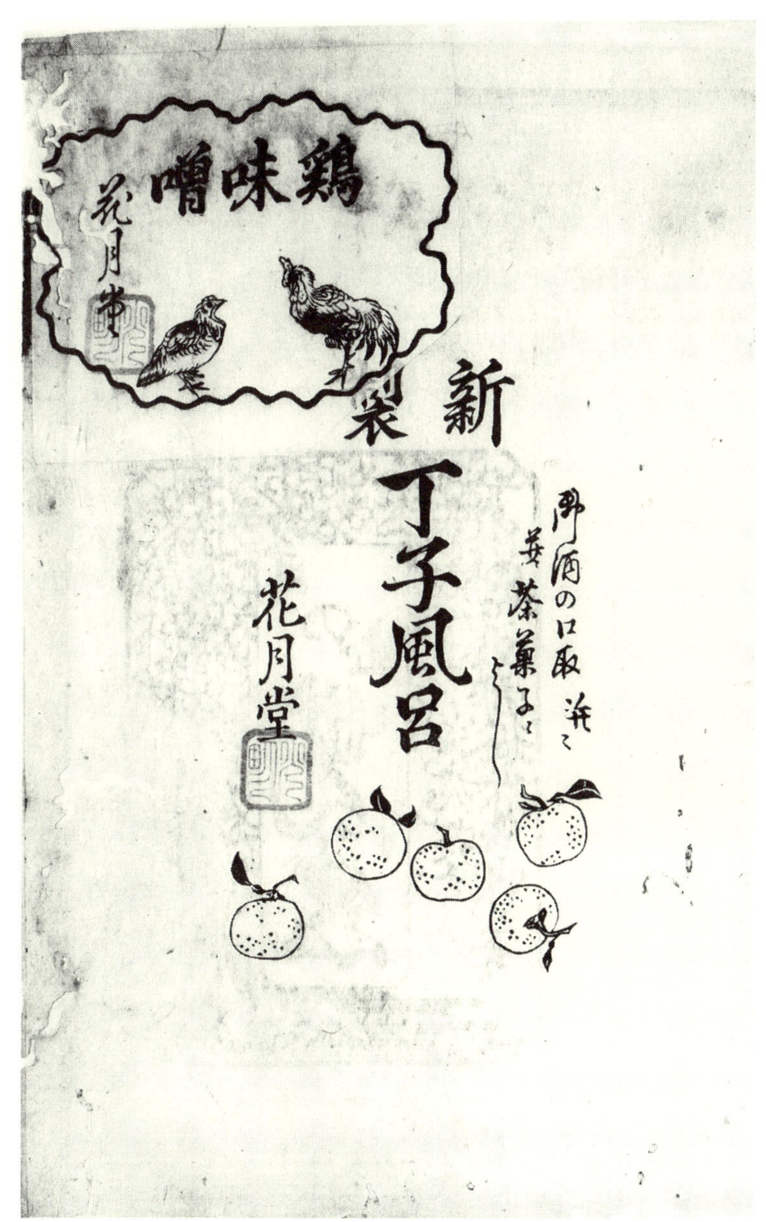
鶏味噌
花月堂
新製
丁子風呂
花月堂

浪華名産
川崎屋弥太郎

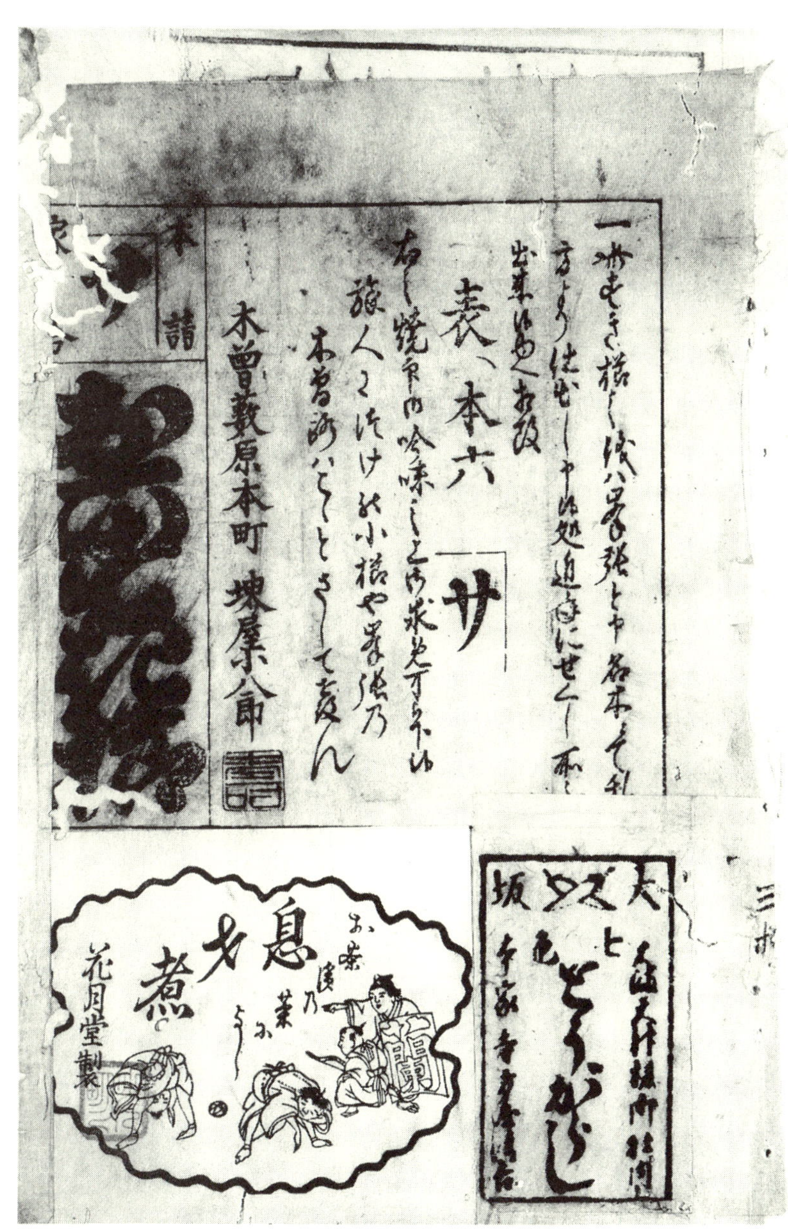
表、本六
サ
木曽藪原本町
息才
煮
花月堂製
大坂

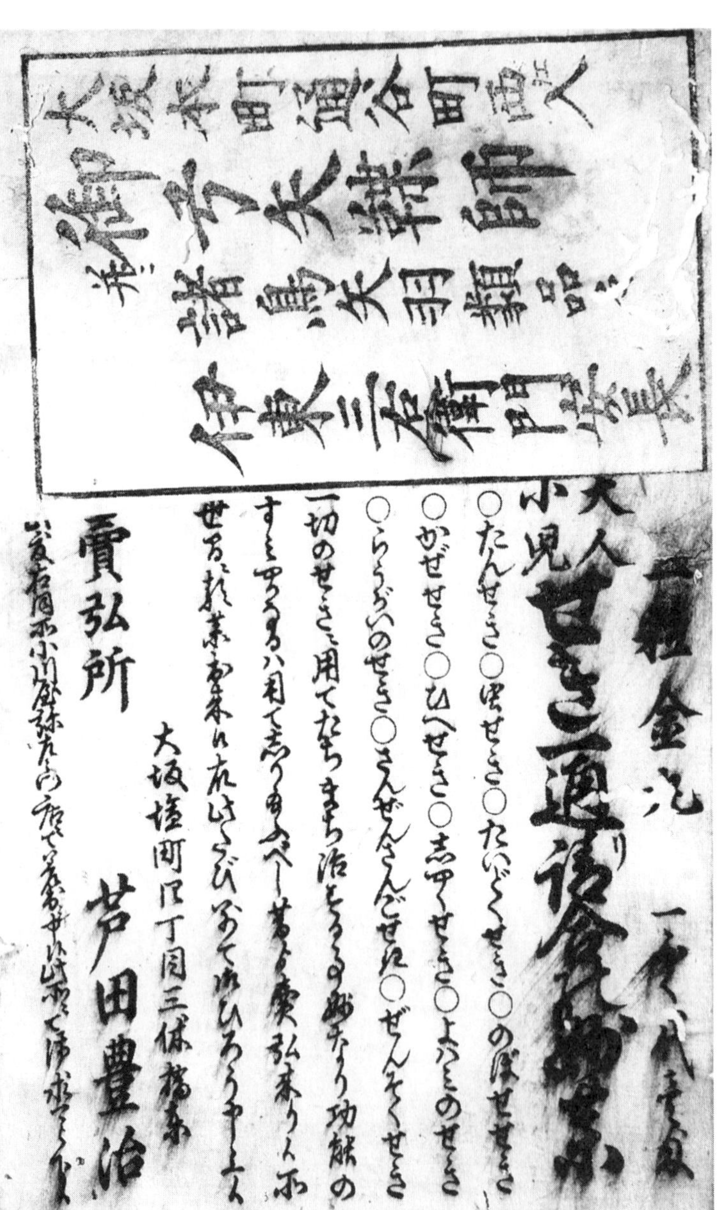
一粒金丹　一包代壱匁

大人小児 せきゝ通り諸症妙薬

○たんせき○はやせき○たいぐせき○のぼせせき

○かぜせき○ひへせき○ちうせき○よいとのせき

○らうがいのせき○さんぜんさんごせき○ぜんそくせき

一切のせきに用てたちまち治する事妙なり功験の

賣弘所　芦田豊治

大坂塩町四丁目三休橋東

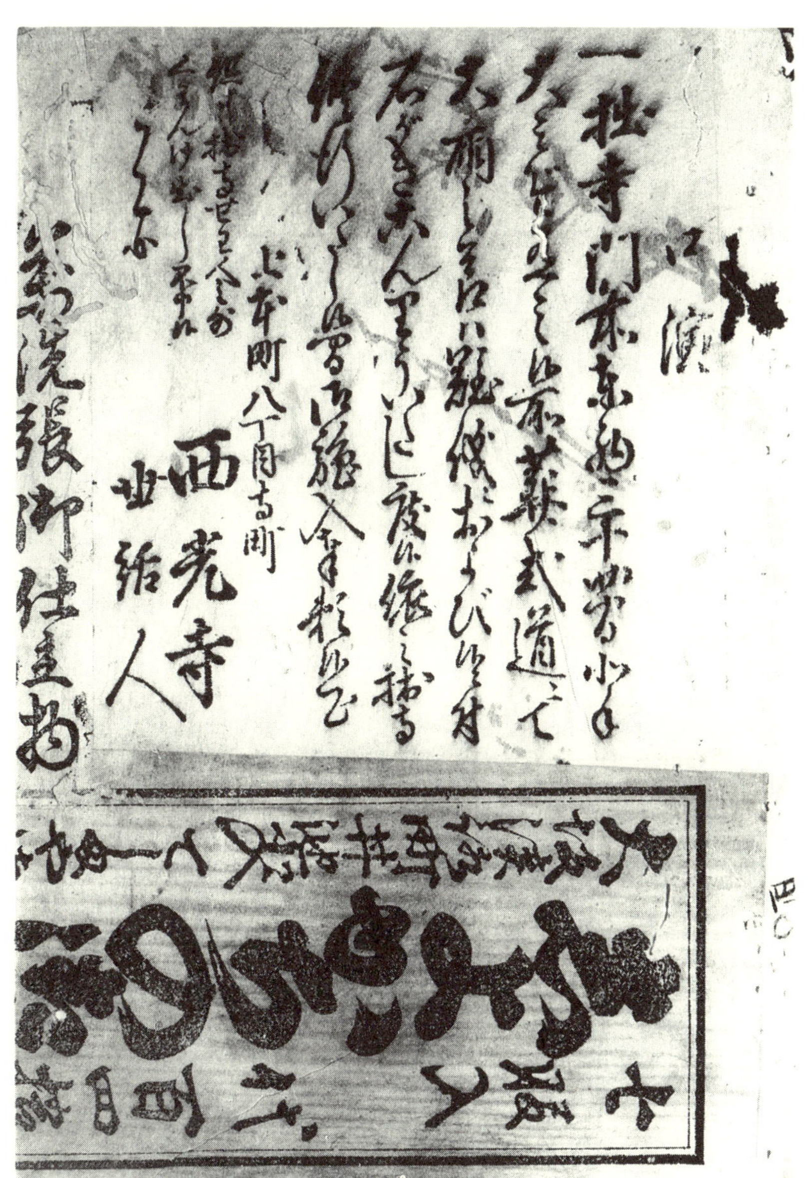

上本町八丁目寺町
西光寺
世話人

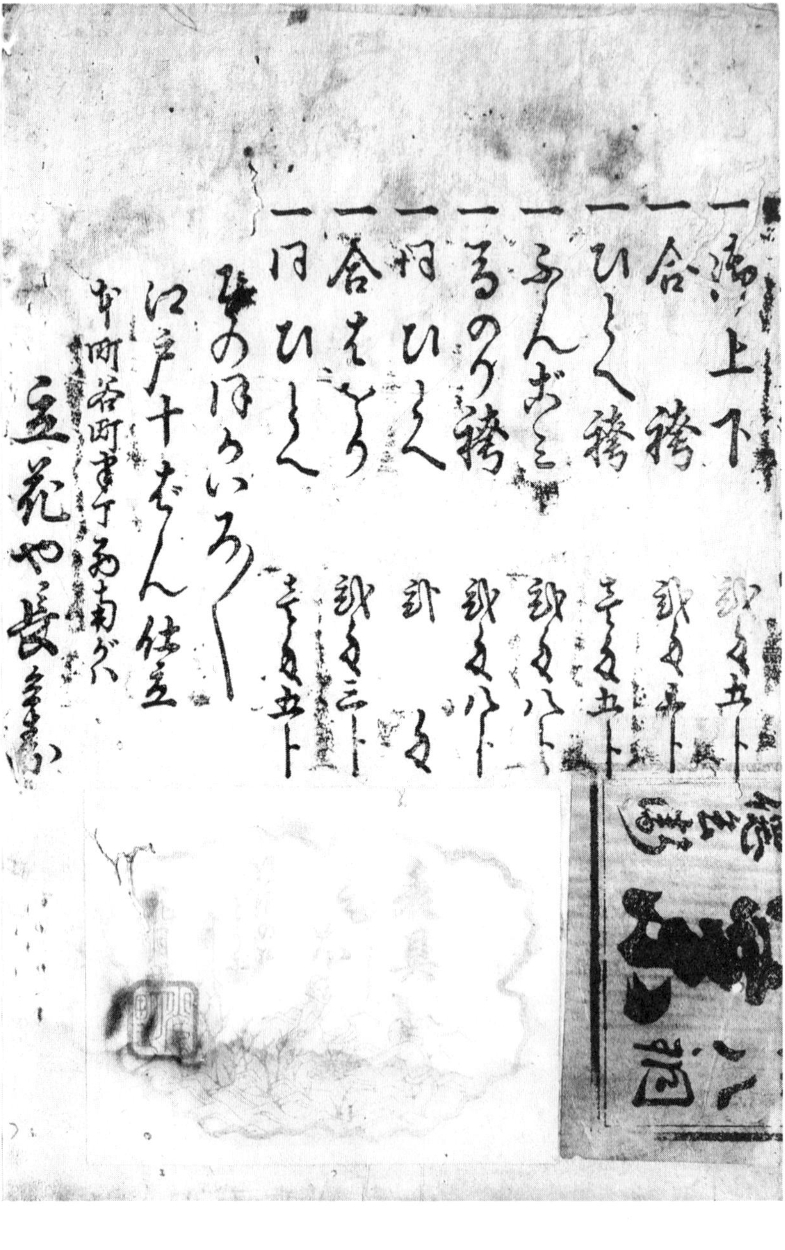

新枕
花月堂製

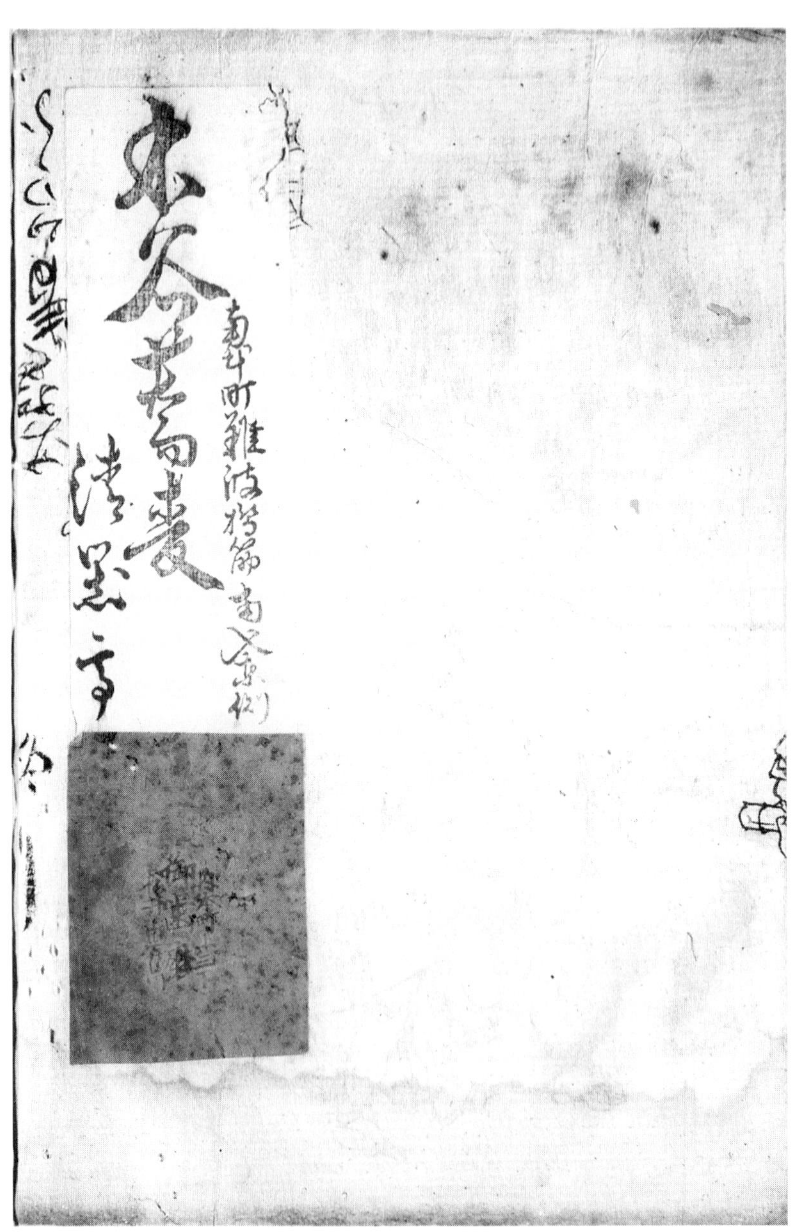

難波金城在番中 銀鶏雑記 一

一枚物等抄出

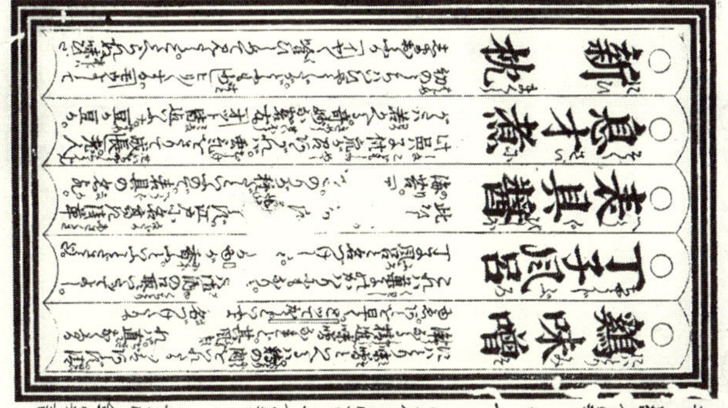

□東都産物取次所　大坂心斎橋清水町西南角　江戸店花月堂　金屋喜五郎

鶏味噌　丁子風呂　表具糊　息才煮　新枕

平亭銀鶏誌

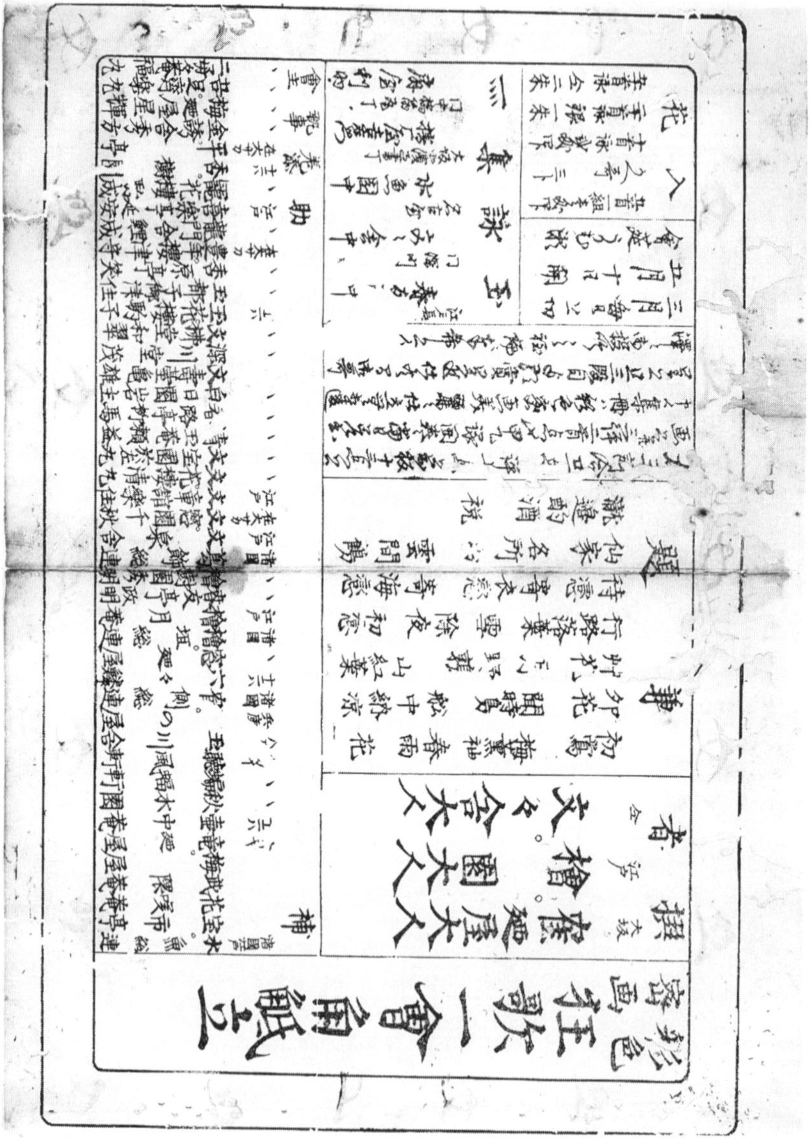

彩色斎画 狂歌一會角觝立

撰者
大坂 奄延屋大人
江戸 檜園大人
仝 文々舎大人

兼
初鶯　梅薫袖　春雨　花
夘花　聞時鳥　船中納涼
艸花　耳ハ野　山紅葉
行路落葉　雪　除夜　初恋
待恋　寄衣恋　寄海恋

題
仙家　名所　雲間鶴
瀧邉酌酒　祝

右三題合一点　評十点ニ而十点入十点級十三点ニ位
画之儀ハ三評二番点以甲乙録図案ニ満目ニ至ル
十ノ集冊ハ彩色斎画美麗ニ仕立呈上申候
其上三段目より賞品呈上返仕候可申候
擇ニ而撰ニ之ニ御極ニ希ニ候

三月毎日ニ切
五月十日開
會莚うらむ楽

入花
廿首一組壱匁　三ト
十首詠弐分
五首詠銀一朱
三首詠仝二朱

玉詠集冊
江戸表 春方ニ中
門深川 ゑみゝ舎中
名古屋 水魚園中
大坂小濱天満丁 携広屋喜連
門中橋筍丁 康屋利的

補
諸國江戸 水魚総連　宝市亭　花咲菴　武限菴　梅延屋　竜中屋　壷水菴　秋福園　蝙風軒　聴川軒　玉の合　宵側総屋　六延々連　窓月鑑　檜垣総連　檜亭屋　春友庵　檜園明　蔦飾秀明　文泉総連　文窓園合　文章館千秋　文花樓樂住　文宝園清丸　清玉菴於左丸　者路亭頼益　白日園柳馬　文壽臺岩主　深川亀雄　文堂茂　玉桃堂和翠　玉花樓駒子　香都子御津住　豊原亭笑　龍年樓津寺　喜門合鯉成　麗楽亭延安　香花樓成　平樹亭　金誘舎秀方　梅延屋星輝　吾足斎樂丸　二方々菴福丸

助
差添
觀事
會主

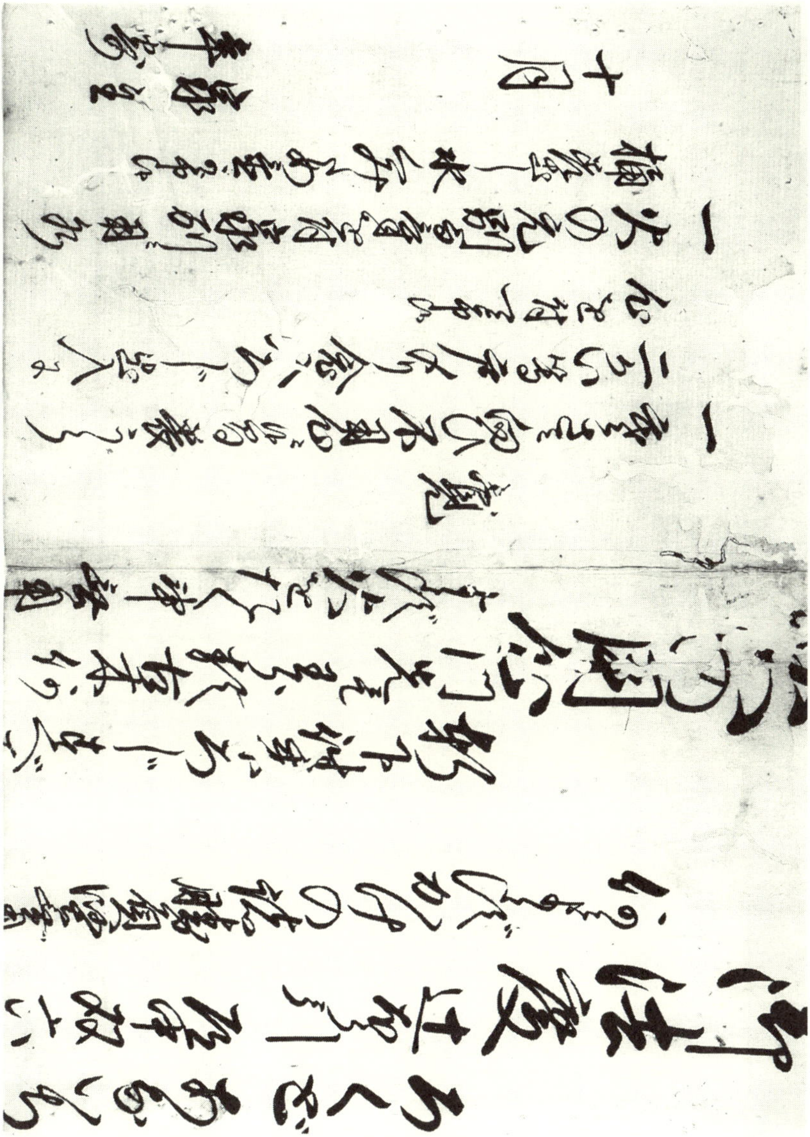

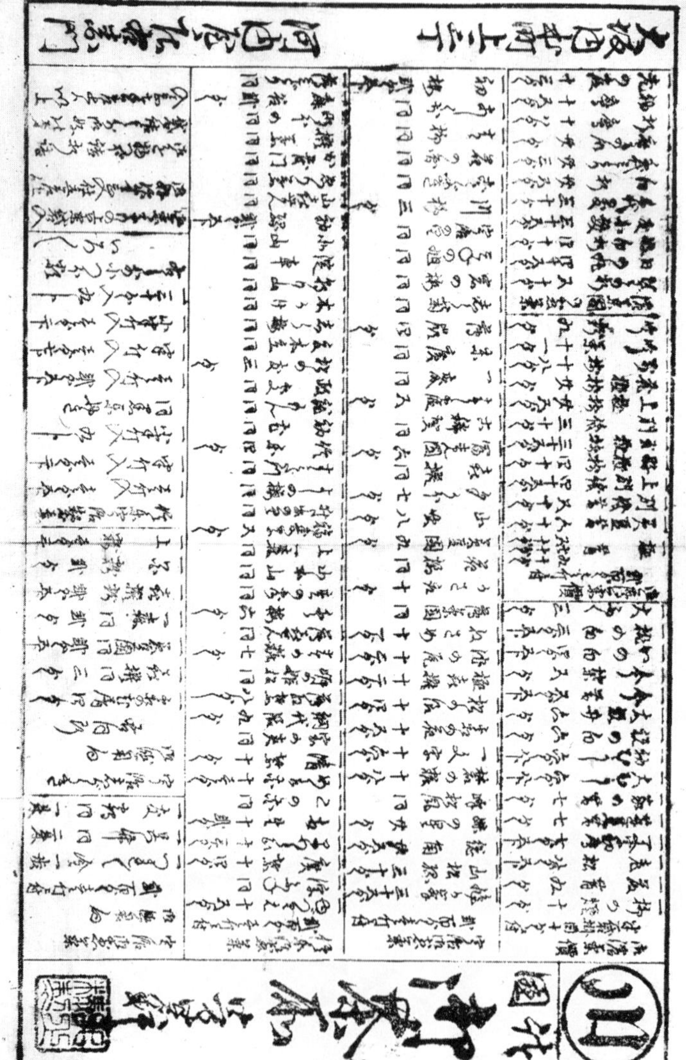

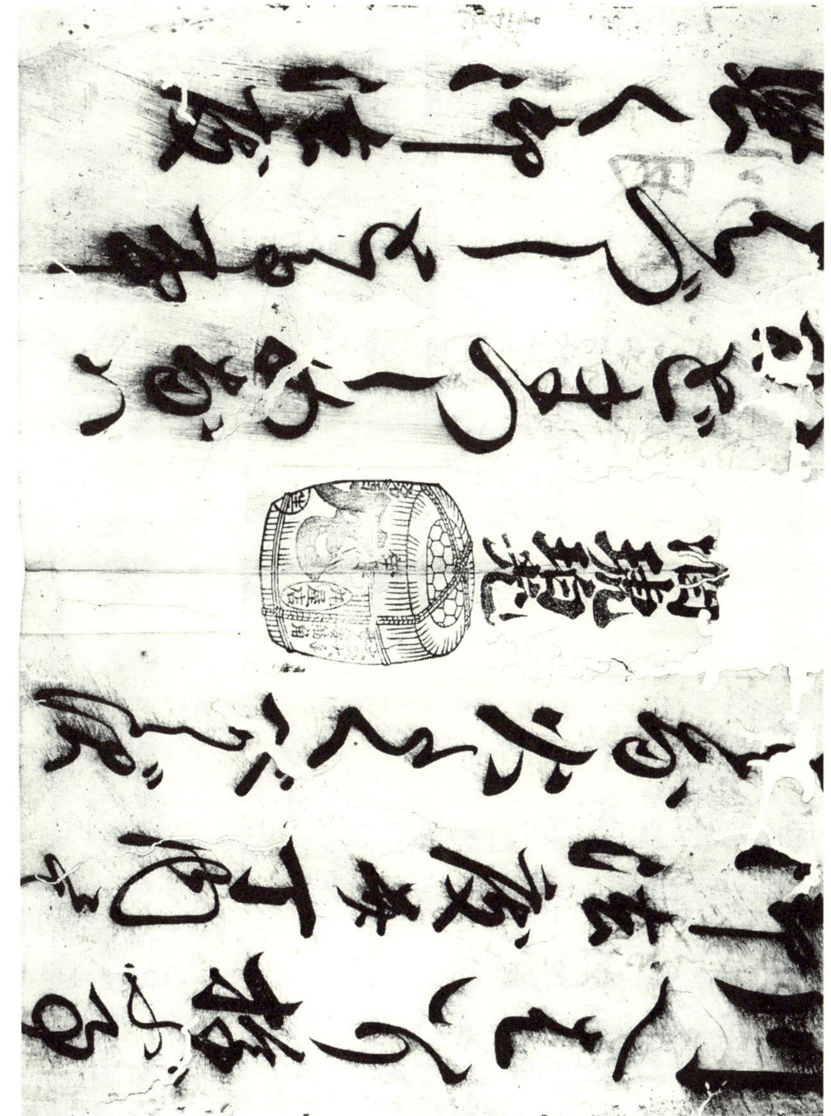

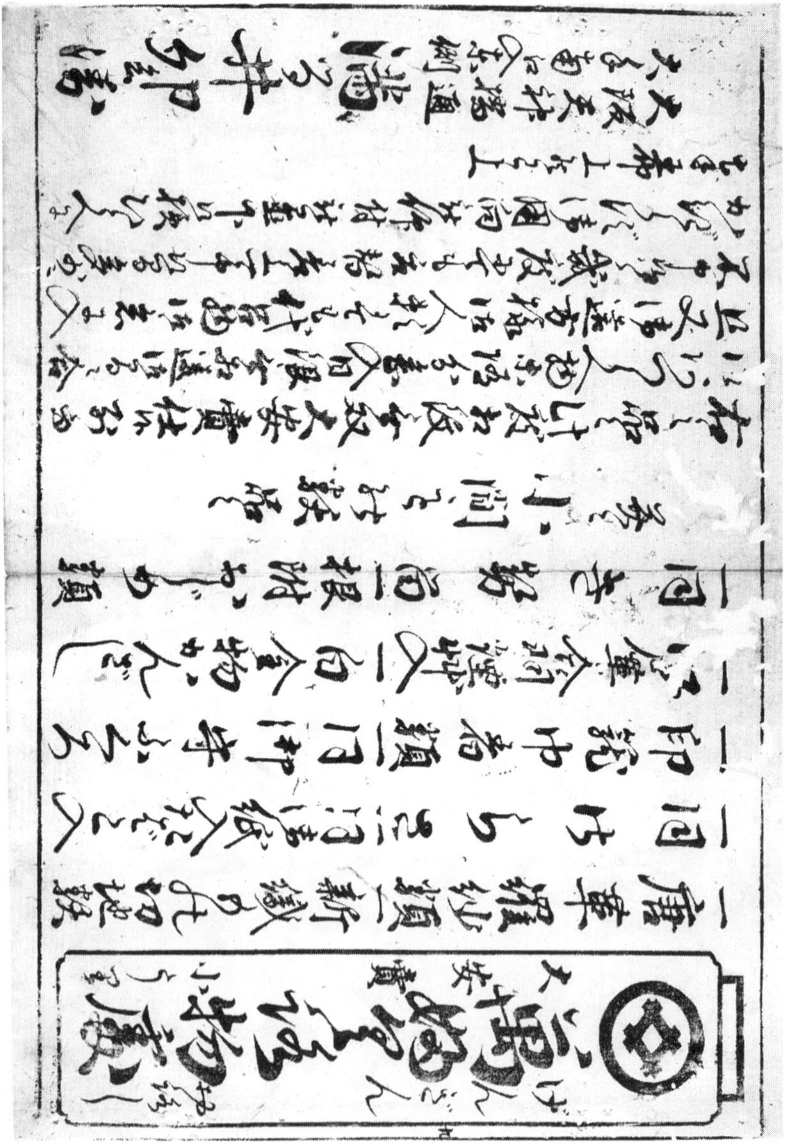

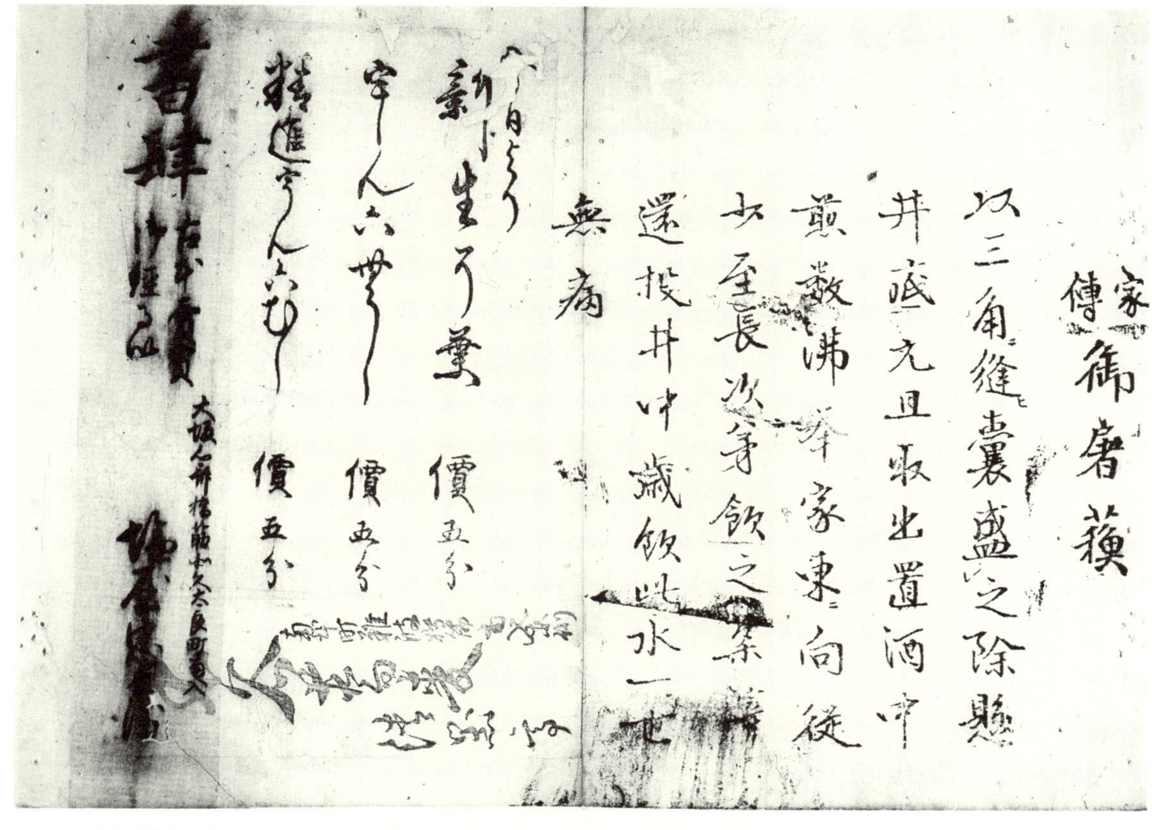

家傳御屠蘇
以三角縫囊盛之除懸
井底元旦取出置酒中
煎數沸挙家東向從
少至長次第飲之余滓
還投井中歲飲此水一世
無病

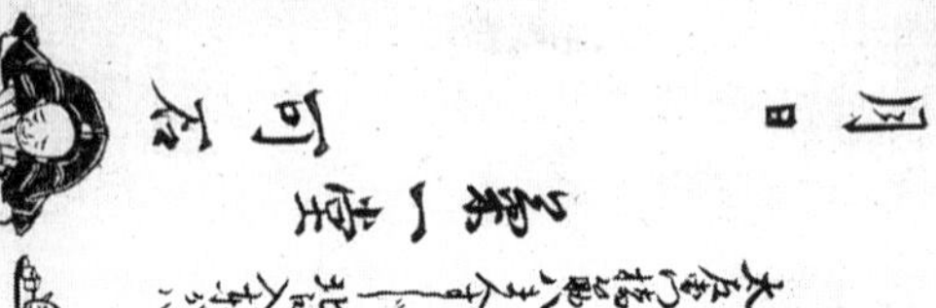

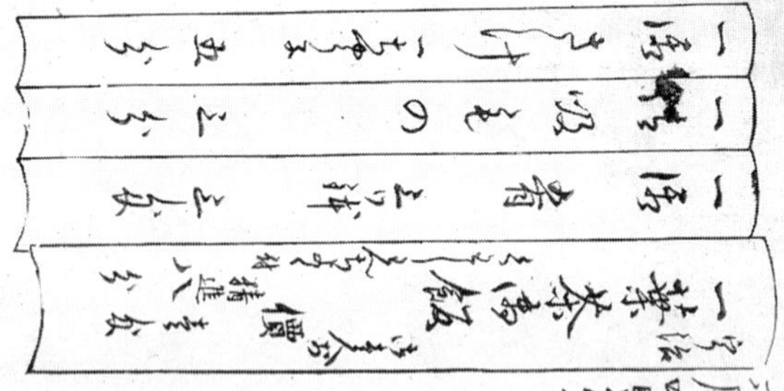

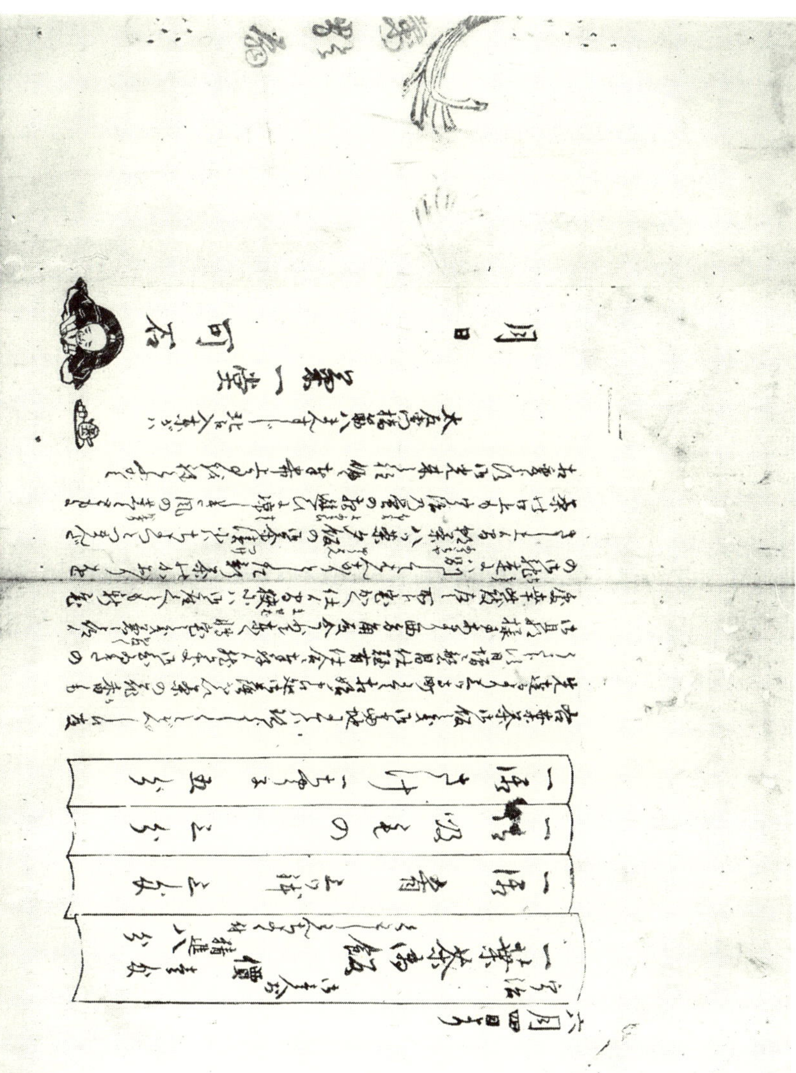

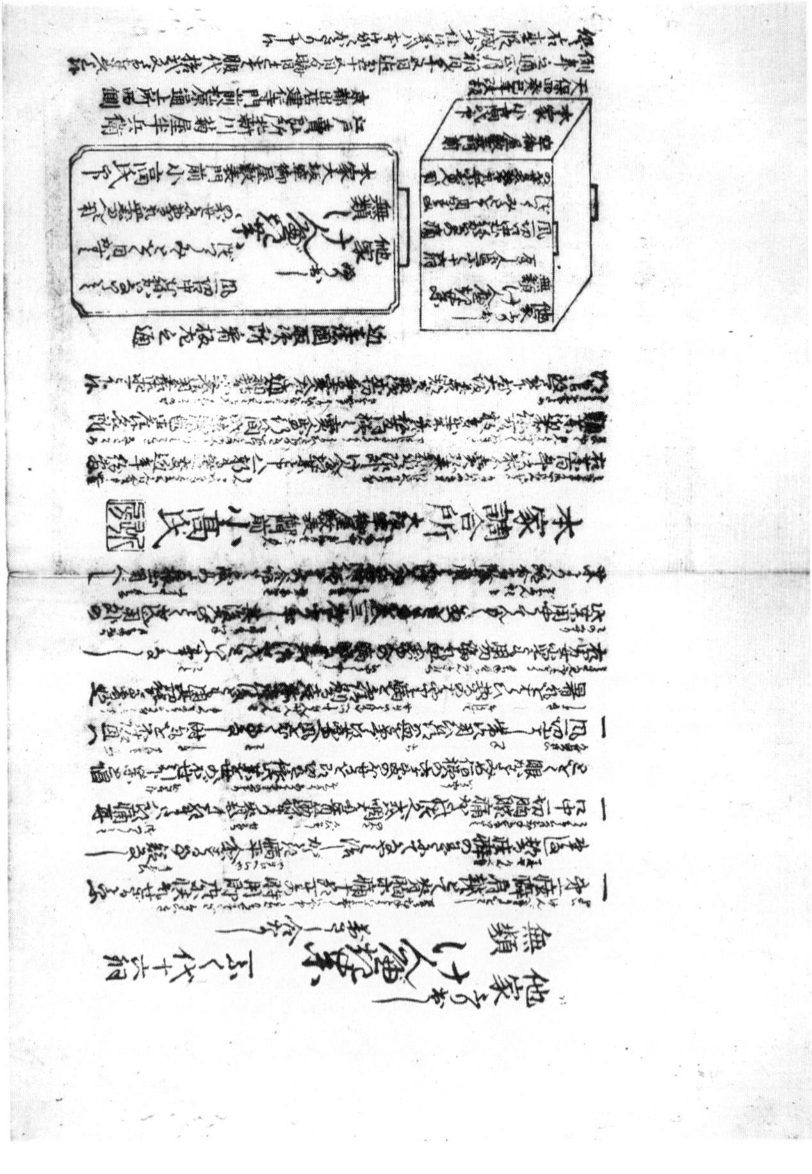

宇治
信楽
諸園
御茶所
十四

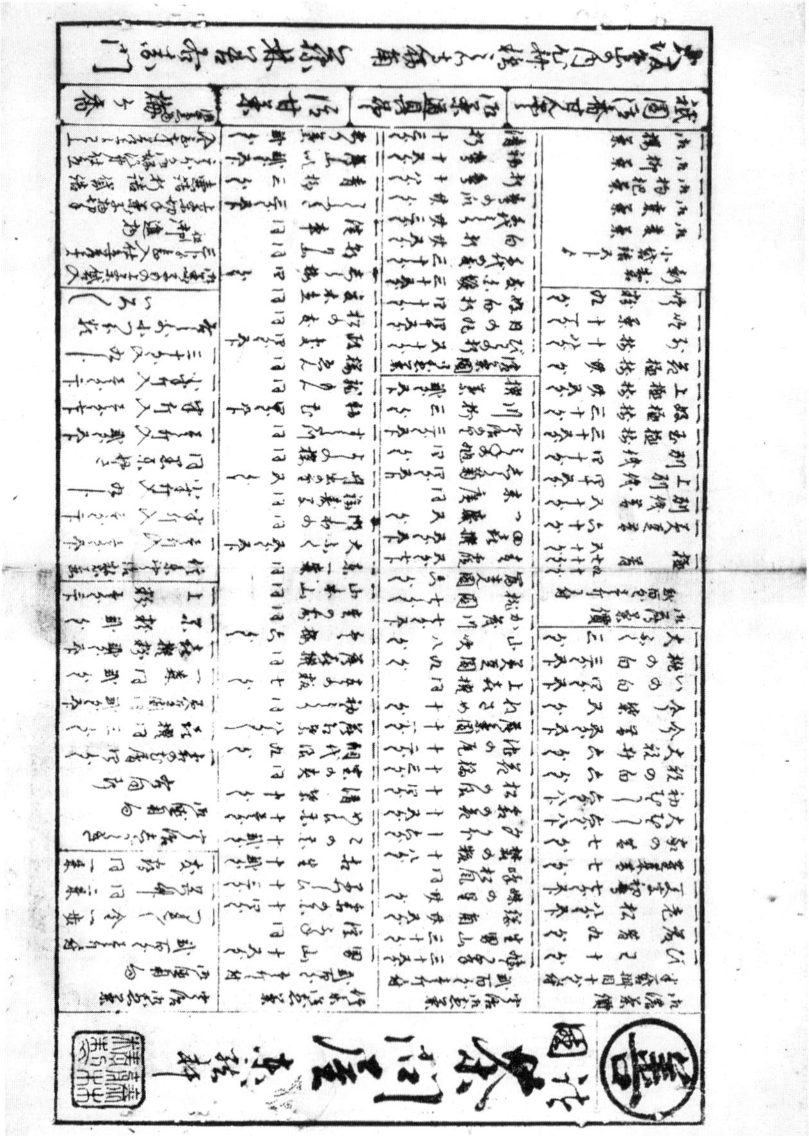

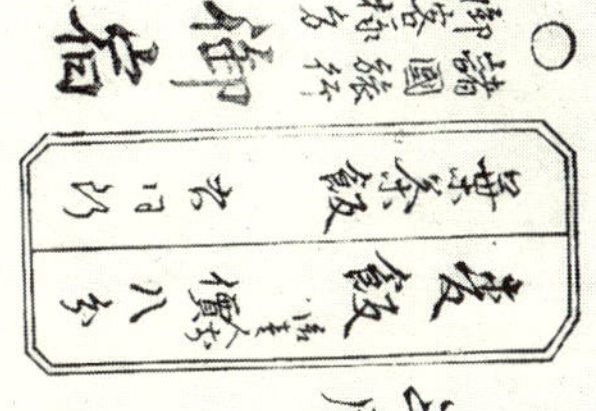

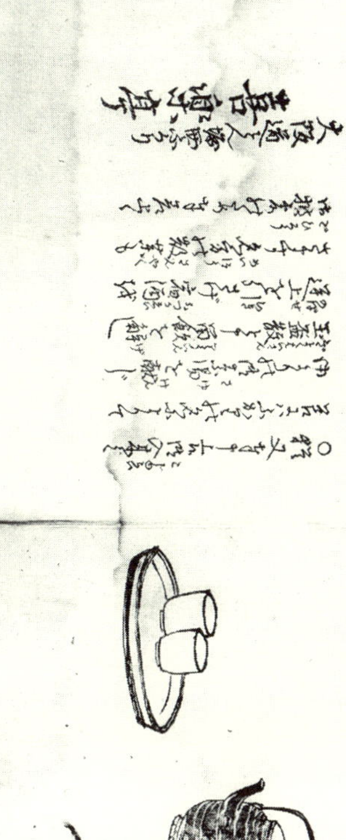

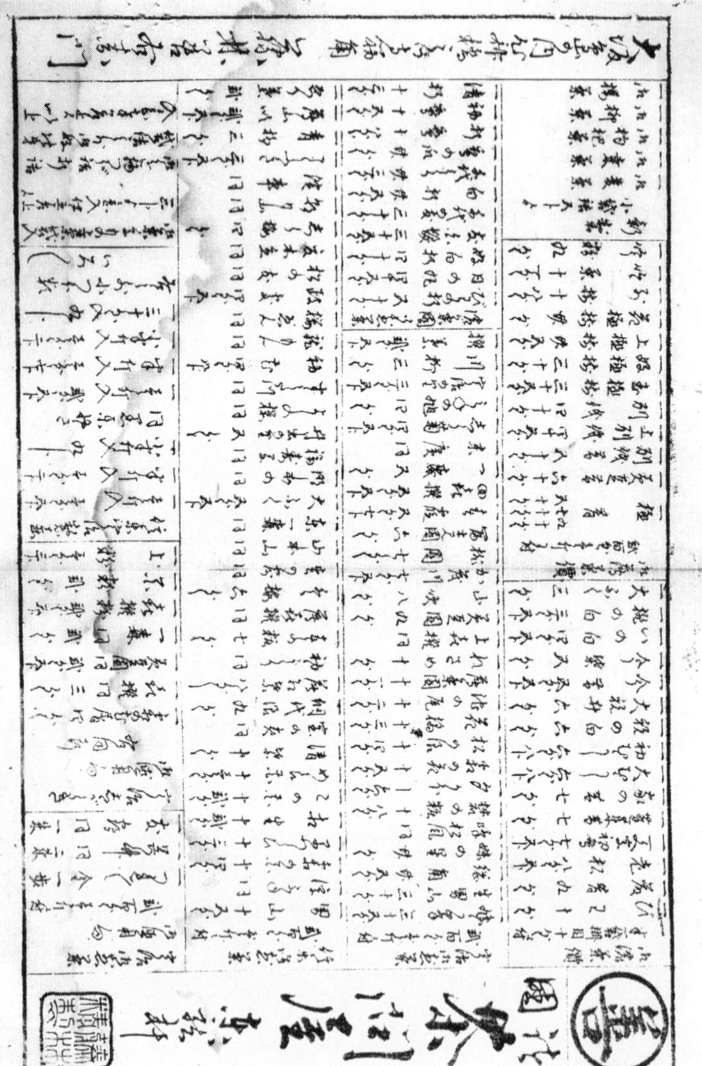

東都産物處

江戸店

金屋吉五郎

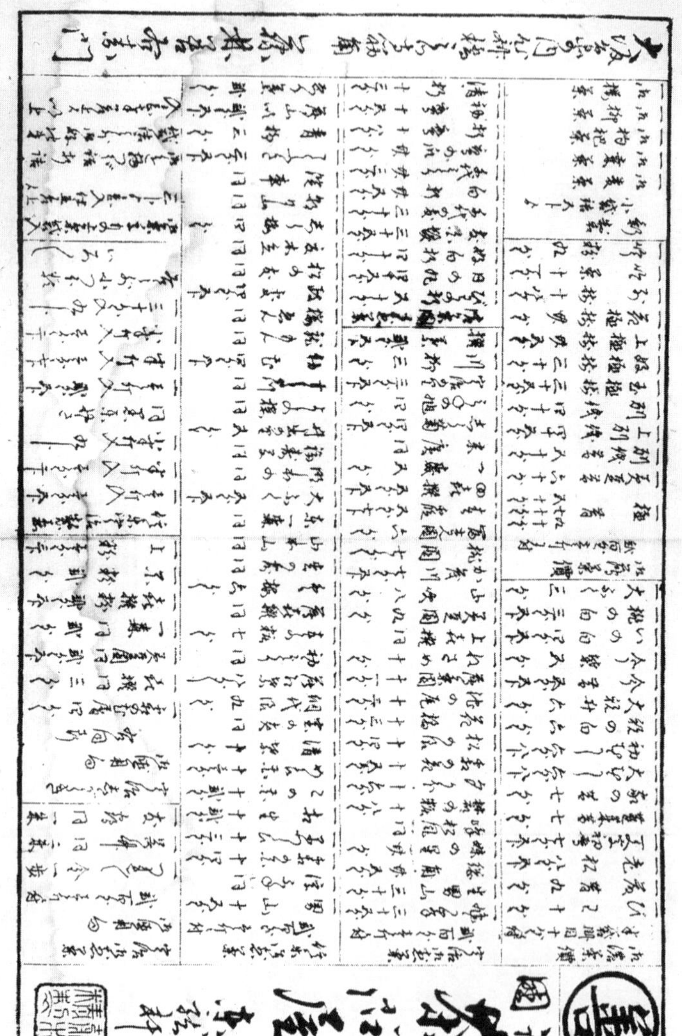

名畫彩色
狂歌怜野集

前月二十日上ヶ切
本月十六日開巻

撰者 檜園梅明

八月
秋の上　初秋　七夕待　荻　葛　萩　翫女郎花　夕薄
兼題　蘭　垣槿花　草花　露　野分　虫　鹿
題　秋眺望　山路秋行　秋夕雲　秋田稲　秋夜長　関駒迎　秋時雨

九月
秋の下　山月　野月　川月　海上月　名所月　鳫　霧
兼題　夜擣衣　鴫　鶉　菊　山紅葉　惜秋　暮秋雨
題　秋山　秋野　秋里　秋庭　秋植物　秋動物

十月
冬の部　立冬　時雨晴　雨中落葉　霜　氷　寒芦　冬明月
兼題　霰　月前千鳥　池水鳥　月照網代　雪　鷹狩　早梅
題　歳暮　待春　冬天　冬籠　冬遠情

十一月納會
恋の部　初恋　恋書　契恋　増恋　近恋　遠恋　片恋
雑の部　絶恋　春恋　夏恋　秋恋　冬恋　幼恋　恋命
兼題　恋涙　恋鏡　恋枕　恋莚　恋床　恋鐘
題　星　風　谷　原　関　驛　道　橋　水　涙
池　滝　竹　松　鶴　民　西　漁　社　賀

[illegible]

入花 [illegible]

集所
キヨヤ 水魚園中
キフ 神垣内中
キヨス 檀柯園中
十方庵中
伊勢屋[illegible]
[illegible]

校合　水魚總連　花園總連　同冊總判者方　檜垣總連　臥竜園　千槿庵　花咲庵　器楽庵
清書　包嬉園廣好　檜樹園秀明
畫　檜月庵　春友亭政明
會主　檜垣連

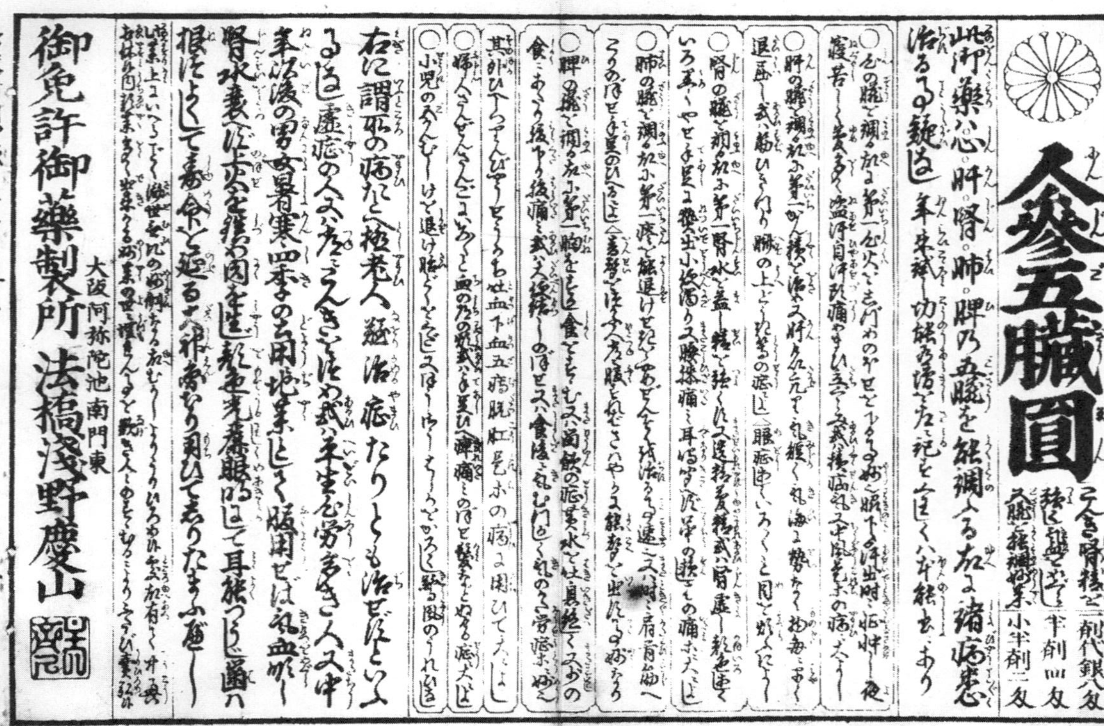

人参五臓圓

代銀八匁

半剤　四匁

小半剤　二匁

此御薬ハ心・肝・腎・肺・脾乃五臓を能調ふる故ニ諸病悉く治する妙薬也

御免許御薬製所

大坂阿弥陀池南門東

法橋浅野慶山

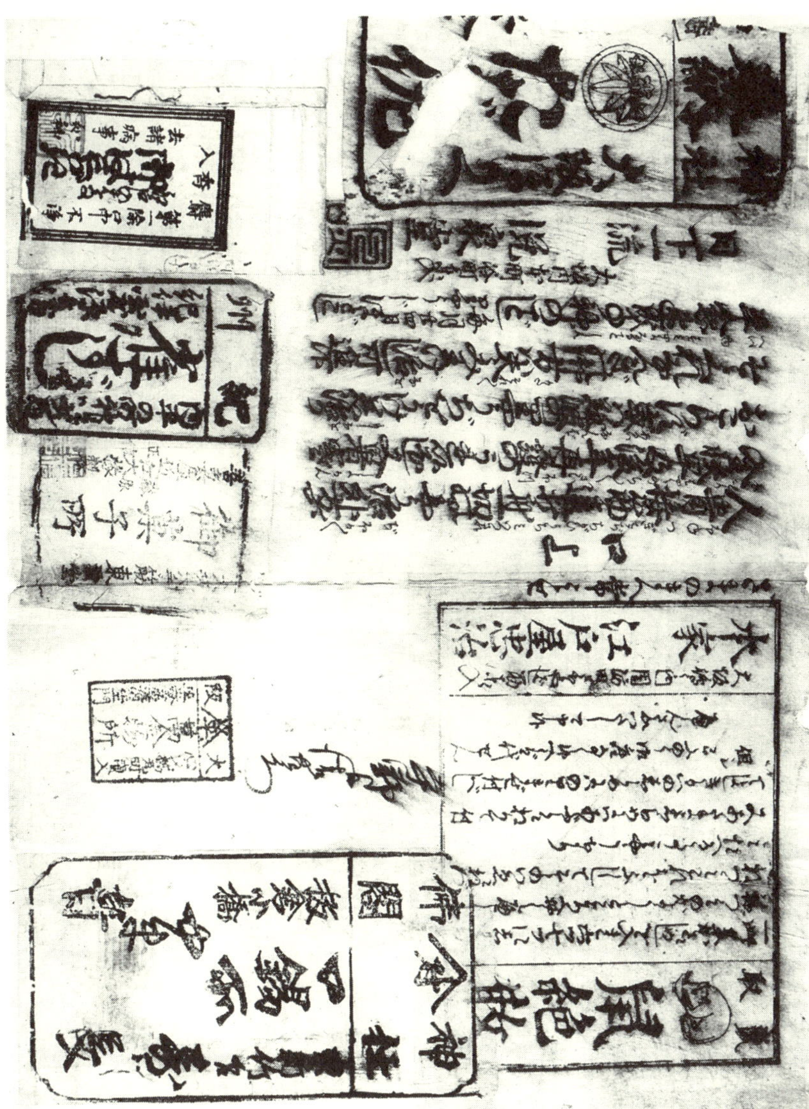

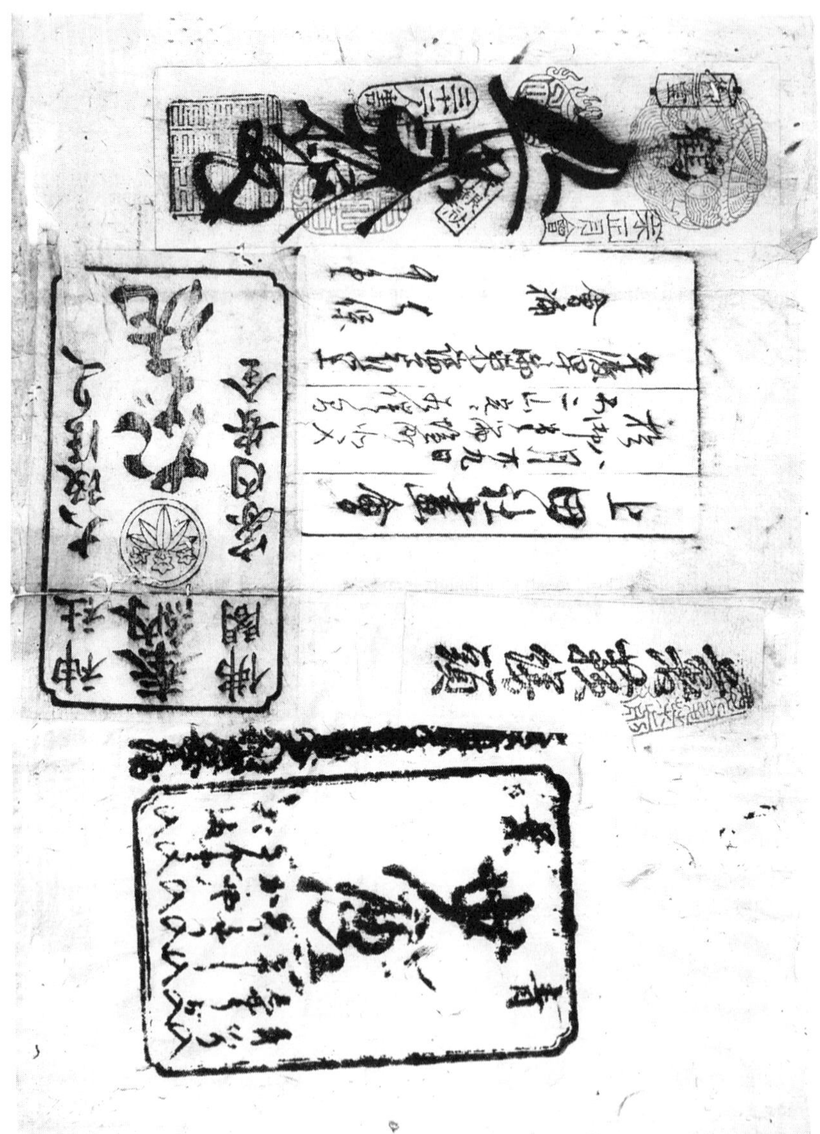

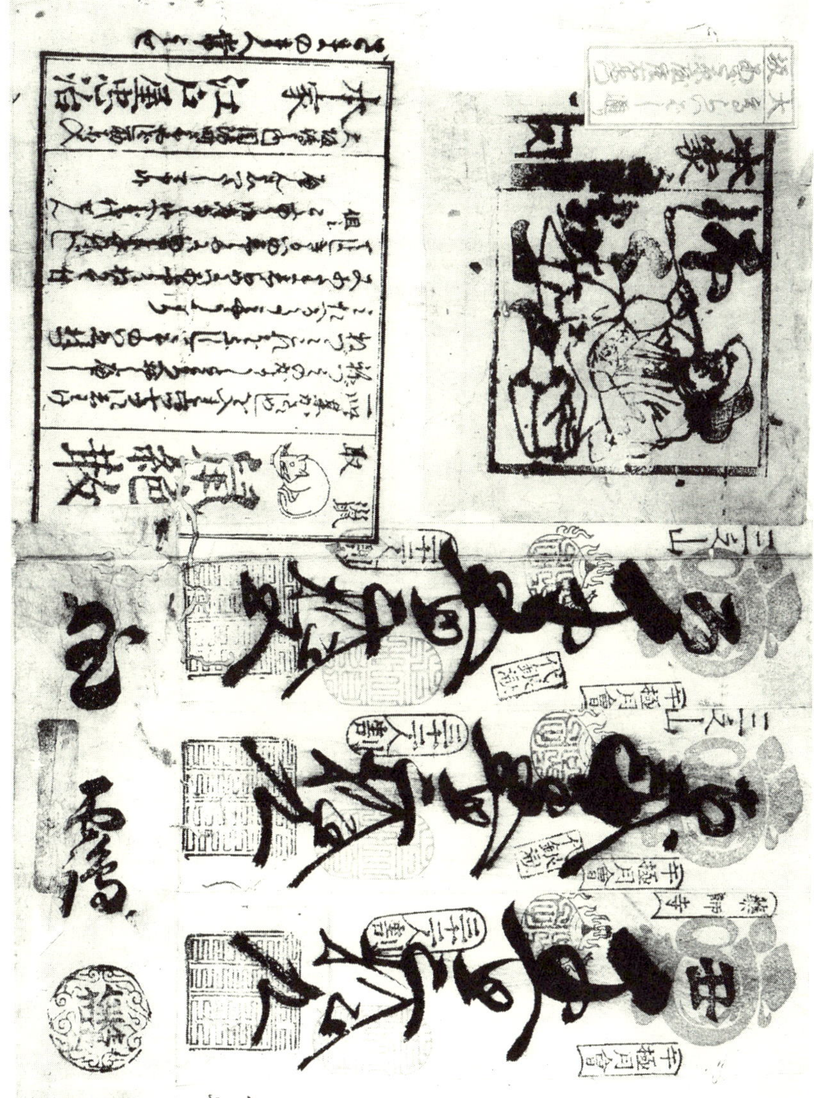

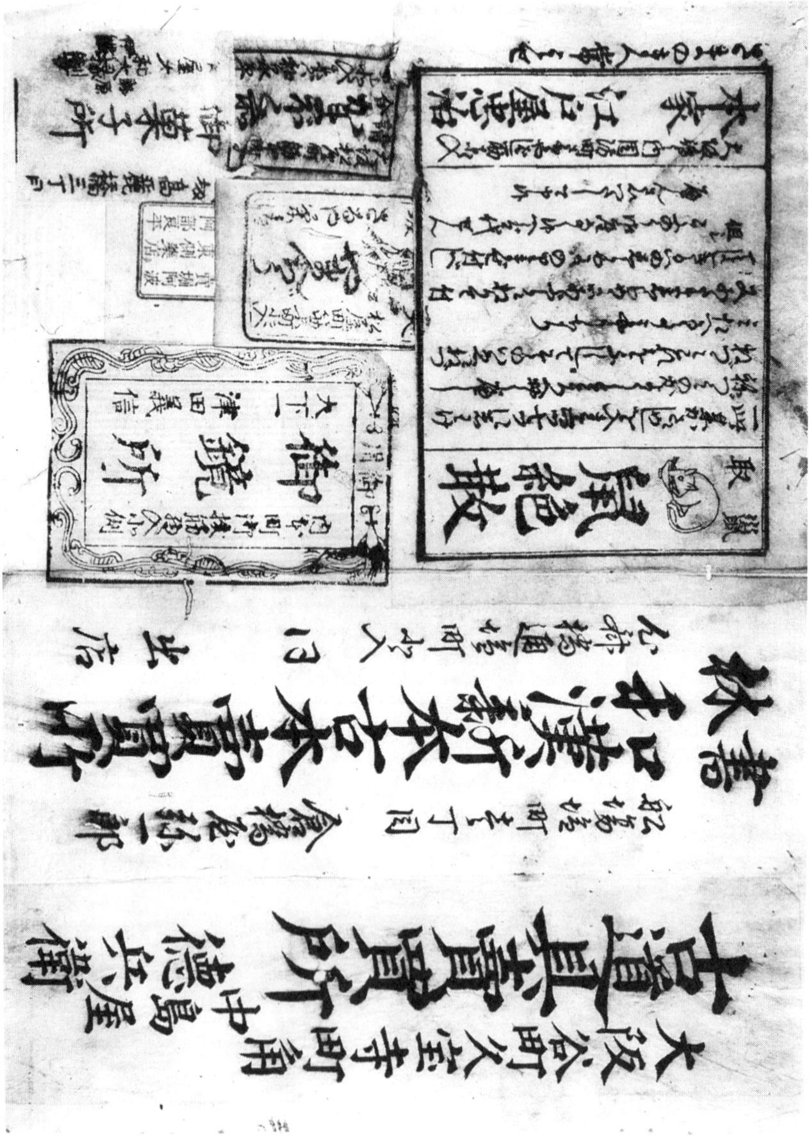

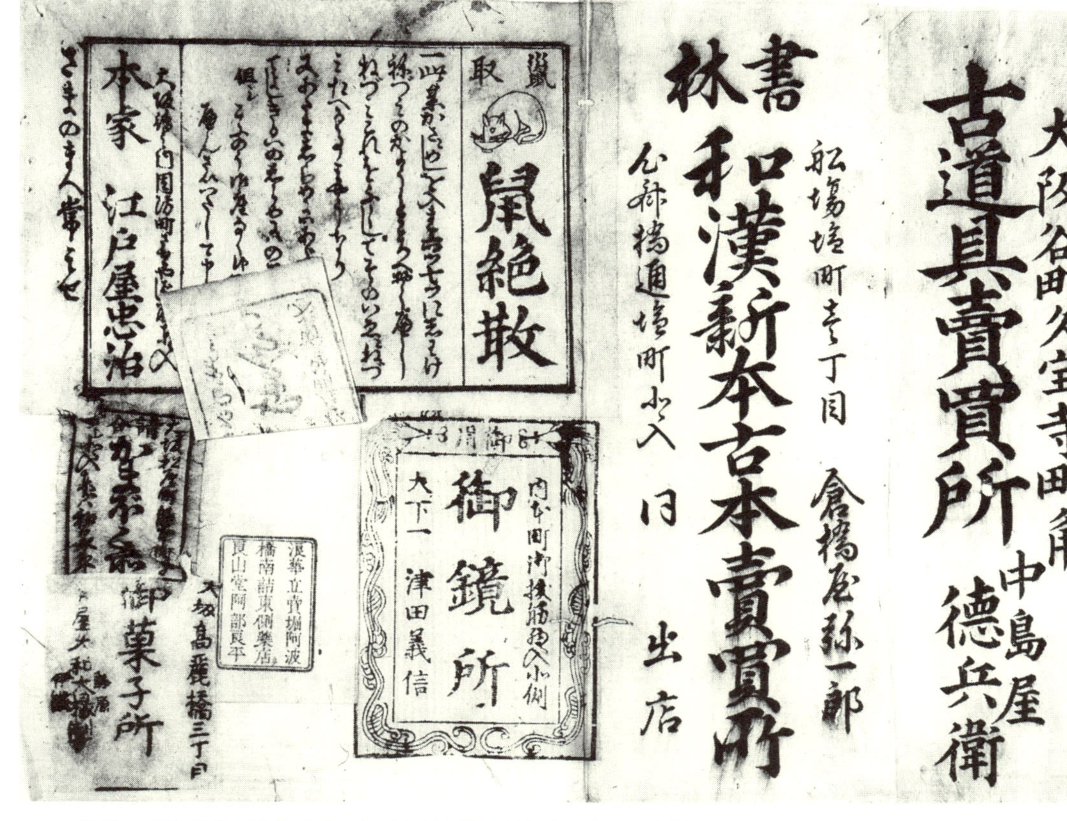
大阪谷町久宝寺町角
古道具賣買所
中島屋
徳兵衛
書林
和漢新本古本賣買所
倉橋屋孫一郎
出店
鼠絶散
本家
江戸屋忠治
御鏡所
天下一
津田義信
浪華立賣堀阿波橋南詰東側薬店
貝山堂阿部良平
御菓子所
大坂高麗橋三丁目

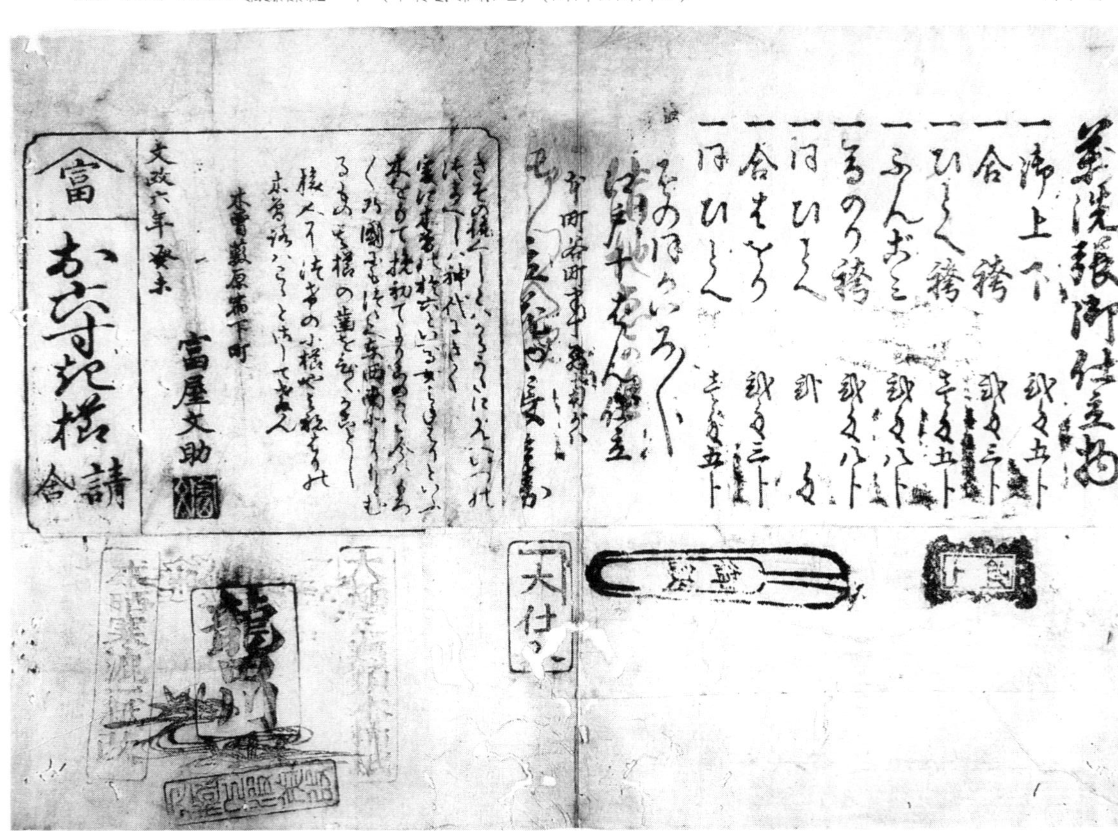

富

請合

文政六年癸未

富屋文助

天付

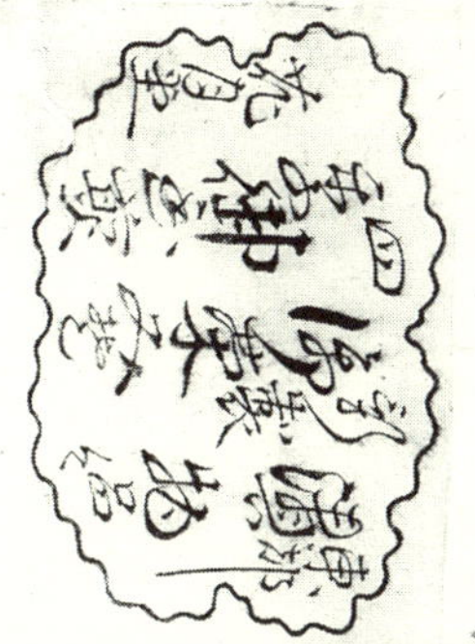

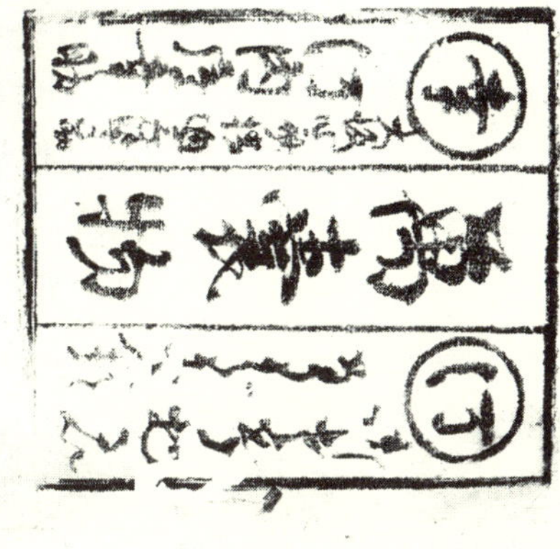

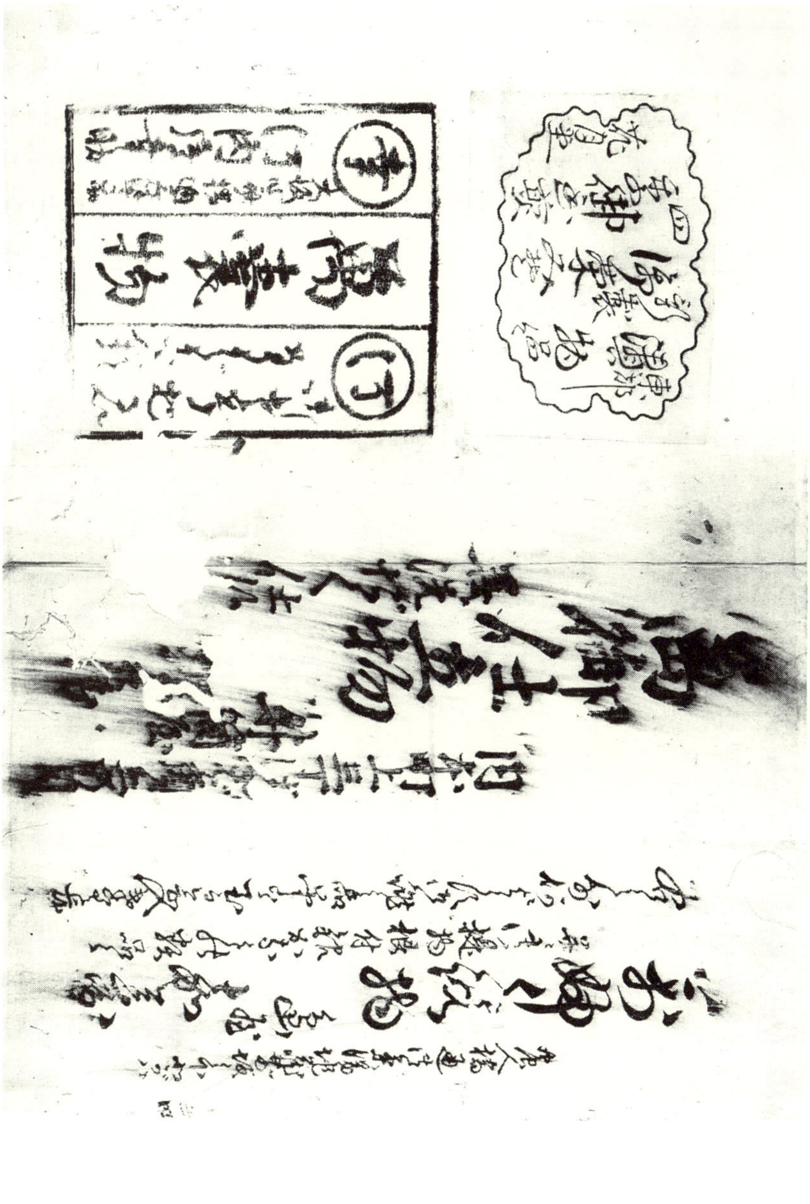

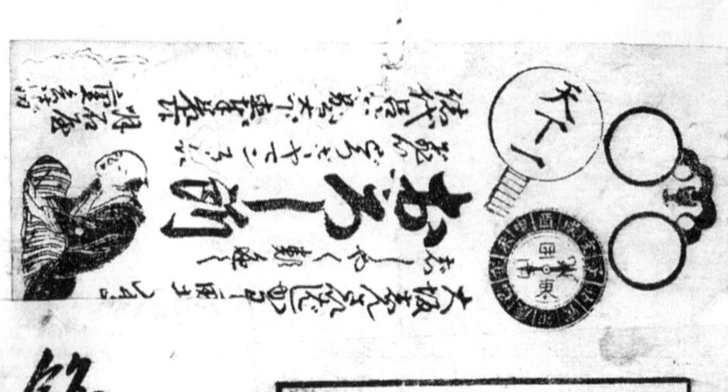

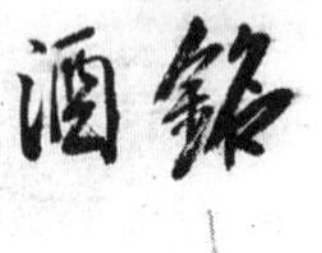

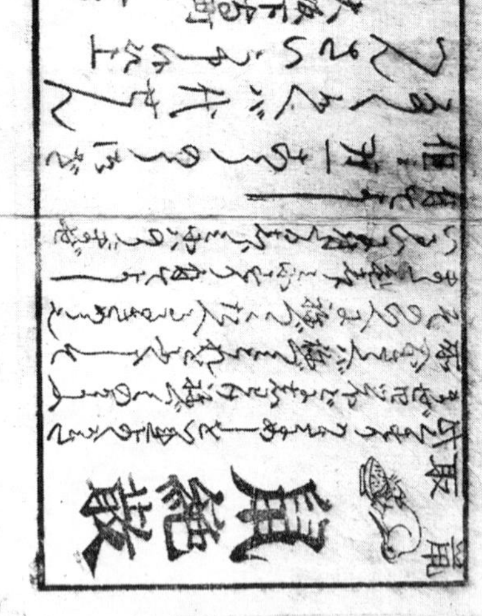

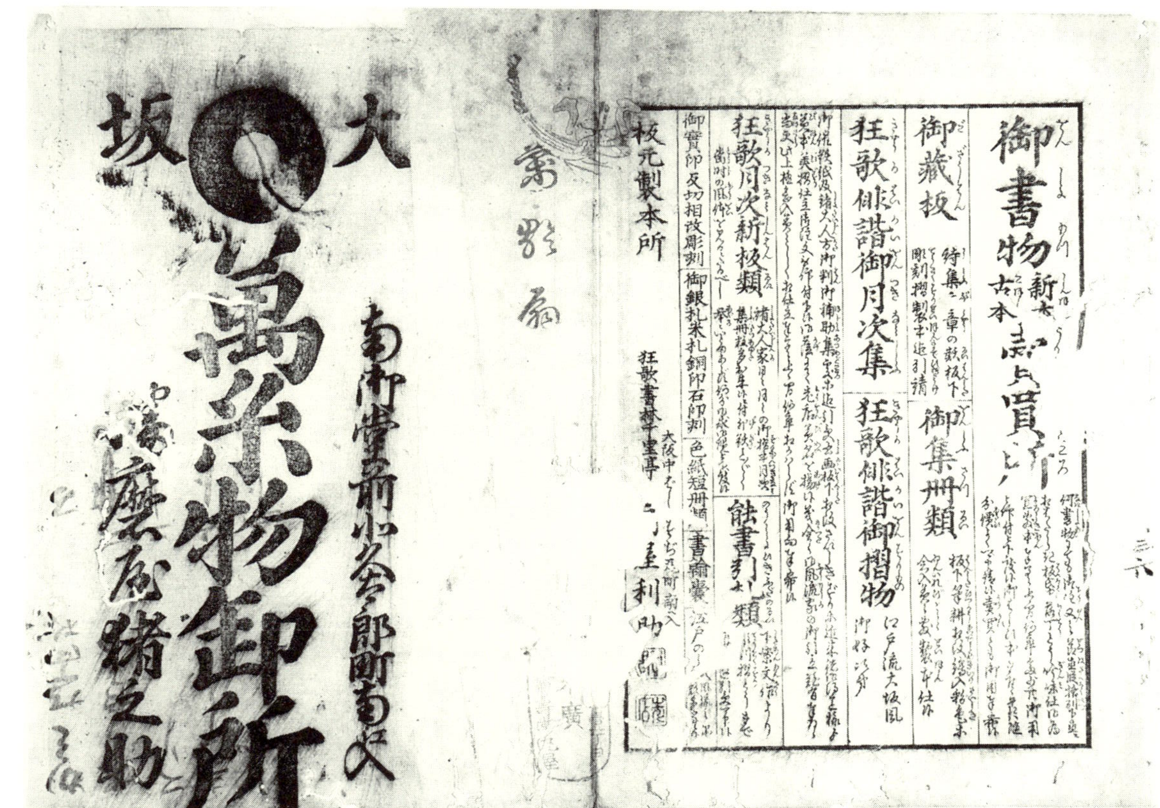

御書物新本古本賣買
御蔵板
御集冊類
狂歌俳諧御月次集
狂歌俳諧御摺物
狂歌月次新板類
御寶印及切相改彫刻
御銀札米札銅印石印刻
色紙短冊
書簡嚢
板元製本所
大坂

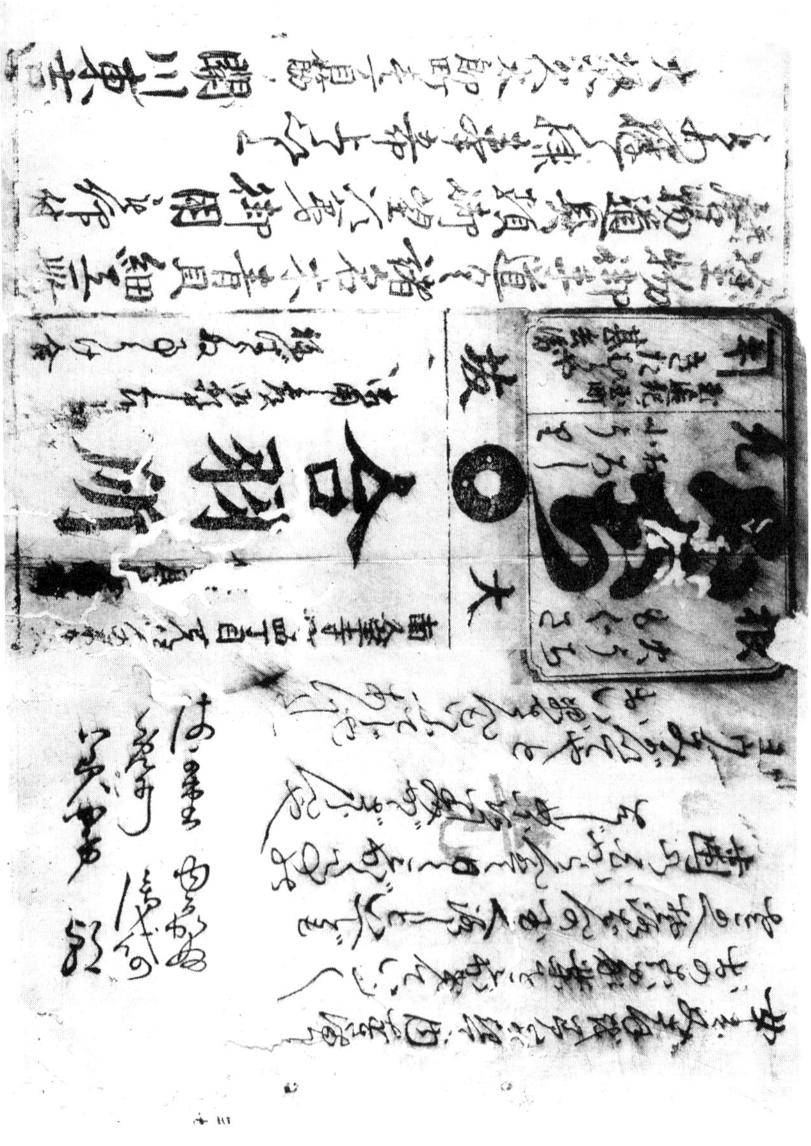

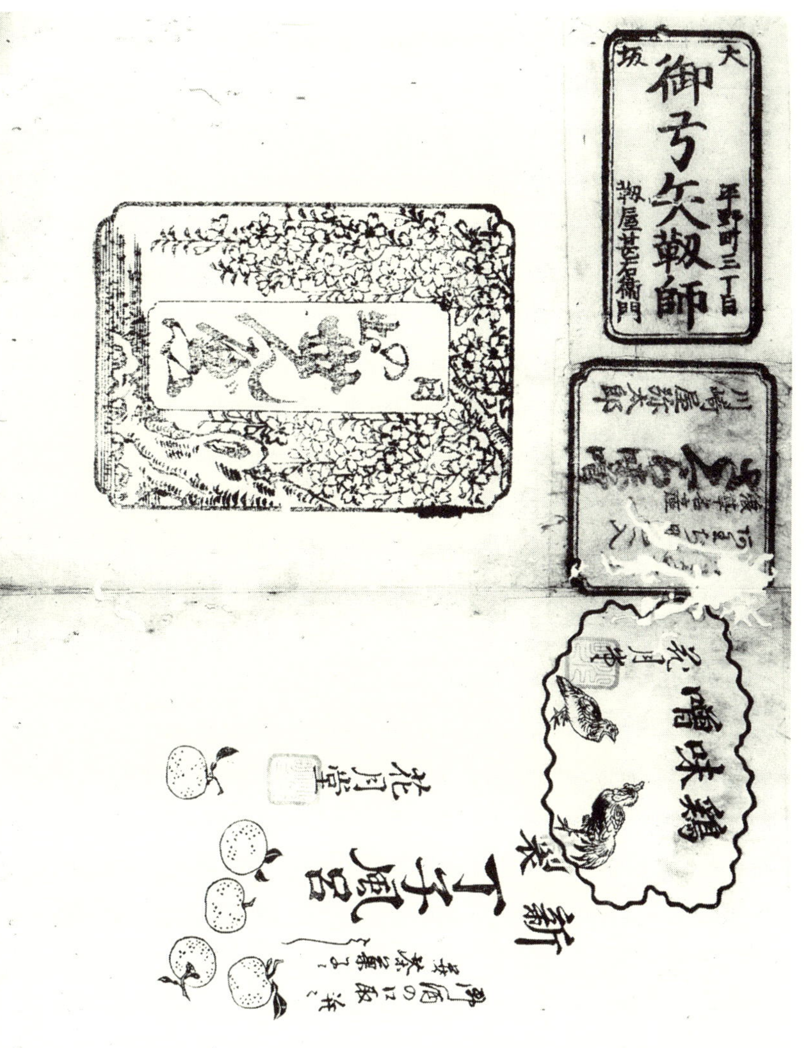
大坂
御弓矢鞢師
平野町三丁目
鞢屋甚右衛門
鶏味噌漬
新製
丁子風呂
花月堂

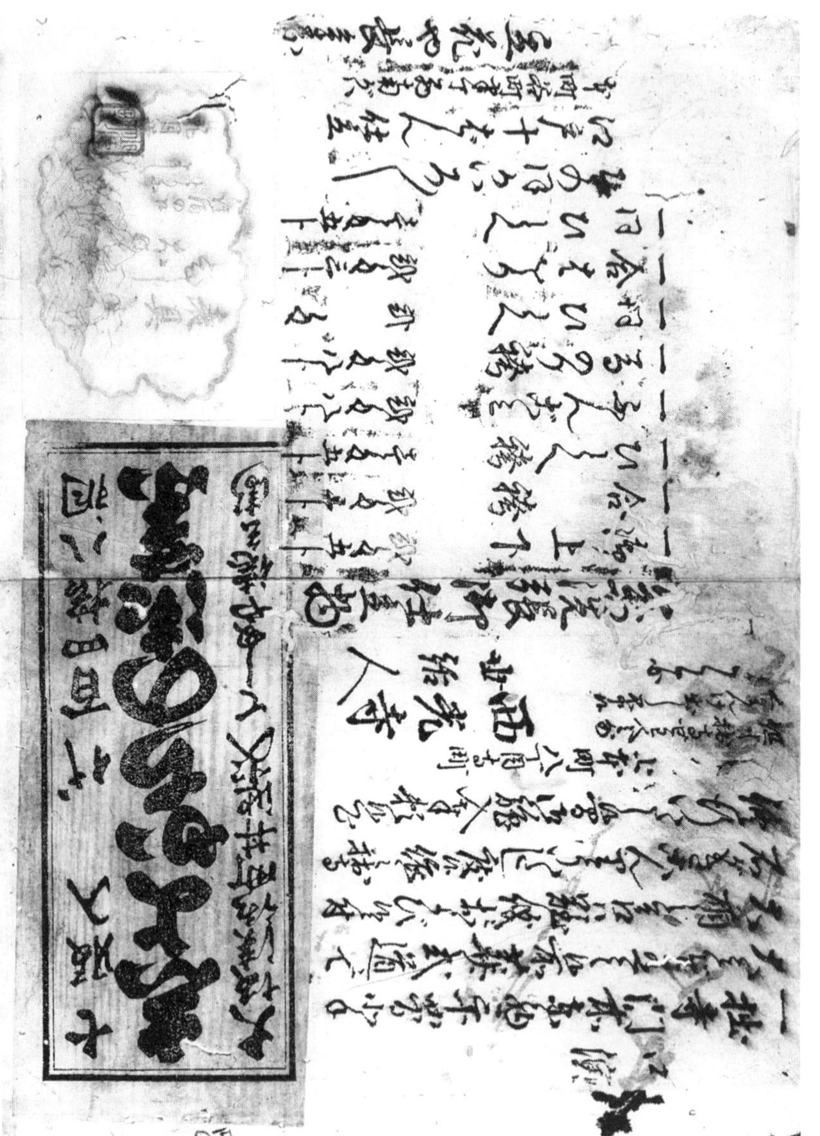

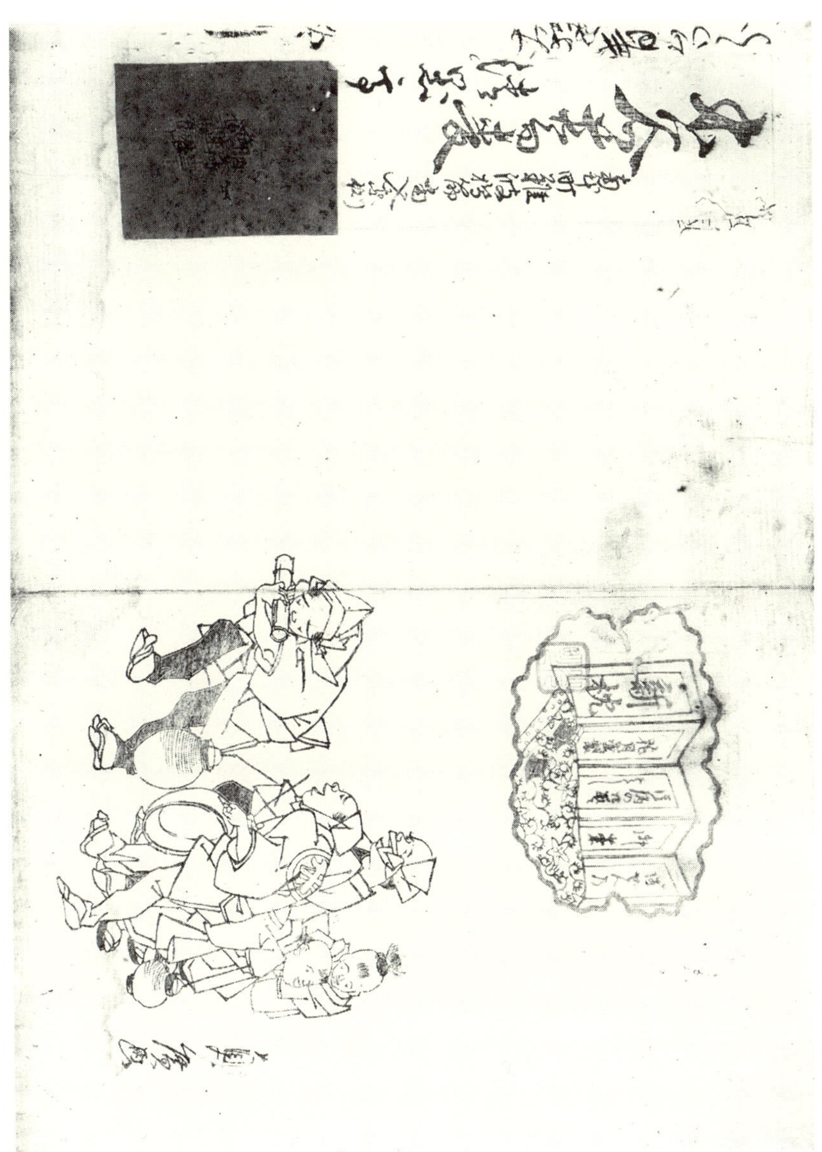

天保五年歳在甲午

八月四日ヨリ乙未之

八月四日迄一ヶ年

蕪石樓執筆

難波

金城

在番中

銀鶏雑記

貳

三[illegible]

真國の浮の恋しやまとなるかな、となく蝉の声
なうをえはふにるつや産出引出つるこゝにや蝉ハちんちなく
傘だらだらつるこゝ灑（油蝉なり）
支だうつらなくハ也（くま蝉のとりかさね）
見も西へ行くさの山の夕くれかけてちちはう
やうこゝと遇すゆくさいみ日てちちはうひくろ
見ところのる
なみら西の山の一つ雖技に開く花乃傘
日笠あて雨せしのくめらぬハどう、目賣るかんろや
浪花すや賣るや此笠（冬は可）食へばけれもとささせや式笠
難波橋のそろさ雀とろろじて
兩五もうこゝすするの連なれハひしゝとの父な傘
廓あって太まくさせや目傘　新の趣向て雨し漏さ

暮山鹿　さびぬるに秋の日暮ハかなしきに山おく山に小男鹿の聲

さびしさハいとゞやますゝ夕暮に鹿の音そへぬ秋の山里

日も西へかたぶく山の麓にて鹿の音遠くきくもさびしき

山寺の鐘もなく音もさえて夕暮さびし小男鹿のこゑ

奥山の紅葉ハさこそかなしきにあハれ夕暮の鹿のひとこゑ

旅中月

草枕ぬれぬる床を照しける月ハ漏る夜を今ハ白のしき

ならひれ旅の疲になぐさむる月ハいかなる人ハあハれ

行くれて宿もとめぬ旅なれハこゝとめて見る月

旅衣つくと揃ふとおもひしにさしも月の涙にかすまず

寄橋恋　うき人に逢見しもハ心みられし渡り兼る身こそつらけれ

ふみもとるみつけ見れとも橋のそれきるやしも逢ぬくやしさ

仇人にちきると見しハ寐の思ひそめにし夢の浮橋
意衣みすれハてハ[illegible]橋の鬼にもわたさる我胸のうち
つれなさや君か心ハ丸木橋ふみそめしときの苦しさ

九月九日御殿にて當坐題

得寶

みちのくの山にかゝる山吹ハ黄金に咲
世中の宝ハ知らぬ[illegible]に咲[illegible]山吹の花
ゆたかなる君か恵ハみちのくの[illegible]山吹の花
大黒の打手の小槌あるなれハ来ところなき人に施さん
古言の寶にあるハ一日に一字あたへ千金の徳
鏡いさや己ハ我に[illegible]ゆたかなる世ぞ宝なりける

不見菊

淵明か花を愛てしハ昔にて今ハ世の[illegible]菊の[illegible]
西風にいたひてきやるきせ綿のことすきてハ菊も見られす
重陽になかる菊ハなけれとも[illegible]さかつき

きのふ迄慰めし菊も夜荒の人にみせしと散らすつれなさ
菊ちらすけなげにめにかけも花守の留守とみえと庭ハメ切り

音信遠意

此頃ハいかなる笹原そよとだに音信もせぬ人のつれなさ
神ならぬ仏にあらむ意けれど　いまハかふかと　音信もなし
認めし文の手すさみも恥かしやこゝろかよはぬ君ハ来まさん
音信のなきこそ[illegible]今いかならん[illegible]胸のうさしき
きぬのなさけ[illegible]なれ　音つれなし

風前落葉

春なかばめつる梢も落葉して風と何れか道のさびしき
影夕の風に落葉の散まよひて庭におもむきぬつきぬ心の寂しき

初恋

つめともいつか浮名ハ立田川うるむ紅葉のちらん苦しさ
夏やせと人にハいひとはつゝや君ゆえこがる胸の苦しさ

寄杖祝　呉竹の齢ニ満さるせとしさへ家ニ杖つく庭根乃　蘆

呉竹の杖せつくし乃そてとこそ其名きこゆる君ハさかし

呉竹の齢長きハ君乃家ニ子し乃楽のかれハ栄なる

春ニハ人参ニ寿さ撫ニハ延命酒ときさく庭乃優曇花

寄気息

我息ハとゝのふくつれなき奴ニ子ことかけしとき乃喘ぎさ

いろなれハ君ニ思ひこそはずれ乃そふ咎をれぬ腕のしるき

藝者の三味線ニ

三味線のひく手あまたの君なれハ天神すらもいとゞこひしき

浦千鳥

てらしてる月の光ニ浦千鳥飛ける空そ波ニさわしくして

浦風ニ友ゝと呼べるなやりのすさまじさ曲ちらして千鳥飛らう

小夜ふけて浦邊せつくとひりハ妻よふ声をそかよ千鳥なるらん

うらこゝろなく浦に飛や消ゆる一羽の影も
立さわく夕波千鳥消ゆる迄友伴のすこゝろさそへし浦
きすゝ今ハ苦やくわも友多し春ハ日の[illegible]白妙も

都雪
卯の花のこゝちこそすれ都路の垣根に積る雪の白妙
ふれやふれひなも都も押なへて皆白妙の雪のゆふけ

春川
朝霞立つ隅田川の一筋にかすむ春の流す春のゆふけ
隅田すみ花見の舟に櫂入れて
角田川花とかすみの流れ来て

浪花桜
七重八重さくや浪花の桜見んとたゞすぎこそ桜なれ
桜さく桜の山の桜木のひらきそめぬる浪速のいろ

寄盃恋
盃にまぬるちかひそつゆやえひるてちハ君にうれし
盃のみかさなれそいつまてんハひとりもいてぬ思ひそつきなき

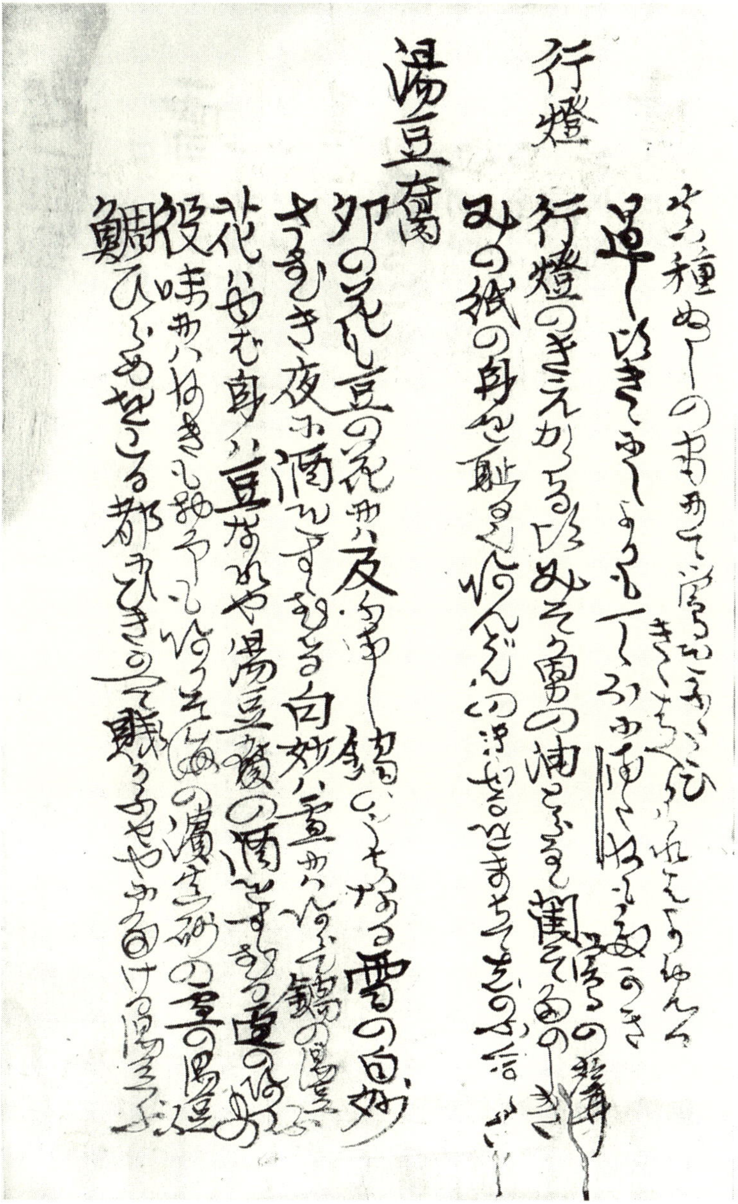

行燈

湯豆腐

松歴年
みどりなす松は幾世をふる雪に松の尾と枝もかくみさびすれ
雪与年深
深山路の雪ふりしなからふる年の早くも積るこそあはれ
其のゝ地をきするところ
○夜ふる雪の心やつみ分て早く見えぬに山の端の雪
山の端に積れる雪をいかにすてゝこそしらぬ言にこそ葉をえん
雪消ずに氷とけぬと夜もすがら寒くはいふぞ嘆きしき
落葉して寒けき風にいとゝしく霜とともにまたや来らん
寒樹

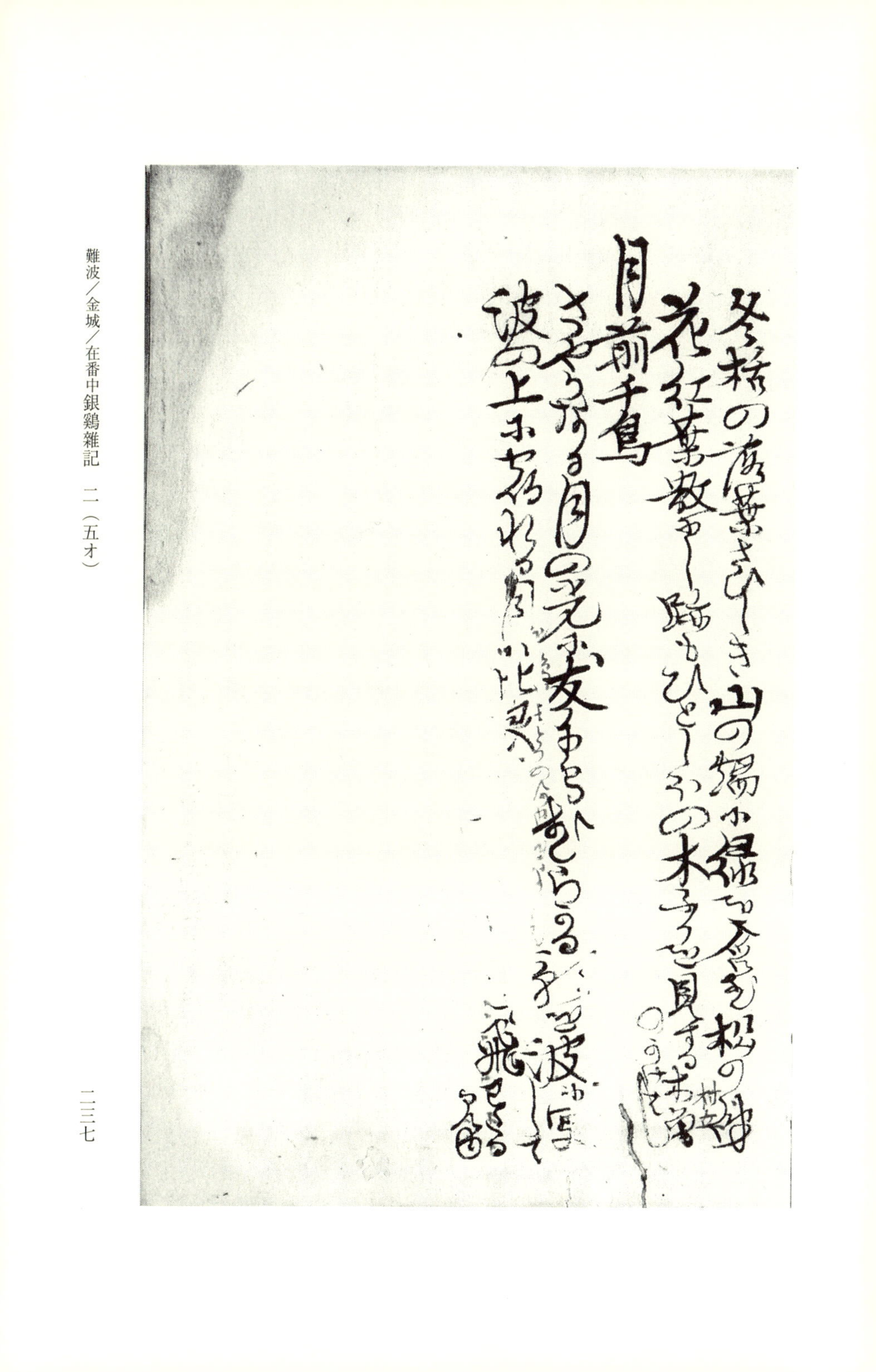

冬枯の落葉さひしき山の端に緑を含む松の[illegible]

花紅葉散りし跡もひとしほの木々を見する[illegible]

月前千鳥

さやかなる月の光に友をよふ声もきこゆる[illegible]波に[illegible]して

波の上にちらちら[illegible]飛[illegible]

諸人のめくみの餅をうけて籠をはなるゝ白銀の鳥

諸人の恵みの餅のかけれとも今を兩世の手白かねの　銀鶏

せうけし

猫画 桃色の額消し〳〵と昔より云人て口画きき真額ハ御らふせて天下にぼう〳〵猫めき

寄猫 毛長き馬土の空に云ぬめとさる〻に

次やきてるゑ画 一里二リ三リ〳〵めぬめとさる人食ひとて大ひとしもきき

桃谷 桃園の義に従て行より桃谷て技に引れてやくて向面〳〵ひとやすらく桃の曲もあらほ籠のまま姫

守弓画 弓や矢付さる〳〵さま更朝ひの山我物のち

ちゑの矢付ゆく〳〵ことども世曲けなつゝ高田佐人

嘉言先生月並當坐　但シ青屋町ニて

早春梅　山の端に残れる雪もきこえぬに早くも咲る梅の

鶯も霞も今ハむかしとおもふかな梅あらかたる春の曙

若草と青柳のみに園をまかせて軒端にさける梅も

しらずや

夏草や　螢火の影とみれハ夏の夜に見へつゝや通す草の白露

螢火の光の影ハ見ゆるを見る月の

ぬき　夏草の影を見るも夕月に見へつゝや通す草の白露

京都之部

京粟田口蹴上ニテ弓八と申立場茶屋ニテ風呂ニあかりし

安養寺様

小谷周禎様　京塔ノ檀毘沙門丁

田中左兵衛大尉様　同所

東寺ゝ役

田辺飛弾君

兵庫札ノ辻ニて　吉田九十郎様

兵庫南ニて　阿弥陀寺様

江戸小石川上曲輪　岡田宗立

江戸谷中　十輪院

岡田城南

岡田城南

行燈

行燈の消えかゝるころみ[illegible]の油さゝ[illegible]闇て楽さき
みの紙の白んて顕るゝ行燈のもようとまちて西ふ若しさ

桃谷

吉野山雪とひのさかく色にめし霞に包み分るゝ桃谷の花
桃園に義を結ひし引つて枝をさうさへて遊ふ桃ゝ谷

春[illegible]

鶯ハ左右にいろよくきん声の中こく春乃つくし
散りかゝる堤の毛もこゝろまさしと笹の上へ出くる春風

寄弓

弓取の矢竹ころうまへくもけぬ曲りなかりし夜[illegible]ぬ佐人

恵

弓矢取にちるひし遠もつるきれて引るてひのれぬ腕のさゝる

（暑ノ樹）
酔臥して我みしあらぬる枕より夢の胡蝶数ある桜哉

よみ人しらず
人の世の渕は草葉に置露のこの世成待るのひのゆくらか

（月前の時鳥）
かゝる夜の月に入すて時鳥進されなさけなることを

（さいつごろ吾妻よりゆるさんとて根かよめる・ことや）
雲に聲かけてよみ夕のづるあし山のかひかりん世の中を

（夏枕）
よみ人しらず
なつの夜の月すんぼるやすらひも枕老命え

（古戦場月）
矢さけびのきこへしかたる弓張の月もて杣に須十の風人

二 行世逢ふやとうと見れば雲深く尽きと今心こそうつくれつ
一 楼原すぎ行て雲は晴ゆるふし入袖か露世残して
三 土道近の朝日も寒さめて桃ちひらく鏡のうら
四 意しやと涙ふるうの一筋世屋のひさ子をたてて見ん
五 屋ふらは秋こそまします くるのつ我初よ人 いふもつれ けるき

やく也の足早さふみの毛を）のくち出 てまゝ世 落乃南
かるこよきもやもれぬ斗しろうつくりて庵分 高の橋
むつこよの倒こされて 山つこらちやってまりせる夕立
傘口かる処も ならうの山 の高山乃 夕立
夕立小細谷川し出水して のけめめくろうつもき
夕立かりさなぎ いかれ 聞くろうする
夕立ふりのあつきほ 低きせてあひはるく牛五の雨

爰に出す処の諸國ハ巻中三冊にいふ処のさまぐの器物ならび人物の風俗に至るまでおのづから江戸と異なるを撰出して好事家の一助にもせんとはかりぬこハ其圖を見ざれハ氷解なりがたきもの故ならんかと其一二を摘みて大坂普請場の下へ力車の形針箱等の製作にいたりてハ文章むづかしく其解を得るに婦女子に遅しとまゝ今画工の筆を労して江戸と大坂と形状のかはれるをつき合せてかくハ物しぬるも例の好事の癖なるべしと蓮石樓の主人いふ

○二十七之内

上　鶴ハ屋　形削　兵庫　南里　臺中　嘉言

為仁　山川　兵ゴ

難波靏 小冊　杢の落葉　心中大全

難波鉦 延宝年中板　小札乃さゞ 延宝　風流女車 元禄

西鶴大鑑　浪花名物富貴地座位　色乃大鑑

古今俄選　月花餘情　煙華漫筆　崎陽英華

陽臺遺編 〻　南游記　摂陽群談　大坂鏡

國華万葉　摂津名所　浪花のながめ

川太郎一代記　茶話一代記　いろ分舟

○村田庫山 楽園生　西堀西國橋兵庫船 今七 舟町橋大善

○中谷良平 栢堂　兵庫南中町札之辻 山口九十郎

大坂尋人住居姓名

一 天満天神表門筋十丁目西へ一町入北側
産科　壽安周庵

一 酒井修理太夫様御蔵屋敷
木戸權九郎

一 南久太郎町こぶ池筋東
画工　上田公長

一 今宮の出口
画工　孔寅　住吉象の屋敷

一　常盤町一町目谷町筋西へ入南かわ
　　狂言師　鶴迺屋次大夫

一　同　桜園　野里四郎左衛門

一　○心斎橋筋はくらう町北へ入　河内屋長兵衛
　　但シ長兵衛ハ家の名也喜兵衛と云
　　人ハ又同家也

一　○同　暁鐘成

花笠
一　嶋内東堀清水町　酒造　田中屋新右衛門
毎月十六日會日　花月菴素徳　煎茶家之
此仁ハ存生のうち蒹葭堂へ下る事有　毎月廿五日會日

一　天神橋南詰
東西屋不美人　此人大坂の事広く雅俗知り居る　若鼓屋庄兵衛
飄の屋大人ハ此人ヶ孫ニ出れなりしとかいふ事也　ヒザン東屋大家之

一　南久宝寺町三丁目
壺中庵梅干丸とて狂哥師也　小山忠兵衛

一　○西横堀北の御堂のうしろ　阿部謙州
印章家之文字アリ會日毎月五日
骨董も有るよし

一　居所ハ本林河内屋長兵衛
世て狐の先生と言うよしなり
画工又狂歌ノ大人　元来江戸ノ人　岳亭定岡

一　○京町堀壹丁目　平野屋又兵衛
といふ

一　○心斎ばし通大丸ノ向　金屋喜五郎

月と蛙と時鳥とを題にて五月十一日の夜によめる

一　池水に蛙声ハ時鳥なかめに何の夜半の月影

月前時鳥　照わたる月にうつりて鳴時鳥浪にあならやかけのうきねなき

月下蛍　闇の夜にとぶ蛍の光なるらひかる源氏の姫に通ふ

照わたる影もみてくぬ桂男の月の住家をてらす川つら

川月　我ハ水に写ぬと月ハ川水にひきて住る影もなき

平亭先生連月會を催すこと久し一日友人より書画
會
平亭先生連月廿五日書画會を催すこと年久し其日
友人何ぞ両國万八楼において書画會を催すよし
黙家哉しかうぶしして席上へ出ぬ先生も是を賞ひて讀みすれ
りるに不論晴雨偏に佳賞賄の當前の文言なれハひとび見物し
机上に秘き諸君子と雅談ならむするに頻りに酔を催ふすゝて
今ハ坐中にて面白きこのね側なる机に臥りかゝりすやゝ眠る其夜
の趣向ハ平しく南柯の夢虚すら出て実なるを実うゝ出て虚
なから其処ハ佐見物様くの佳評判を備ふ上すると中々のお紀
ねかやれゝしハ花のおはたおひおかしくはひおきつよらく
七代目の
市川白猿誌

東都銀鶏先生著

浪花雑誌　街迺噂　初編　全四冊

此書ハ浪花の風土の東都ニ異ことを初として言語の違ひ器物の異ハ名等ニ至るまで（概して大同小異ハあるを論しまずして）盡穿鑿を加へ猶解を得がたきハ圖を著て手引とせり　譬ハ其一二を上ていはんにハ江戸ニて臺所の流を浪花ニてハ走りと云　あえしのことを切藁と唱　笊をいかき　冬瓜をかも瓜　南番瓜

ゟなんきん　欵冬花ニふきの台（ふきのとう）　鯉ニふろこ?　鯔?ニ

（東都ニ見なれざる）初のみ　黒鯛ニちぬ。其外市中のさゐなニてろうてハ往来（とすなど是皆勝手ニして各のかたちを以てとる?）

安全の掛行燈ゟ普請場の[illegible]揚屋魚屋八百屋

（巻の末ニ委し）花屋等の形状ニ記し〔夫の巻ニ委くて〕ハ（文）同名ニて江戸と

（去りし?）浪花の器物の異ニ図して好事家の助とせり（な）案ニ

此書ハ先生一時の随筆ニ出ると（ども）江戸と浪花の

武士?ニ居ながらにして知らんこと此書ニ過さるへ

けり

篇尾に出す
此編に載る処の人物諸道具の類ハ巻中に論する処を図に著して好
事家の便りに備ふることとなる業にハあれど向答の言をつゞりてハ解し
得らるべき品なり其一二をいはゞ市中の家造二階の窓の四方を灰汁にて塗切
さぬもあるべき力車の形普請場の下竈のやすかるふるまひ皆是ハ江戸に
異なれハ其図を見ざれハ分りかたきことおほく猶本文に論せさる品
をも思ひつきたるハ爰に加ふさいはひ数ねろきことなれハ洩る
をハ二編にもつゞりて猶巻をうつして年を歳つんことおのれが本意そ
されハ此書を見ん人ことの足ざるをたゞ咎めなくばとおもふ

浪花の風流の諸大人銀鶏の旅亭を訪ふの図

田舎人の江戸見物に引かへて江戸者の浪花見物と出かけしハ
文月の中つころまだきりん萬松千長とて萌鼓の江戸ッ子なりけるが
鶏がたのしく東のことハ何くれとなくこゝろえ居れども未だ浪花
のことハこれぞ初てのことなりし所の方角土地の案内
東路に在りし候も浪花津に枝葉もありて著の顔す
康とても其名ハ高き大都会の中すらしやすき大坂の姫
役割ハここでも下に聞ゆや坐頭かぶとやら出立
度古

春立日

十三 春○初日影照そふや鏡の清らかに曇らぬ御代の一面の春

十三 ○今朝春のたつこの風に吹来るハ臥龍の梅の星いのりん

十四 ○梅の香もさえ挽ねくひすにさそハせて春ハ来にけり

十五 ○江に浮る初日の影のなかれハ寒よりも花の春ハ来にけん

十六 ○霜氷とけかゝるとも今朝鶯のなく声の一声にも春ハ来にけん

十七 ○寄る年の月日流れて今朝春となるハ初音の鶯の

若菜摘

十八 ○おく年も若くなるらん老か身ハ若菜つミて遊ふ春の野

十九 ○かへらぬを老のなけき春に先かけて老も若しも若菜摘らん

廿 ○まつつミ初ふ日の野辺に伊勢の小伊勢の森や若菜一すもん

廿一 ○春日野ハ四ツ谷若菜一もつ小雪三ツ寄の足跡

廿二 ○初若菜我つミ初し其跡や雪ふまれ

雪の夕さの

十五
まくなる男の笑ましきのうけて鬼ごっこの下ふき雪のもきえ
なるとりけ柳ちきぎて置のいのすさむ残る木のした
佳のかけ桶のことにに消ゆる雪
岩鳴くや解のころ臺氷室山夏をかこふ下ろし

十七
一夜あけてい等に旅跡の雪の日だちもおとぬれ家うな
ぐ〴〵すのこゑ越ゆれのむり戸吾あえり春八来れり
立つる年波とつて伊勢のはまいま雪のちるせなかさしとせじ

此度御披露仕まする新製金玉豆の儀ハ太公御方撰よりの御傳授ニして積と留飲を治するの妙薬其外ニハ何ニも治ません丈よく物を思ふて御覧じませ　僅四十八銅の薬ニて諸病が治する日が来てハ名醫者ハあがつたりでかけ出し薬種屋ハ口を干ます　去ながら常ニこれを用ゆるときハ血脉を順環し欝氣を散じ食事を進め疫癘を

病の

誠ニせさることハ奇中の奇也　是ハ筆紙ニ記しがたし　其上の効能の道中なさる御方ニハ無くて叶ぬ此薬を十四五包ミ分け御懐中なさるときハ山嵐瘴氣をさる　一夜鼠斑猫蜥蜴の類迄迯れて側へ寄る事なし　又山道ニ相かゝり空腹御難儀の砌此霊薬を五粒ツゝ能く噛ミて塩砕き水ニて呑ミ飢などのときハ忽ニ飢を忘る　疲ハ一ハ并への薬と違ひ飲お面を皺る世話もなく却つて薬と薬を子供衆がお子ておるハはずらくてはねづうなさるてふりま正月

なまざしきてうりふせすまふが出来ぬさい主人ハちん〳〵鴨雑炊
甘まいと歓びて日々増し繁昌銭儲四方に四面の施ごして
金玉豆といふ文字を金看板にかゝやかし見世にハ番頭若者
山の如くに居ならびてハイありがたう一ト包まいらせうちやく〳〵二包と
賣れる世にこりしく詠むるハ眼前らちであのひらふらと欲張かっさ足
ご主人にかはりていふめハ花の御江戸の勢の一人向鉢巻にて
すふ龍世間知らずの内弁慶我儘ぞもちまへのめけ者浪花の土
客のやうす豊知らで太平楽つくめハ
鹿の命も惜しまれやぶり
鎌の海色出ぬと　平亭主人誌
平亭銀鶏筆を採
茶菓子のかたりになるなどの風味よろしき薬也
[大]冬至が十一月廿日の十三日び寒の入が十二月の十八日ぞつけ
[小]そりでハせつぶんハ正月の[大]七草もやすめ
同かあくらうやす

大倉永常ぬしハ豊後なる日田郡乃人なりけれ
ば多年のしあつまりて翁と交ることいと深し翁の人となり
廉直質朴にして若きのころよりかくまでも白髪なる
ことなきまでひ農業耕作のことに心を用ゆること年久し
されバ其著す処の文ども農家に益ある書にして桜木に
花を咲せしかずも十とせに三ツ四ツもあまりぬべし然るに
こたび又乾水論といふ書を綴りて青人草のたすけ
となりぬ其言や妙諭にして実に是耕農家の右利
の書なりけり嗚呼翁はいかなるひとな翁の性実にこれかいな
る人なりけんこゝろひばせのをしらまき
・于時天保五ツとせと云ふ年の霜月初つかた浪花の旅亭に誌
平亭銀鶏

客

[大治郎] 二月五日の初午ニハ王造の稲荷へつれていかふぜへ [小] ゲリ子 そりやアこれ〳〵ねへます

正月うち楽しんでいます [大] 三月ニなつてから桃園へもいかやし庚申様へもつきこいゆへ

[小] 庚申さまハ何ッかでねへす [大] 三月朔日ニ五月二日七月二日八月四日十月五日

十一月六日さ [小] 四ッころから出てやましから七ッころニハかへられまちがふら日が

九れるとみがござらい [大] おそくて六ッ時ごろるいな [小] 閏ニ歩いてから七ッ時ニハ

このへれさうなものでねへす [大] そんなニみんなこたうつちやア正月四日のきのへねニハ星うろ

来るがいひ三月が五日五月ニ六日七月ニ六日八月が八日十月が九日十二月が十日ざぜへ

よくおぼえておいなせへ [小] 十二月の十日ニハ仕廻ぎの夷講から一晩と通って十一月

ミカンでもお正 [大] さしなせへ枕がいひ [小] モシ八十八夜ハ何ッ日でおますね [大]

四月六日が八十八夜五月十四日がつゆ七月の十日が二百十日ざがなれねへ

けれハいゝひ [小] 土用が六月廿五日でひがんが二月廿日と閏七月の廿九日で

おます [大] さうし土用が六月廿九日ぜへつけ [小] おやし勘平が猪

ござつたも同じ [大] おつなところニ切のけがあるぜへ 〔印〕

田舎者の江戸見物とハ昔よりいひ伝へたる言なれど江戸者の浪花見物とハ未聞もやらん然るに只今此冊子に挙る処の一力松千長の輩ハ花の御江戸の産にして三初といふ大晦日より風流のことに心を寄て楽みれハ文人ハいふも更なり能優芸者落語家にいたるまで懇意なるゆゑといふもおろかなし　されハ其所の書画会此処の名弘に肉筆を贈り

田舎者の江戸見物とハ昔よりいひ伝へたることなれど江戸人の浪花見物とハいまだ聞もやらぬ処今茲一力松千長の二人ハ萌葱なしの江戸ッ子なれバ鶏が鳴東のことゞ何くれとなく

こゝろえ居れど。おしてるや浪花のことハ。こゝろび初て乃
ことなれハ所の名勝土地の案内。そこで漫ろ歩き。此処で
唄
狼狽手もなく勝うろ見るときハ。田舎者の江戸
見物。徴もあらぶぬことなれハ。敢も看さんで其儘切矯
江戸人の大坂見物と外題の名のさへ覚せしハ覚
惜なき作者の腸齷齪東都乃通客とうとも
ひころび我股ご移らずしても。蓋浪花の噺と
ご知らんやとぐつと高く留くハ。材木屋の烏もかぶで。
儀儘骨張の江戸ッ子

平亭銀鶏誌

田舎者の江戸見物とハ昔よりいひ傳てる
ことやすくふなれと江戸者の浪花見物と西国まつり
やらぬハ然るに冊子に筆ある処の方々千長乃
雅客ハ花のお江戸の産として見るも大略
皆風流のことのみ心なきものもまぁ画贔屓乃
嬉しき墨水の桜ハ船出てながめ東海寺の紅葉ハ
駕籠にて飛す

上野の桜淺井の菊とのし京の伏見西國の納涼墨田川の白魚も
中々ご飯ちる初鰹の身うちに稲荷も飛さ
身の上なれハ方々をぬけめのなきいふなれといふもちん浪花
の里へハゐてるのことなれハ所の方角土地の案内其処
はごつき曼で狼狽る事もなく物の見ることハ田舎者の

江戸見物に徴しもんがらぬ一となれハ取し立やすす其儘に江
戸者の浪花見物と外題の名にさへおさ／＼やしハ買ひかよ
なりき作者の腰麻袋東都の通客どれ／＼もとも
一ぱ我股ぴつたりぴしやぴていうんで浪花の魔さとは
善ちんハやとぐ川と高く腐かしハ木屋の鳥かひで
我儘骨張の江戸っ子
手くる銀鶏記
宮（ぐう）　茶さん一
時画　かのさ　かき平
かえふ

身のあり　額城　かこみ
承　弟なり本
冬びら　者ミえり
浪花　ここび
天王寺　ちりこ

遠ふんものハ音羽屋ニきけ。近くハよつて眼ニも三升のたで衣
裳といふ不破名古屋がせりふにして三ヶの津ハいふもさらなり唐天竺西陽
韃靼のはてまでも人の知ッざる當り狂言。其ハ国外ニ縁のつゐる光りかがやく金屋
のあるじハ名のれば人しる誹諧朋友我はく斎の江戸ッ子なりしが。
十とせあまりニ武蔵野ゝの逃水ならで鶏が鳴くあづまニ名
高き玉川の水道の水を飲ひきして。財寶自由の浪花に住る。
心斎橋乃かゝりうしろ。水上高き清水町。西と南の其角へ一寸
江戸見世ハ名ばかりと諸様の織入させ捌。烟草入江戸錦縮緬ぬれと
草冊子ニ御ざ其上ニおさなけれバ。得意あまた披露ニ鹽漬物類も澤山
なけれバ御用日ニ増し数ならべく。商賣繁昌仕も。備ニ法ひゆきある
案とぞのるよし歎ひ給ハゞさいはいなるべし。然るニ此度又別ニ重宝安
新製ハ外ニ類なき品なれバ。其味ひのうまきこと。一度なめなめなれバ諸君
でもゴリヤ負まふんといふ成ぐれ。夜食の菜ニ。珍しく是ニて肴ハこと

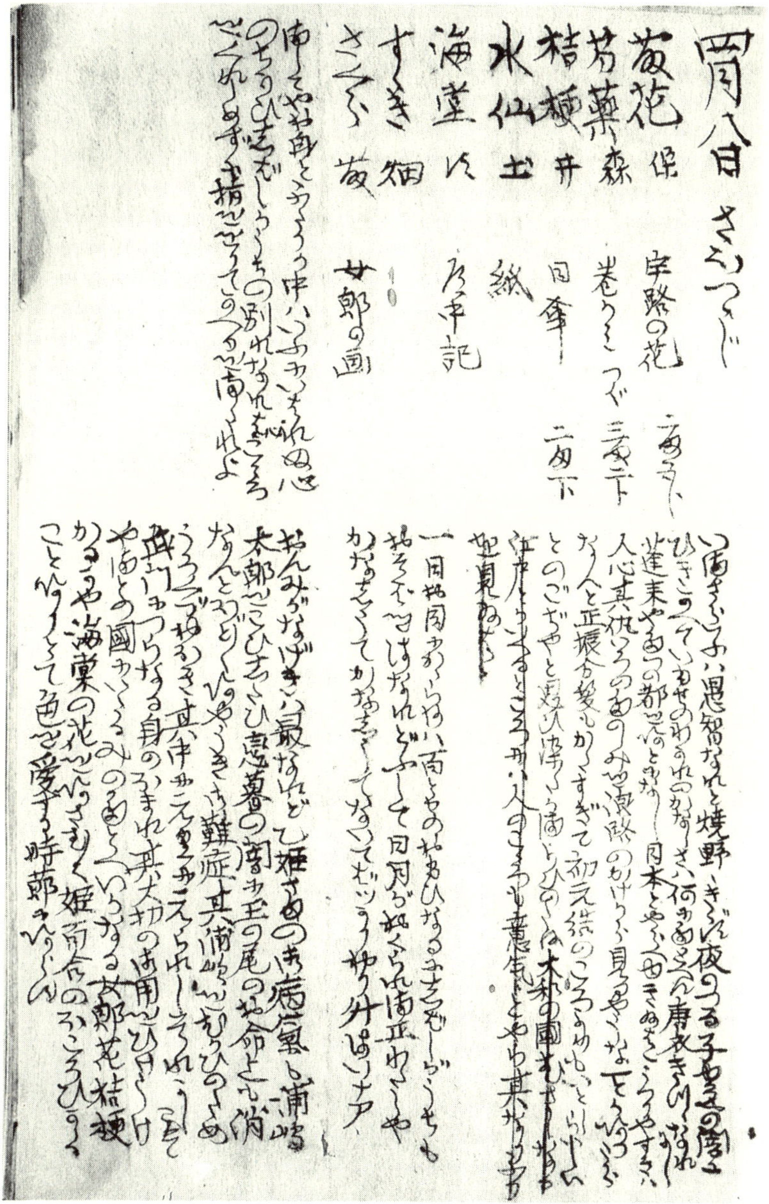
四月八日
萩花
芍薬
桔梗
水仙
海棠
すゝき

おほいえいどう其名ハしよくき
戴斗ぬしの萬職圖考既ニ二編ニ及ひぬるも偏ニ世ニ行るゝか
也爰ニして其初篇の鮮なるをハ楠里亭大人の題言ニつはらかく
記しおれと今再編の画組ハ新ニ賛ん言の葉ハなかりけれと彼ニ
漏らしハ是ニ補ひ是ニ（いさゝか）たらさるハ彼ニ譲りて相合して萬職の助と
ハなしぬされハ此書ハ懐中ニせんとおもふにし（は）竹斎ハ二本ニ押して
坐右ニおきても其益いとおほいなるへし（このころ）ニハ赤松金鶏ニめすれはこそ
花の東乃すみれの笑石桜の主又銀鶏浪花の旅亭ニてしるしぬ

冬桜姫丸
嘉嶽軒又貞
上田公長
良山堂謙州

花月菴毛孔
北園卿長楽
萬行堂
蒹葭堂石居

足るときは、披見なさるは知れざる事。歯ぐき其外重宝なる味淋も入らぬ。
ごし入らん。醤油もいらん。手もいらん。口ゆるめるものは歩行など[illegible]が
少し入るぞう。この丈とても御心見は五十銅より上るれは、親ご[illegible]
お[illegible]求めなされて御求なさるゝ星の故戦は京より[illegible]
見世なれど、能まくらきよみが[illegible]御客の為[illegible]
能書ると、この[illegible]このこれざしは浪花の里人は初舞台[illegible]
左の仮ふれなり。花月堂の[illegible]にかゝりて。平亭銀鶏誌

○くずうけ味噌

江戸小傳馬丁三町目　丁子屋平兵衛

一部ニ付[illegible]
五部[illegible]
三両[illegible]

勝手[illegible]世法も[illegible]

天神のひげ
壺ふ

天ま天神の後　寺丁　穴門とも又八くんともいふ

（南見の場処）
新町之廓とゆふ　見世つき　昼夜十二匁　太夫一両　天神二方（一花四匁三下）
白人（土方二朱）

おびん　氷入　木枠

さうつき猪口

田楽大鉢　小備前土瓶　銀鶏好　三ふ

燈心おさえ　雪踏の金　竹茶し

本類　とびんの二ち　百貫めし　ぎち

金やきつけ猪口　ろうしんおさへ　ご石　鏡

唐本　きんちやく　べろずり　あめんぢやく

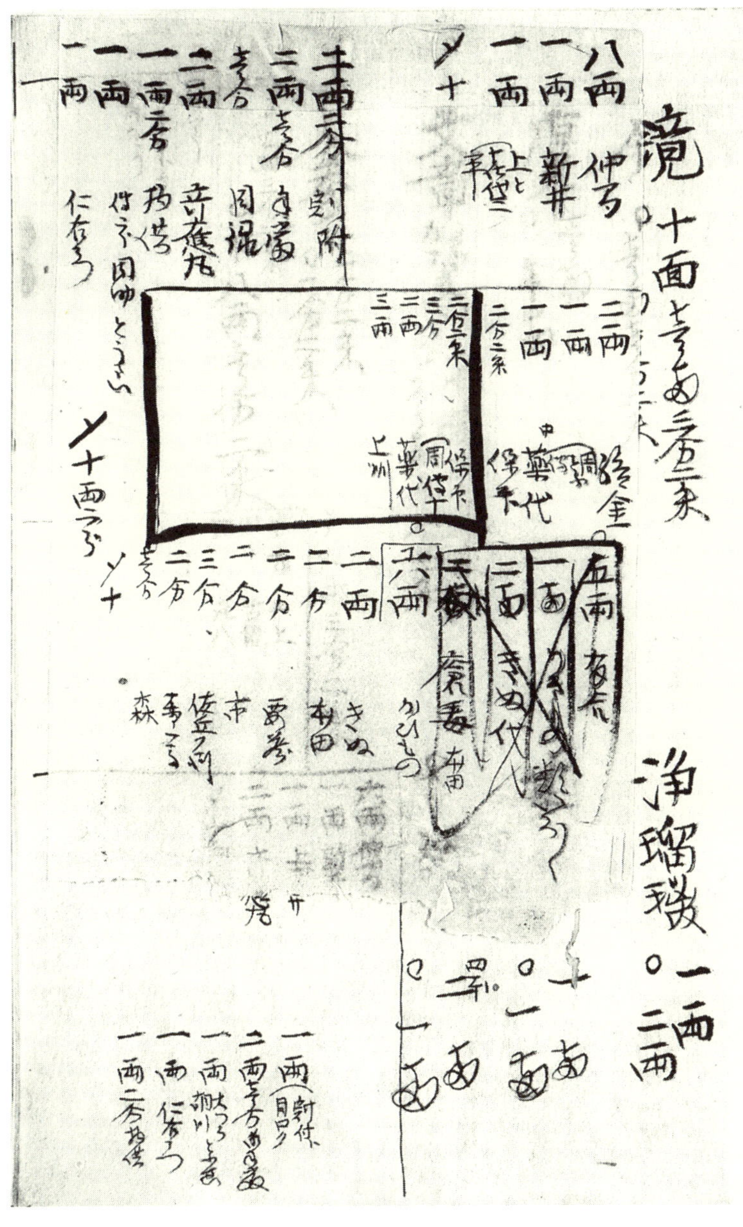

天ま天神の後寺丁　天神のひがし　壺ふ　穴門とも又八久とも云

太夫一両　一花四匁三分　天神二分　白人　壹分二朱

（市中の場処）新町之廓とて　見世つき　昼夜十二匁

おひや〈し〉　氷入　木辞

さうつき橋口

田楽大鉢　小備前壹　銀鶏好　三ふ

燈心おさえ　雪舟の金　竹かくし

本麹　とびんの台　百度めしのすぢ

金さきつけ楊口　ろふしんおさえ　ご石　鏡

唐本　きんちやく　べつかう　るんちやく

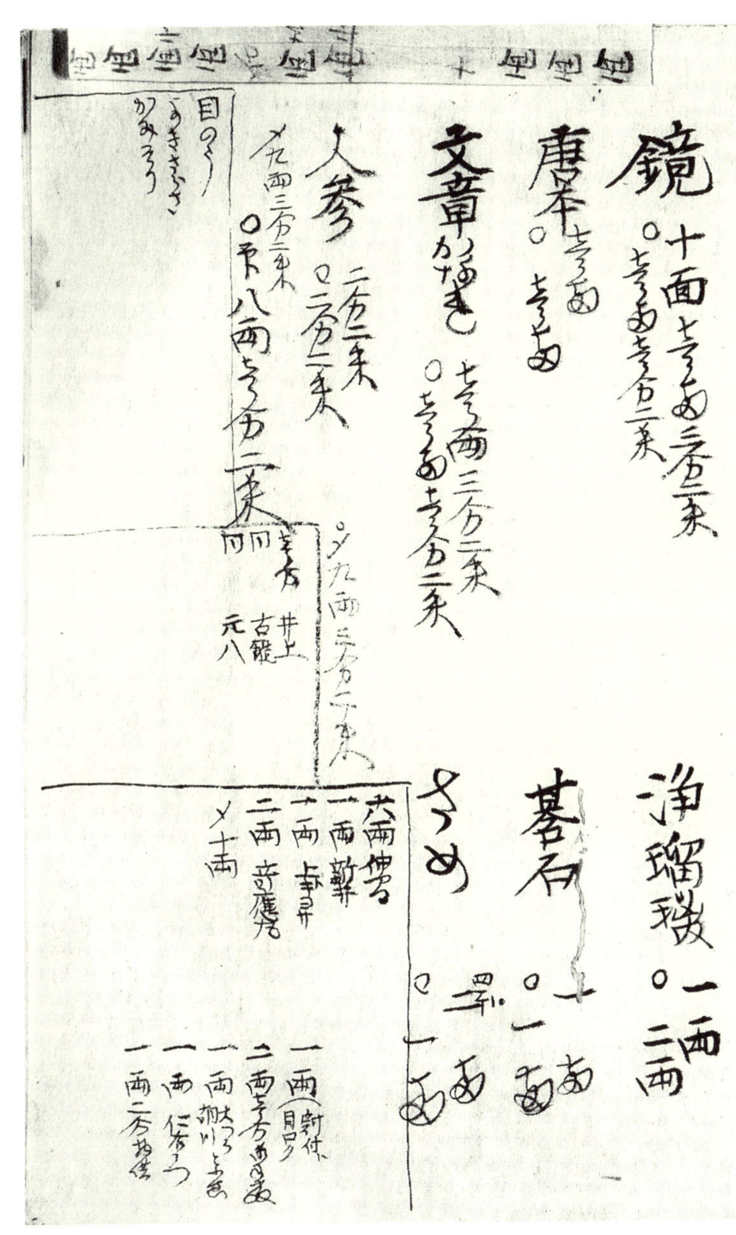

○陸奥　古ハ奥のえびすとて人倫にも不通禽獣のごとき風
なりしに中古上国の人君長となり政治せしかど、其風に化
せられ世のつたなき人間のならひも忘れるにやされを近ころ迄ハ民
家に子もちぶつかへしといふことあり産子三乱に及ぬれハ其父母
これを縊殺人是をかへしといふ是奥に夷狄の風なりしが誠に
仁風の遠く及へるにや残忍の俗化して今ハ其事なしとぞ　巻倫記上三

○蒼粹　五十部　七十八枚ツヽ五十ニて三千九百枚　東附とも八十三枚　一ソ二千枚　二メ入

○一部五匁ツヽト見て五十部ニて二百五十目ゝ為金四両十匁ゝ　○トビラ八枚　六匁四ハ　ちいつく　○袋七十五枚　五匁ツヽ　三百廿五文

●○一部四匁ツヽト見て五十部ニて二百目ゝ為金三両廿匁

○四ソ　二匁　○スリ十六匁　○トビラ六枚　五匁　○袋五十枚　二百五十文　○表題　一匁

○二メ　目ニロメ　三両二分一朱

風来先生著述
飛花落葉
銀雞先生校合

いづれの板も失せしにや

此書ハ風来山人のあそびたる文と蜀山人の
編集せられし書なれども世に稀なる文
なりとてあつめおきしを〔見せ消ち〕重宝なるへき
古写本を得てしかば銀鶏が手にて校合して
かくて梓に成て花咲せたりけることとなりぬ

梅若　梅川忠一　お梅粂之助　梅つぼの内侍　梅ヶ枝むけん　関川東斎

浪花ばかり咲くや此花梅ヶ香と人に知られし実に味噌ではありませんが面白の
ずい一新製のほまれこらせし品なれハ外にたぐひなき

浪花津に咲くや此花白梅の香ひを備へて製せしハ外に類なき梅ヶ香味
噌　此品ハ関川の味噌に工夫せし此品ハ
浪花のひらく梅のせわしく
此にひ製せる処の　梅の木村ニハ和中文と云ふ　備前志田ニハ梅ヶ谷　小粋にかする
紬の梅ハかハり菓子ださ　たいていあるまいとこころして　せツ梅

あい　新製梅ヶ香味噌

浪花津に咲くや此花白梅の香ひを備へて製せる外に
類なき此味噌ハ関川ぬしの工夫にして原より梅の色
ときことハ愚なる筆にハ申つくしつ梅の昔より飛んで噺ハ

梅桜が手水鉢かハ山吹の黄金ノ花咲梅屋か蜀の國の臥龍梅ぞ△
梅の由兵衛がふところの女房梶原源太が高名ハえびらの梅の二
度のかけ梅王丸のちらふきハ菅原の伝授も歴然たり世名が梅塢に撰著
小梅川茶漬の菜かハ梅びしほ大内山かハ梅壺の内侍もとめる
梅茅が蓑茸するハ江戸の壁梅がみつゝもやハかくるゝ
梅の花
かゝるめでたき梅なれど主人ハ知らもしつき夜の露に含める白梅
ごころつくら見ずら御取なし此曲物をへいれられど芸ごとてけしきる
さればむ人をおくるわけいなしとつそるゝまゝふやつずれら週ふぬらんで一夜
へげて主人かたちつて口上で浪花の旅亭で誌ものゝ花の阿づまに人と
なすつ我亭徳兵衛のうつけ者

二朱 鼻紙袋

二朱 べろ摺 四枚

一朱 一タでなし 二枚

冬産図佐

一朱 かけもの石ずり

あるみかゞみ 一朱

二朱 重硯 二朱

一朱 かゞみ 一朱

一朱 切印籠 一朱

一百 一朱 錦鐘旭

夕きり 二朱

ねつけ 二朱

おしめ 二朱

着粋 壱匁

七ふく図 同

三幅対 同

二朱 竹印 一ト

●四両壱分 八文

書画 一ト

ろらをこ 六匁

東海道の画 一朱

骨董集 一朱

ふきん石雑誌 二朱

山陵志 二朱

文鳳 壱匁

×一両一朱

百一挙名 三朱

竹印 二朱

書画 壱匁

いんらふ 一朱

すえ 一朱

皐紙袋　二朱
べろすめ　二朱
一夕ばなし　二朱
骨董集　一朱
鐘馗　一分二朱
ふらそこ　六匁
燕石雑誌　二朱
世事談　一朱
雲根志　一朱
かけもの　二匁
東海道ノ画　と一両二朱つ朱　一朱

一両二分　仂伝
二匁　語金
一匁　（三八）猩夜
二分
一両二分　九月今
一匁　藥秘
二匁　二洲介

二十　性松
百三十五　武本三つ
百三十　十本三つ
六十　守蘭
百三十　議
百八匁　直五ツ
六百七匁

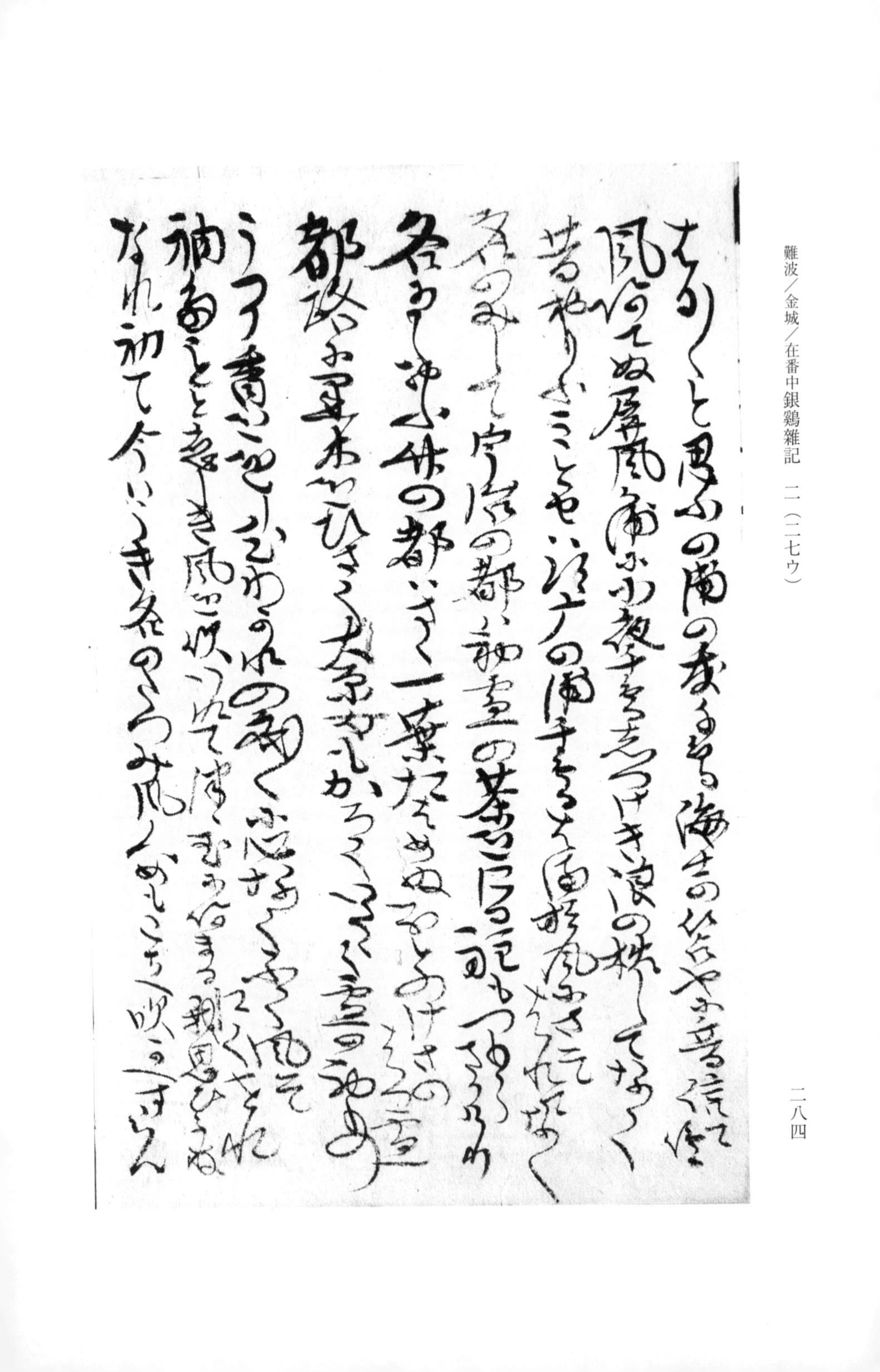

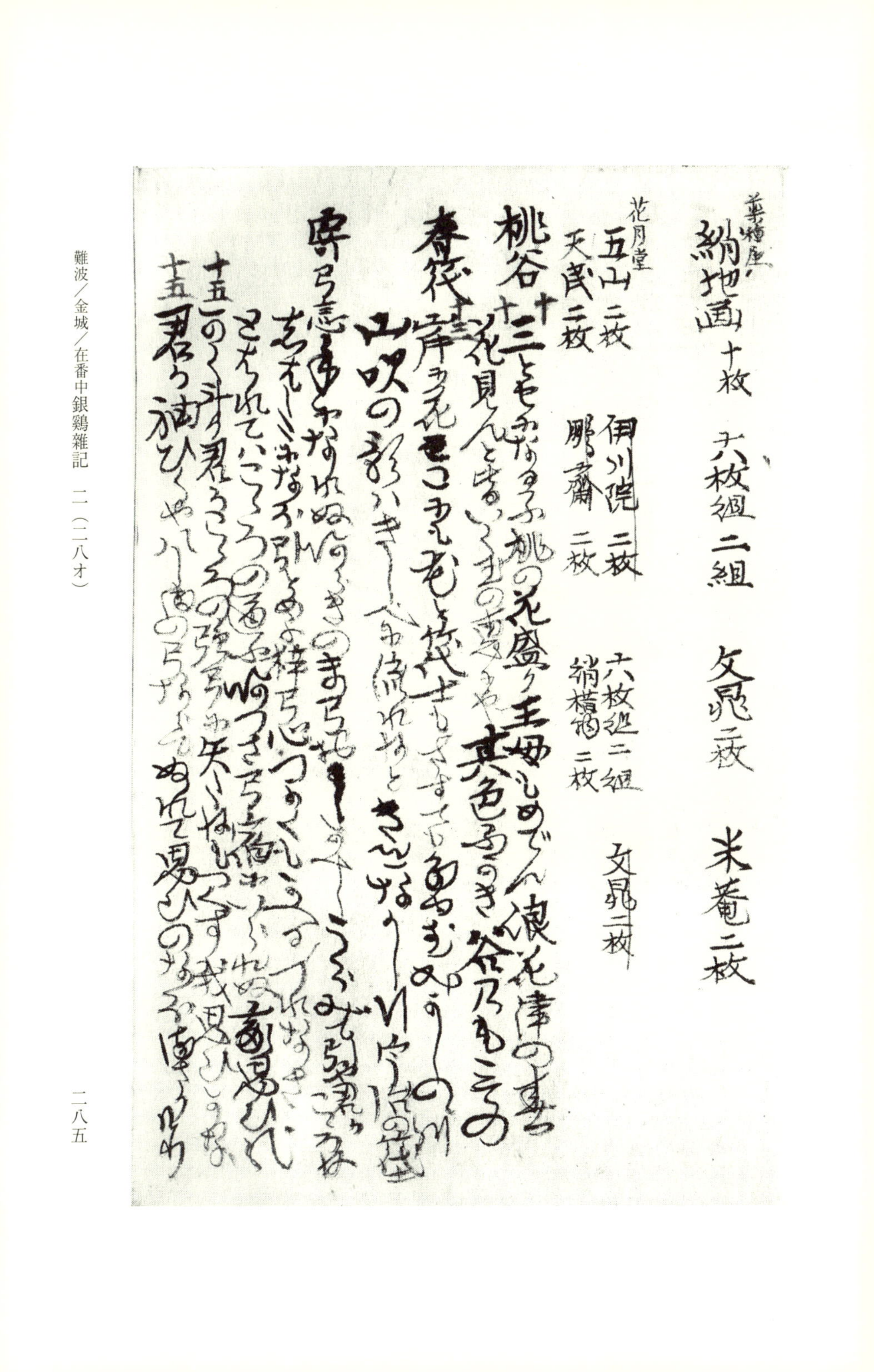

薬種屋

絹地画 十枚　十六枚組 二組　文晁 二枚　米菴 二枚

花月堂

五山 二枚
天民 二枚

伊川院 二枚
鵬斎 二枚

十六枚組 二組
絹横物 二枚

文晁 二枚

五点　七　十　十三　十五　二十点　妙と六

大閤侯　豊田龍斎　八　十三　金枝孫英

板倉侯　竹内宗甫　西陽家　南玄升

土井侯　河野清菴　中屋敷　芹澤孟民　つもごせ

ごんずり子　やじ貝　キシャゴ　赤子　赤ボウフラ　ちぢスリ　おくみ迎　夜盗

文章かなき　二百三十八枚　五百　三百　表一ヶ月　ホト

五雑俎

芝居

二百　かせめ

二朱　かご入

二朱　つけ焼てんぷら

一貫　せうじ

二百　さざい

小二朱　南蛮菓

二百　えんの

天保五年歳在甲午
八月四日ヨリ乙未之八月
四日迄一ヶ年

蕙石樓
執事

常盤町壹丁目谷町ゟ西へ入

○狂歌師　　鶴廼屋乎佐麿

大坂三年寄の内野里四郎左衛門隠居也生江戸の人
故ありて此地へ来り住居する事二十年南畝社中也
浪花にても社中多くして頗風流家の高名なり年
八十一歳にして壮健無事性戯場を好み市川
白猿岩井紫若中村梅玉等と交り深し白猿
しばらくの役を勤めるときの烏帽子素襖扇子
大太刀并に助六の役を勤むるときの紫縮緬の
鉢巻此家へ贈る一日老翁右の品々を取出して
己に見せしことあり

古物家　野里四郎左衛門

上町といふ処の三年寄の一人なり号は梅園といふ書画
并に人形雑器等の古物夥しくあつめたり其古物の
目録は記しおけるか小冊子になりぬ狂歌は能し画は
このむ年々十二月下旬出府して　御城へ出
年始の御祝儀を申上るよし至て家柄なる人なり
長崎かある処の三年寄同前の役儀なるよし大坂
にては市中の用格別の事にして江戸の町年寄が如し
其勢強し

南久寶寺町二丁目

狂歌師　　壷中菴梅千先

俗姓小出忠兵衛といふびぜんの薬を賣る家主なり
狂歌を能し狂詩を能し又書を好む家富て
家人あまたをもとふ主人至て質朴なる産にして
直の風流家なり社中百人に及へり江戸両国ニ
出店あり家あり東都に遊ふとき詩狂老人
文晁老翁を訪ふて雅談す一年江戸に登
とき讀るよしとて聞しをいつ其歌に
ねの高き山ひとつきす加かつを
耳うら口へ飛こみかりけり

天神橋南詰　　杢鱗亭美人

狂哥師

著鼓屋庄兵衛といふ鼓屋の家主にて性俠客にして
數四五軒をも支配す　狂哥ハ鶴の屋翁の社中
にして詠哥にかちつゞりく手柄あり　酒一滴も飲ざれども
俠客を愛する事無類にて厚し故に人豪傑として
諸國の漫遊家として此家に來ざる
◦かくれける鼠の如く丈長や羊ハかみをすきこしもあり
◦味なしとすておかぬを面白き田舎豆腐の岡部の六弥太
右のふたくさのたとしへきをあすれバ左ハあれいと
とうしく思ひふれて思ひくずに任せて淺草の

心斎橋筋博労町

戯作者　　暁　鐘成

専門ハ大内ニきこゆる処の諸道具を商ふ家にて普請
檜造りにていときらびやかなる見世なり傍なめしの文
短冊などもいときなめり著述ハさまざまなれど能人の知り
あるハ唐堀さらひのとき記しける國恩教諭濱乃
はらえといへる二冊なり其外にハ御影参の記あれ共
初編二へん三編あり近頃のものにてあるハ菊池軍義
なりこれハ自画にて大本なり今又天保山名所圖繪を
とりかゝるに含めり草稿半ばで出来かねど程なく出板
なるべし

花月菴素徳

葛之内東堀清水町

煎茶家

田中屋新右ヱ門といふ酒造の主人にて此人売茶翁の流れを汲みて煎茶の式法を定む毎月十六日に煎茶会ありて諸人に茶をふるまふ時々時には握飯に煮〆めを添て出す席中酒をきんず煎茶をこぶすにてかへ菓子をころんへのせて毎々へ配るゝ家ハ本宅の向に茶室ありて茶の式いと面白くありて又一派の風流なり好事の人こゝろをつけて然るべし売茶翁伝来の諸器種々所持せり

西横堀北之御堂ノ後角

印刻家　阿部謙洲

良山堂といふ今ハ阿波橋の際の薬店ニ同居す
水晶印銅印好ミによつて刻す毎月五日ニ
骨董會ありしがこのごろしばらく中絶す文政板乃
難波人物志にハ儒者の部ニ入てあり餘程文
ものある人ニして良山堂茶話などいへる著述
ありてひろく人の知る処なり専門のいとまニ詩
を作り書をも学ぶ頗る一の風流人なり銅印も自
製せり其すきハ至て好し江戸に遊歴する処の可亭
の類と同日の論にあらず

内平之町三丁目松本丁角

狂歌師　庖酒屋梅好

米屋長兵衛といへる人なり家属て千金に納む狂哥ハ鶴の屋社中なり自分の社中も餘程あり手代のうちにも小夜酒屋静丸八木軒菊英なといへる狂哥師あり静丸ハ米屋喜兵衛と云人菊英ハ米屋与八といふ人也毎月狂哥會ありしかしばらく中絶のよし浪花にてハ能く人の知らあるところ哥讀に一日其種ありしかハさそはれて訪ひしとき其日狂哥の詠初にて諸大人ら、あつまりしところにぎやかにて滄海の珎味善美を盡せり

心斎橋筋清水町

山田野亭

筆工家

専門のことは頃年ハ戯作もなせり近頃河長にてあら
はるゝ和田軍記ハ此人の作にて前編ハ鎌倉見聞
志の儘にてすこしく増補せらるゝといへども後編ハ
丸に作り出されたるにて跡かたもなき事を綴りし書也
已ら校合せし飛花落葉の筆工ハ此人の筆也
滑稽本なども餘れど刻にすゝめたるあり浪花にて筆
工に名を得たるもの四五人ありて其中の一人にして人
よく知る処なりけりにふれてハおもしろく詠せり
ことにをかしき人也

なかづち町通心斎橋東へ入

筆工家　浦邊良斎

狂哥もよめり狂名を俵の高積といへり其人となりまた滑稽にして能客を愛せり酒を好んで至て元氣也初めて交るときは江戸の産とおもはる程の調子よき人也浪花中の滑稽家なるべしされども書林にて評判わろしこは何れ山吹の花のいろにて出入にてもなけれども稍世話なれはそこ爾でいきこのずこの人鍾成子よりの手引にて面會せり畫前ハ左右なれど書後ハ不至

南久太郎町こぶ池筋東へ入

畫家　上田公長

大倉氏なりの解状にてゆく所謂江戸にていふ所の上方画之東都一鳳雨聲竹嶋令哉等乃画風に浪花にて専用ひらるゝこと江戸の閑林竹谷南溟等の場に當るべし　此地にては唐画といふもの絶えてなし　写山老翁の社中一両輩ありといへども始まり用ひらるゝ事を聞ず一日此家に遊ぶとき釋家来つて半切三枚を頼む謝金二百疋をおくりしてうくる是にて其画の行れざる事を知るべし惣て画料高き土地なりといへり

京町堀両國町　中村四端

狂歌師

森直吾弟彦の屋敷に住居す狂言を能し

又大指にて松の画を画くに妙を得たり狂文なども

いと面白くいふ也有翁の口調あり此人旧家

にして　神君御腰掛の坐敷等ありて

格鎮物など多く所持せり四月十七日にハ虫干

にありかたくも諸人に拝せ敬すよし大坂の三重など

来る此処出生の地なるよし四端翁七十一歳

なれども至って強壮にして無事に性客を愛

する人なり

難波新地京橋町會所

戯作者　　　楠里亭其樂

俗名ハ喜六といふ元来江戸麻布の産ニて大公諸侯
の藩士なりしが故ありて仕ハ辞して此地ニ来りて
町役人となれる至て風流なる人ニて著述くさ〴〵あり
古物ハ好みてつら〳〵なる品ハ貯へり江戸ニてハ京伝
種彦等と交り深くして年々文通ニ及ることゝなり
昔戯作ハ試しめしハ南仙笑杏雨人ハ師として
かゝることうちなとかくれなし性質朴ニて噺ハ
このむ実ニ面白き風雅人ゝ傍誹諧ハ好みて
社中多し

南本町一丁目

誹諧　　蒼浪舎魚淵

大文字屋九八郎といへる旅籠屋之家業のいとま
風流のみちにこゝろを寄せて誹諧を楽しむ此人と
懇意になりしハ會楼といへる料理茶屋にして
ふとのみかのひまなりしてあふひかくちとけ風流
のそなしに及べり性酒をこのみていとやさしき人之
画も少しハかくよしなれども其画を見ず誹諧ハ
友古庵天来といへる人を師として学べるよし此人
浪も人になして魚淵ぬし乃近所に菴をむすべりと
きゝぬ

御弓町角

誹諧　松長者夫渕

亀屋七兵衛といへる旅籠屋にて魚渕子の兄なり
性質朴にして風流をこのむ中村出端よりし此人
の解状ありて尋し此人も反古庵の社中にや
いと多芸なる人にて浪花の文人はことごとく知りて
居るよし　小倉米仲揚堂の両雅君をはじめ
へさそはれしかれども寸暇なければ果さずして未両子を
訪はず　魚渕子と同じく画を好むよしなれども
これもいまだ其画を見ず　然れどもいとねもころに
画談せる人なり

北久太郎町堺筋西へ入南側

狂歌師　久太樓姫丸

和泉屋久吉といへる白粉問屋也。狂哥をこのみて社中多くあり常に茶を好て一室を引こもりて自樂む友人来れハ茶室へ通して茶をすゝめことなから雜談に及ふことあれハ狂詩を作てたのしむ余友人方外子乃茶菓詩といへる狂詩集に贈しに姫丸ことしれいに歡びて披見せられ一日雜談に與りて日の暮るゝをもしらん例乃陣太鼓に恐れて早々に歸路にうなかされてとりの嗚呼可恐可怯金城内の諸士

内久寶寺町お祓筋東へ入

狂歌師　檜垣猶三郎

号を真種といふ元来江戸の人にて去午歳大坂へ
来り鴫池九兵衛の隠宅を借りて住居す性
酒を好む狂哥堂の社中にて[illegible]傘といへる
西にも凌く日笠を大坂に弘むる人あり其ハせ話にて
して狂哥会を催す十点以上のものハ傘に張て
うるよし[illegible]種めしの[illegible]
「八ちまた」の言の花をかき分て四つ角男に大坂の姪
嘉中庵にて出会ふ今に懇意をむすぶ[illegible]
「いなせ」種めしと同伴せり

博労町

狂歌　　　玉花楼駒子

田田長門守といふ稲荷の神主の後室ハ風流を
好みてあそびハ三絃琴を弾してなぐさみとせり
酒をのみて能客を愛す狂哥ハ殊に柄をぞりし
ありしうき種もなしく人おもふをとてきけるハ
逢ひみんと思ふ心や通ふらん花の香ひの袖にうつれる

北渡辺丁何かずの門の少シ北河内屋裏

畫工　三嶌英斎

元来江戸の人也八年ほどまへより大坂へ来り所ゝ遊歴して浪花に足を留む天性の気質義深くして虚言といふ事なし好んで客を愛しまた酒量十に秀傍鑒定を楽む也朝暮骨董家ゆくことを市の如し此人生れ得て美男子にして藝子なや儘より惑溺せんとすれども居膳に居ることをちむくなるべし号を文絢といひ質を名とす又國景 英斎錦に肥樓の別号あり表向ハ平野屋柳三郎といふ町人の面なり是故有てなり

歌川東升

南久宝寺かどや丁筋南へ入

畫工

金物屋六兵衛といふ商人の倅へ歌川國貞の門に入りて似顔を能す殊に白猿の像ハ妙を得たり成田屋上阪の砌ハすり物等是非此人にかゝらせけることなりしがいかゞ思ひけん近頃ハ浮世繪をやめて本画となれりきくハ江戸にて云ふ処の上方画へ心ざし勝れりといへども惜むべきことなり此人生涯役者画にかくれバ浪花にてハ類ひ一人なるべきに是非もなきことなり

久宝寺橋より西へ渡り三筋目の金物屋へ

布袋町

浮世繪師　　歌川東廣

大坂屋清次郎といふ質屋也此人年ハ漸二十斗な
るが天稟画才ありて自北斎子の気あり余が
著述する処の南柯乃夢街廼噂等ことごとく
此人の筆也性質朴にして少し酒をこのむといへども埜
子おやぢ等にくらべて悪さわぎをすることをきらへり
一枚繪摺物團扇などの画ハ年ゞ歳ゞかくといへ
とも讀本の画ハ是ら作にかゝれしが初舞臺なり
実に後世恐るべきの画也今より十年も経なば
らんかい浪花にて一人なるべし

布袋町　天満屋國廣

浮世繪師

此人浪花にて八人の知る古き画師にて本業は帳屋にて傍画はなぐさみとして又摺物は請合て本業の助とせり性風流を好みて文人と交る酒は大量にして日夜にのめども機嫌上戸にて少しも朋友といふせきとなく至て實徳のある人にて無欲なり諸國より遊歴人杯来るときは厚く世話をやきて助けと成り實に稱すべきの人也若年のころ紙屋に奉公して居ながら夜九ツころより画を書なぞしてゐたり左もあるべし平日の行ひを見て

三ッ寺町

浮世繪師　　柳齋重春

此人長崎の産にして若年の頃より画を好みて
遂に浪花に足を留めて師に附ずして浮世繪
師となる讀本さしゑかけり河長の板和田軍
記も此人の画也大坂芝居の看板も見世物のかん
ばんも多く重春子のひつせき也酒をのまずして質
朴なる人也妻子にもやさしき噺あつくはあれえて烟草
ぎきくらふ事を余にまさ百倍せり画室の大鉢に制札
ありて其文にいはくいかなる貴客といへどもこれにはいさ
大鉢へ吹からふはいたしくからずとぞのり

八幡筋炭屋町

春江斎北英

浮世繪師

此人の画風ハ二派別レ江戸ニていふ処の上方の浮世
繪と一口ニいへるハ皆此人の画く此人も芝居の看
板かけ又大酒客ニて滑稽十分ニ得る人なり
江戸山下ニ住居せしころ三代國鶴も初重春
の家ニ寄しが今ハ此北英と同居せり余が著
処の酒瓶物語の画ハ北英のかゝれし積ニ約束して
ありしが急ニ看板向數かさなりて今ニ出来
せず

舟越町

和歌　　村田嘉言

村田春門の子ニて和歌を詠するのミと画〻を好んて楽みとす画風所謂江戸にていふ処の上方繪なり月並の會同八十六日三八に寡君〻ニ参源氏の講釋并ニ百人一首を講す當坐ハなし近頃和歌の式の稽古はしまるいと面白きとゝ父春門翁ハ今江戸ニゆきて行きある住する処の舟越町ハ夏日蚊屋をつらぬといへり江戸にても日本橋呉服丁辺ハ蚊屋をつらぬ処も有りときけりことうらやましきなり

難波新地

誹諧　　　　松廼尾松翁

専門ハ茶店之地面壹數二千五百壹餘ニ
〆なる堂を建て三匁か二分一両と云ふ極
て貸之僅十年あらざる身上のすこしかなれと今ニては
浪花ニて一二を争ふ見世となれり主人徳ある
ゆへ御れニて高位の御方等御腰をかけさせられ
さまざまの御物語などありて春ハ桜いとおもしろく
さけて夏ハ前晩迄二貫文ツヽ庭中へ大なる
せりを入れ銭見物せんとておや妻子を引つれ
諸客群集せり実ニ積善の餘慶なるべし

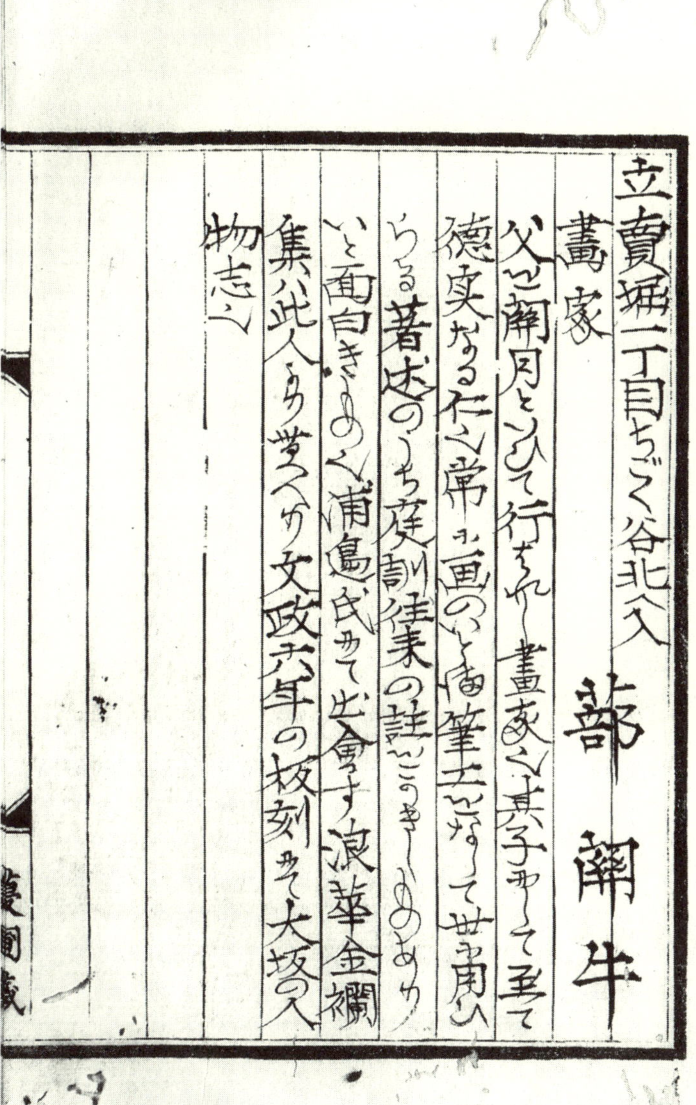

立売堀二丁目ちごく谷北へ入
畫家　蔀関牛
父を関月といひて行れし畫家にて其子にして至て
徳実なる仁ニて常に画のいと面筆をなして世に用ひ
らる著述のうち庭訓往来の註といふをきしめあり
いと面白きものにて浦島氏にて出合す浪華金襴
集ハ此人の著にて文政六年の板刻にて大坂の人
物志也

松迺屋高尚

浪花旅宿所ニ有

國學

藤井長門守といふ備中吉備の神司なりし大塚遊ぶ著述いとあまたなるが中に松迺落葉といへる随筆あり いと面白きものにして書林にて鬻かるるよしこの外なり巳に高尚大人をたづねしときは堀江三町目の稲荷の御旅所にて旅宿をなされたり日々講釈ありて浪花の社中みなあつまりて聴聞せり四月下旬には帰国のよしにて来春はまたまた出坂のよし大人性質芸篤せつこの頃れもぎく年に二三度づつは大坂へ見物においでなさる嗚呼許なる大先生々々の戯場を好むとは

煎茶家

北園斎長楽

花月菴の高才にして楽焼を能し売茶翁の
像を造りて需に應ず毎月八之日煎茶會あり
傍ニ酒席をかまへて客をもてなす時分ときニハ
握飯に葱深をそへて出すを花月菴に同し花月
菴にてハ當日ハ酒をつかさどる北園斎にして浪花
にてハ指折の煎茶ずきにて京都にても八分ニ而流なり
名をしらるゝ上をこぢりし門人数多く京にもありて年ハ五十
前後の人にして質朴温行愛すべき人なり好んで
酒をのめども禮儀を失はず

伏見町

好事家　　兼葭堂右居

姓質朴にして風流大一の人也煎茶を好んで毎月
廿五日に入會あり売茶翁の所持の茶器ハおほくハ
此家にあり此兼葭堂ぬしの父なる人ハ海大一人
の好事ものにして風流ハ此人に増りたる者高麗唐土
のものまでもあつめるべうふんとぞ思はれける其奇なるハ世間乃
雅客ひさびさ家入りて其珍器を一覧して余か言
の浮ならざるを知りあるべし実に浪花にて名高きを
おそらくハ人の知る処也毎年七月二日三日に珍物を出して
土用干となし諸人に見せしむ

淡路町梅檀の木筋西へ入北側　何しの九家

誹諧師

此人ハ松永貞徳翁の跡をつゞいて浪花ニ名高し
誹諧十ケ条といへるものを作りて社中へさとせし
其論盡く身地よりいでゝ頗大益あることく壮年の比
江戸ニ遊学して松屋与清狂歌堂蜀山人京伝
等と交わり本もハ京都ニありて浪花ハ旅寓なり
平日の行状至ってかたくして酒肉を禁ず又仏論
毎月一ケ年の行事ありて先生能条ありして流ゐ
の如し今の世俗の俳諧者流の族ニくらぶる人ゝ
牛の屎をすべりて胡广味噌を比ぶるとかなれ

北久太郎筋出衡也筋東入

書和学　　　　北海神通

江戸の人にして本所に住居す俗称は壽太平郎と
いふ今は倅に世を譲りて隠居し諸国を遊歴して
春中浪花に来り書を能し詩を能し著述に
さかんなり萬歩優訣といふ書をあらはすこれは足
のちからを記せしものにして奇書といふべし先生
性酒を好みて風流を専とし身は天下の雅物
にして愛すべきの老翁なり近ころ天狗書といふ
書を綴れりことにをかしき文にしてまことなることの体裁な

同し

島之内大宝寺町甘池筋ニ入　寿嶽軒元貞

目抜師

雲州之産ニして名字ハ入谷といふ浪花ニ来て
目ぬき彫る事此人ニ勝りたるハなし奇ニ妙ニ
の細工多かりし人也雑画ニ好き質仁大女
英斎ト云しの家ニて出会せめ元貞ニおよぶて
浪花ニ住するよし先廻りニ専此業をつとむる人住さ
人の知る処也就中なりこ也彫とか妙ニよろ故ニ極上
ろめニめくるときハ三都ハ勿論諸國よりも皆此
元貞ニ頼ミ来るとぞ今浪花ニ来りて其名一
時ニ弘まりしハ元貞の功なり

漢國龍

アハザサヨマ堀

刀鍛冶

因州兼先

心斎橋筋唐物町
書林　河内屋太助
同博労町
書林　河内屋長兵衛
京町堀一丁目
舟宿　平野文右衛門
一尾町中橋通
狂歌集処　一号千里亭　扇屋利助
心斎橋筋清水町
江戸見世　金屋喜三郎

徳井丁谷町西へ入南側　田中より出張
大倉徳兵衛事　日田喜太夫

北かたや町西へ入京人形屋〆併家
金談諸用口入人　山田屋源吉

心斎橋南久太郎町南三軒目
板木師　市田弥七

同北久太郎丁西へ五軒目
板木師　市田治郎兵衛

同南久太郎町西へ二軒目
筆工　森英三

日本橋南詰　兵庫の山口平郎旅宿
旅籠屋　浪花屋林兵衛

嶋町二町目　若州出張
谷中十揄説才也　木戸権九郎

板倉侯藩醫　竹内宗甫

同上　南玄外

大関侯藩醫　金枝道策

京町堀三丁目平の屋裏　浅藤梅園

印刻

堂嶋てうちん傘や二階　播摩屋手ふ壺

狂哥

上本町二丁目寺子屋向　藤村新五郎

蘭画

狐小路南本町南へ入西側裏　菊川竹渓

画

釣鐘町高倉橋東へ入北側　小倉米仲

同

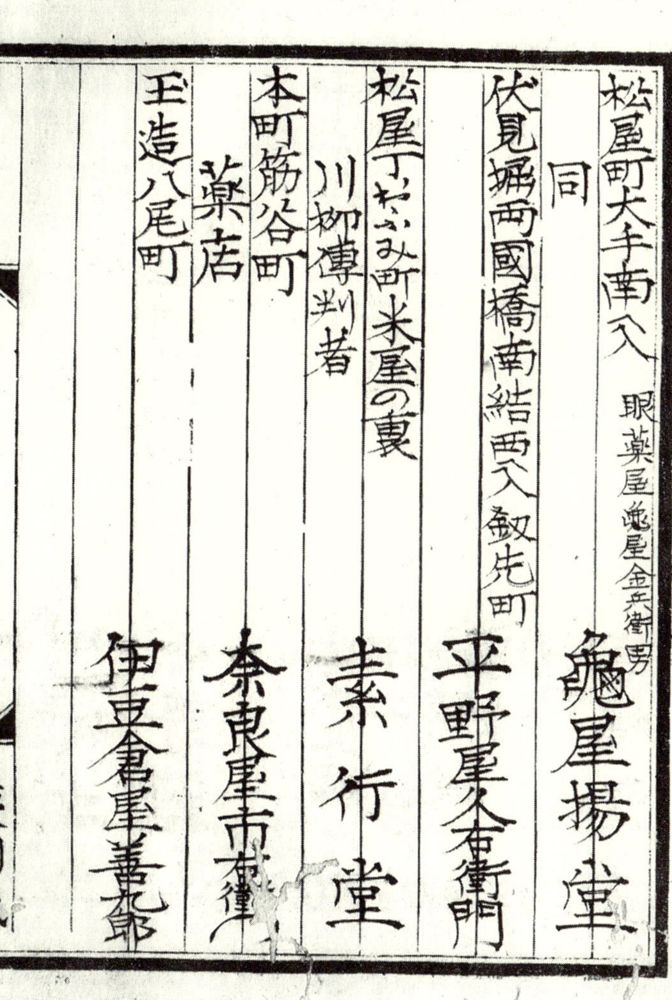

松屋町大手南へ入　眼薬屋亀屋金兵衛男　亀屋揚堂

同

伏見堀両國橋南詰西へ入釼先町　平野屋久右衛門

松屋丁すゞみ町米屋の裏
川柳傳判者　素行堂

本町筋谷町
薬店　奈良屋市右衛門

玉造八尾町　伊豆倉屋善九郎

小曽根村
蘭医　川嵜専身
同小曽根村専身子ニ同居
蘭医　椋野龍山
稲葉侯御家中
御用人　小林三郎助
中山源作
山田織衛
川嶋一作
山田熊吉
高橋陽蔵

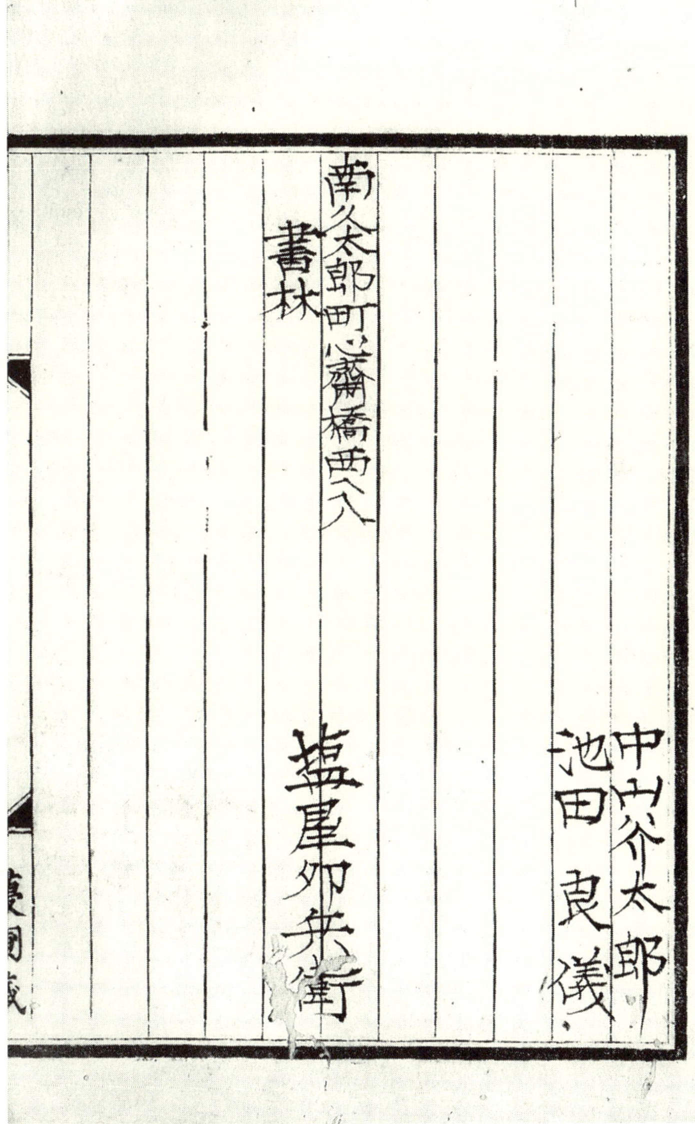

中山介太郎
池田　良儀

南久太郎町心斎橋西へ入
書林
塩屋卯兵衛

西横堀信濃町會所向濱　良山堂　阿部良平

なんだ　佃一方の坐主　岳亭

今橋せんだんの木筋西南隅　平野屋幸助

足立てる人

勢州亀山領深溝村　津田　旧名文　改　道秀

東海道関駅ゟ　津ゟ亀山へ出

勢州へ入

四日市へ出ル　亀山より四日市より

六十り

難波
金城
在番
銀鶏雜記
四
浪街

天保五年歳在甲午
八月四日ヨリ乙未之八月
四日迄一ケ年

蔫石樓執筆

難波／金城／在番中銀鶏雜記　四（前表紙）

難波遊

江戸　銀雞亚特侍撰

摂津國大坂ハ古より入津集會の地にして南ハ海濱を受け北ハ山をかまへ寒暑ほどよく来りて風俗至りて實義あり上國之されハ人氣もいと柔和やうにして諂ふことなく諸國運送のいと便なれハ風流の道にこゝろを寄する人甚澤なる是國くより入こむ漫遊家もひさしく此地に入るときハ思ひを足と留むる者昔より今に至るまで其かず擧てかぞへがたしきとくつきなくし市中の美麗家作のありさま他國の及ぶ処にあらず

実に是繁栄他郷に並びなき大都會の名地なりけれや摂え
静謐なりと字彙に記し又古語に摂然として天下安しとも
見え又或書に難波の堀江ハ天下着船の津にて天下静謐の
儀を以て摂津と名付とかへりさて此國を難波とよべるよしハ
神武天皇大和國に天か下をしろしめさんと御歳四十五甲
寅の年冬十月日向の國高千穂の宮より皇師をお
こし吉備の國高嶋の宮に四年居まし更に進んで
此処にいたりてなづけぬとし又日本紀神武の巻に戊
午の春二月丁酉の朔丁未の日皇師を東に遂む舳
艫相接り方に難波の碕にいたる奔る潮ありて太だ

なやきに給ひぬ因て名づけて浪速の國とす然るに今横訛にて難波といへり亦浪華と書るものは東北の隅なる海なれば沖津風ふきさわぐするときは淀河より落来る水と潮とのあらそへにして浪速く浪華の立つ処なればかくかけるとぞ聞し博識ぶりつくる説しは楽屋でて息をかすのみにして見物の耳に遠く切落しの評判兎角悪きものなれば相そろくは口を閉ぢていはぬを勝ちとすされば止むことを得ざるにしまりては彼是の説を集め挙げて知りそろふの誹を受くるも我本意にはあらねど今此地の風土を諸國へ知らしめん為には彼國にては是を何と唱へ此地にては是を何といふかと細かに

此書に目を入引
記さねハ婦女童子に教喩しかたしされハ
書立の高慢くさきに強に咎めぬ事となかれ
家の建りさ至りて丈夫にして木柱最太く
屋根ハ尾にして江戸にかはることなし見世商ひ
せぬ家ハなおさら格子造にして江戸に子
処の甚もく屋に同し二階の窓ハ図の如に
して格子とふことあらてなく四方一面
に漆石灰にて塗かため其さね至りて
堅固に其窓の口ふさくハ一間に一ツ
許く開くるも有り又ハ二間に一ツ

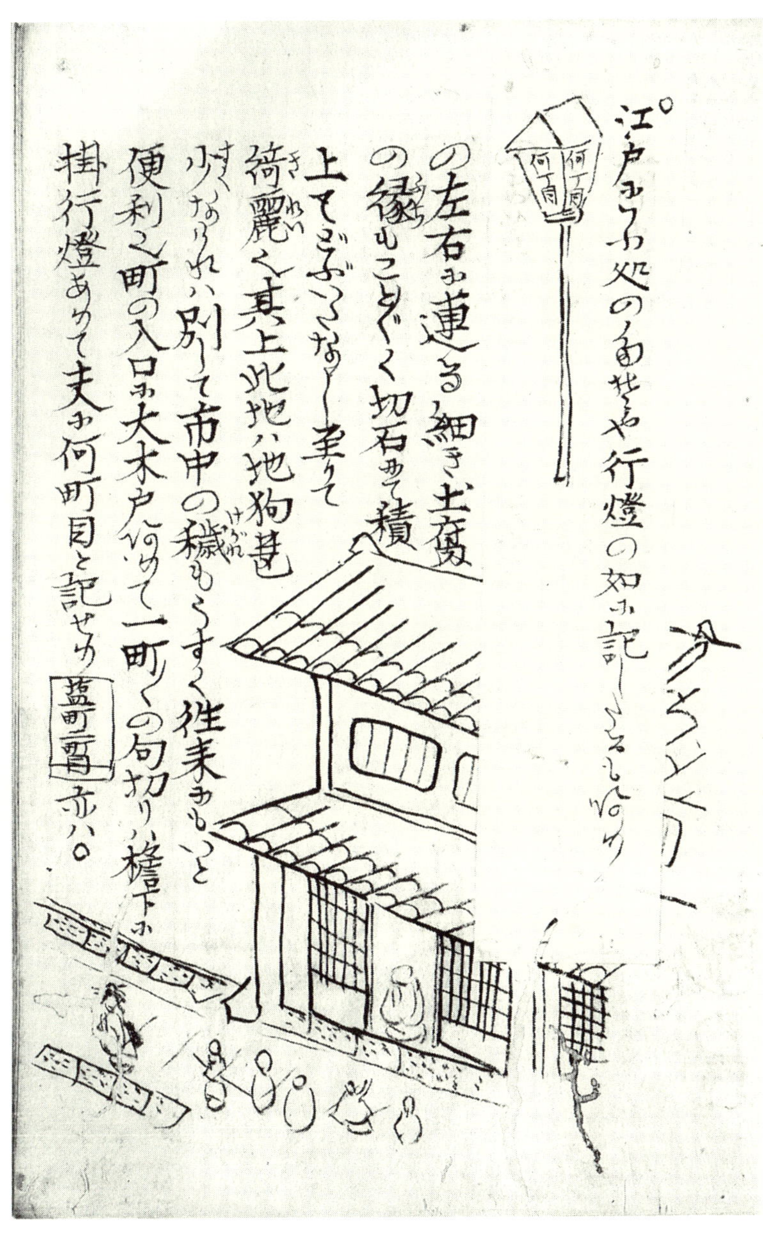

江戸ニては処の角地や行燈の如ニ記しあるもなり
の左右ニ連る細き土溝
の縁もことごく切石ニて積
上てごぶつゝなし差りて
綺麗く其上此地ハ地狗甚
少なりれハ別して市中の穢もうすく往来ニも一と
便利之町の入口ニ大木戸何ニて一町〻の句切りハ檐下ニ
掛行燈ありて夫ニ何町目と記せり　塩町一丁目　赤ハ〇

記さねハ婦女童子ニ教喩しかたしされハ此書ニ自ら文句

書立の高慢くさきニ強ニ咎めぬ事となすへし

家の造りハ至りて丈夫にして太柱最太く

屋根ハ尾ニして江戸に於るとなし見世商ひ

ハせぬ家ハおほく格子造にして江戸に於る

処の表もハ屋ニ同し二階の窓ハ図の如ニ

して格子とても子を用ゐてなく四方一面

ニ油石灰ニて塗かため其さまハ至りて

堅固く其窓の内ハそとハ一間ニ一ツ

ならへ開るも有り又ハ二間ニ一ツ

三間ニ一ツづゝ相つ通してゐけ
さゝるもゐりこハ全く火之思
のためなどねもされぬる又街
の左右ニ連る細き土窓
の縁（ふち）もことぐく切石ニて積
上てごぶごなし差りて
綺（き）麗（れい）く其上此地ハ地狗甚
少（すく）なかりれハ別して市中の穢（けがれ）もうすく往来ニもいと
便利之町の入口ニ大木戸ゐりて一町くの句切りハ檐下ニ
掛行燈ありて丈ニ何町目と記せり　塩町三丁目　杯ハ。

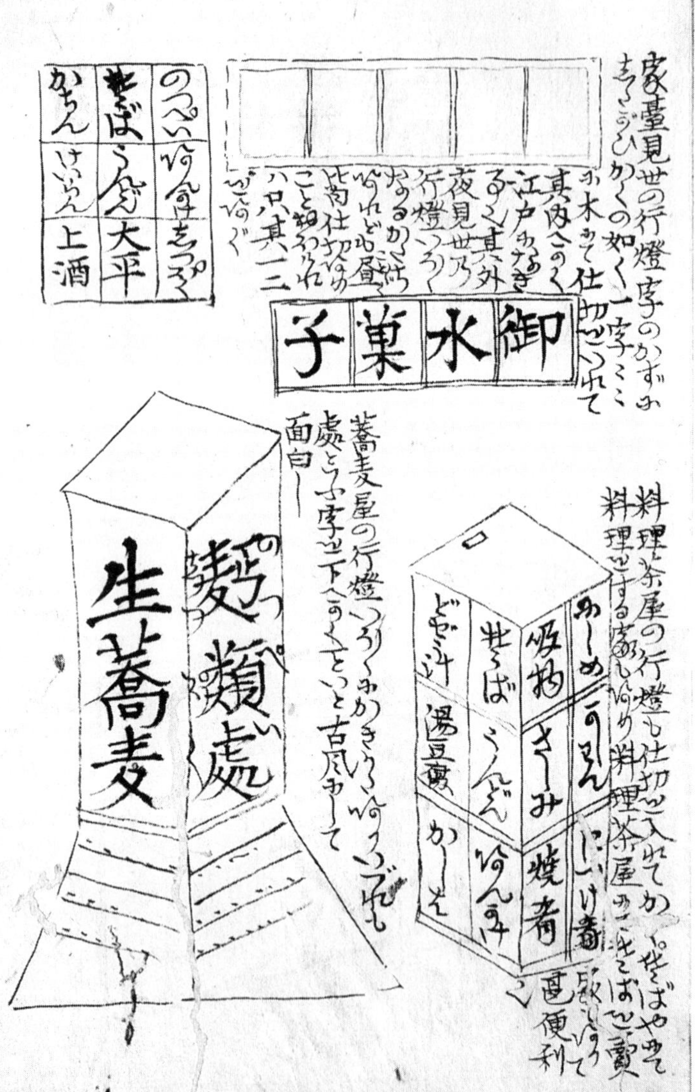

のつぺい
かちん
けいらん
大平
上酒
御水菓子
生蕎麦
麪類處
一品
吸物
さしみ
焼肴
どぜう汁
湯豆腐

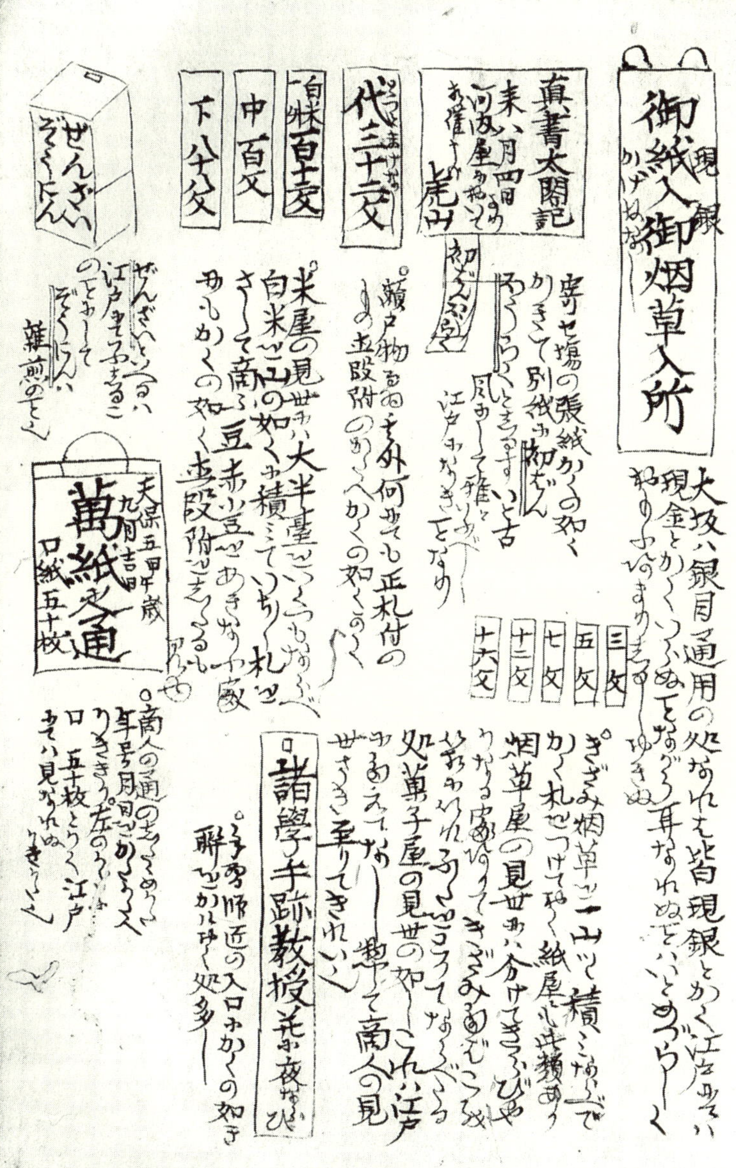

現銀
御紙入御烟草入所
かけねなし

大坂ハ銀目通用の処なれとも皆現銀とかく江戸ニてハ現金とかく、つふぬをなかくろ耳なれぬゆへいとめづらしく おもひのまゝうしろにゆきぬ

三文　五文　七文　十二文　十六文

○きざみ烟草ニ一山ツヽ積ミならべて かく札ニつけて紙屋にも此類あり 烟草屋の見世ニハ分けてきざみをならべ いかなる店[illegible]なく

○菓子屋の見世の如し これハ江戸ニもあれとも 見世さきニ至りてきれいに

真書太閤記
来ル八月四日
河内屋ニおゐて
尾山

初ざん

○寄せ場の張紙かくの如く かきて別紙ニ如ぜん いと古風ニして雅なり 江戸ニなき事なり

代三十六文

○瀬戸物屋ニても外何ニても正札付の物ハ段附のかくかくの如くなり

白米 百十六文
中 百文
下 八十文

○米屋の見世ニハ大半臺ニ山の如く積ミて いちく札立さして商ふ 豆赤小豆のあきなひ家ニもかくの如く段附せるもの

ぜんざい
ぞうにしん

ぜんざいといふハ江戸ニてぶちまるこの事ニして ぞうにんハ雑煎のこと

天保五甲午歳
九月吉日
萬紙之通
口紙五十枚

○商人の通の表をめぐらし年号月日ニかきるく かきたり 左の如くニ 口 五十枚とかく江戸ニてハ見なれぬ事なり

○諸學手跡教授 并ニ夜ならひ

○手習師匠の入口ニかくの如き掛札かけ置処多し

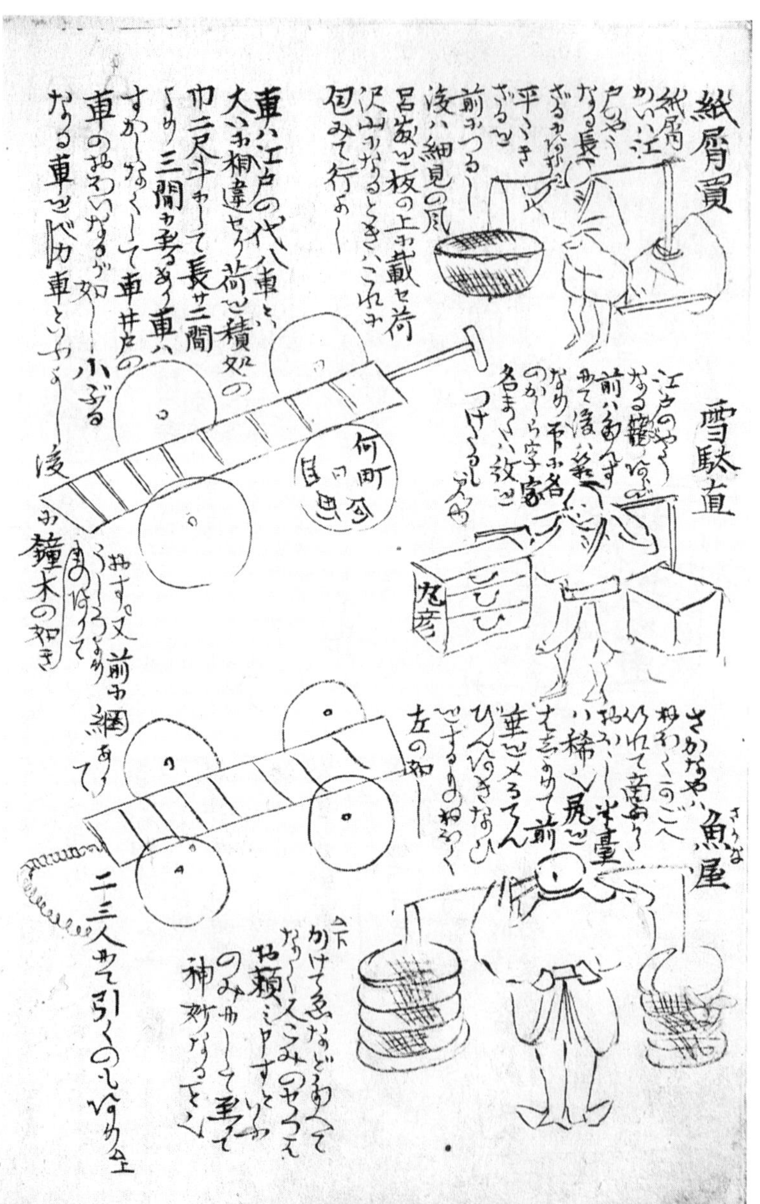
紙屑買
紙屑かいハ江戸のやうなる長きざるかなく平らきざるを前につるし後ハ細見の風呂敷を板の上に載せ荷沢山になるときハこれに包みて行なり
雪駄直
さかな
魚屋
車ハ江戸の代八車とハ大ハに相違せり荷を積処の巾三尺斗かして長サ二間より三間か者るあり車ハすかしなくして車井戸の車のおもむきなるが如し小ぶりなる車をベカ車といふなり
後に鐘木の如き
何町
目印
二三人にて引くのもいかにも
かけて魚なども入て

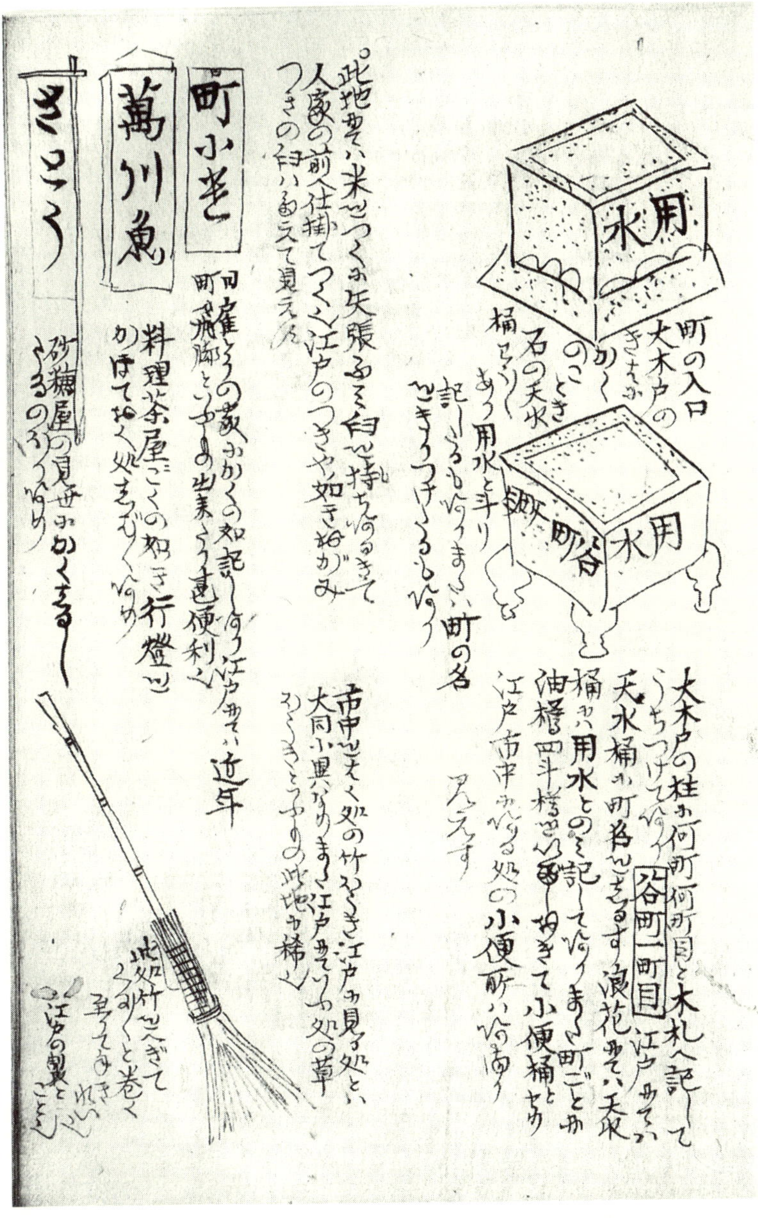

大木戸の柱ニ何町何丁目と木札へ記して
うちつけてあり
谷町一町目
江戸ニては
天水桶ニ町名をしるす浪花ニては天水
桶ニハ用水とのミ記してあり まゝ町ごとに
油樽四斗樽を置きて小便桶とす
江戸市中にある処の小便所ハあり
アルヘす

町の入口大木戸のきわにかくのごとき名の天水桶あり
あり用水と斗り記しあるもあり まゝ町の名を書つけたるもあり

用水
用水
谷町

此地にてハ米をつくニ矢張ふミ臼を持ちあるきて
人家の前へ仕掛てつくなり江戸のつきや如き髪かみ
つきの臼ハ更ニ見えず

町小老

萬川魚

きこく

日雇とりの家ニかくの如く記しあり江戸ニては近年
町飛脚といふもの出来たる甚便利なり

料理茶屋ごくの如き行燈に
かけておく処もすくなくあり

砂糖屋の見世ニかくある
たるのあり

市中そこそこ処の竹ぼうき江戸ニ見る処と
大同小異なれども江戸ニては処の草
ぼうきといふ此地ニ稀なり

此処竹をへぎて
くるくると巻く
是にてみがき
あり
江戸の草ぼうきとことなり

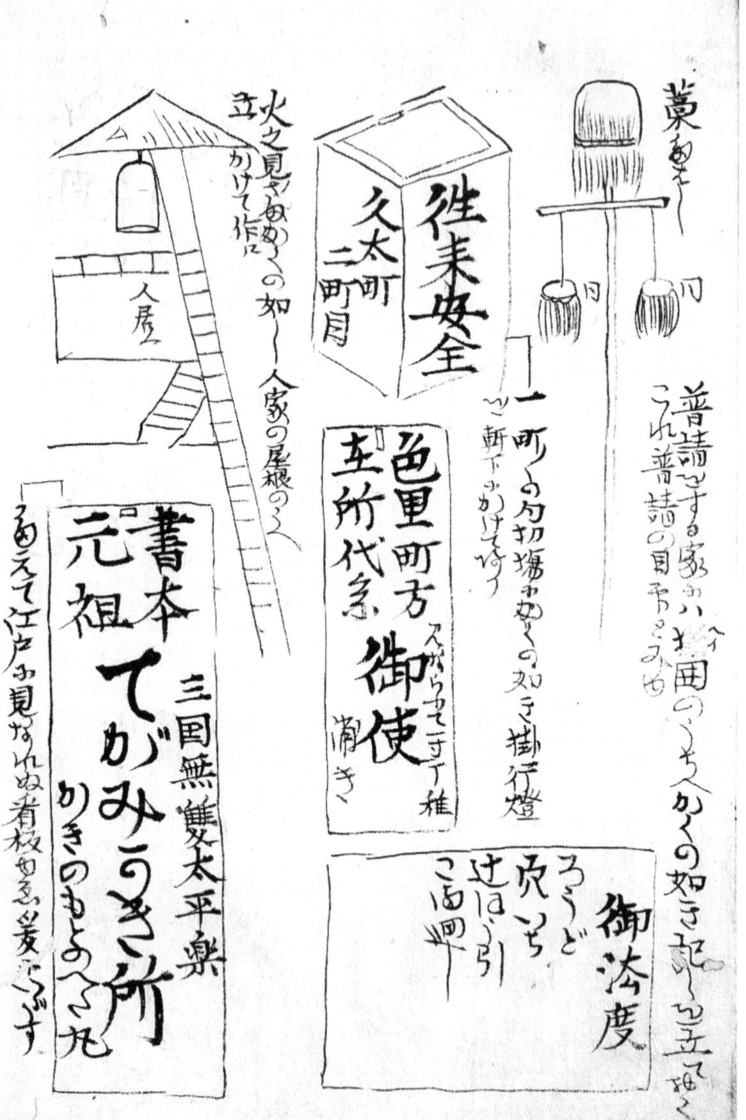
往来安全
久太町
二町目
色里町方
御使
書本
元祖
てがみうき所
三国無雙太平楽
御法度

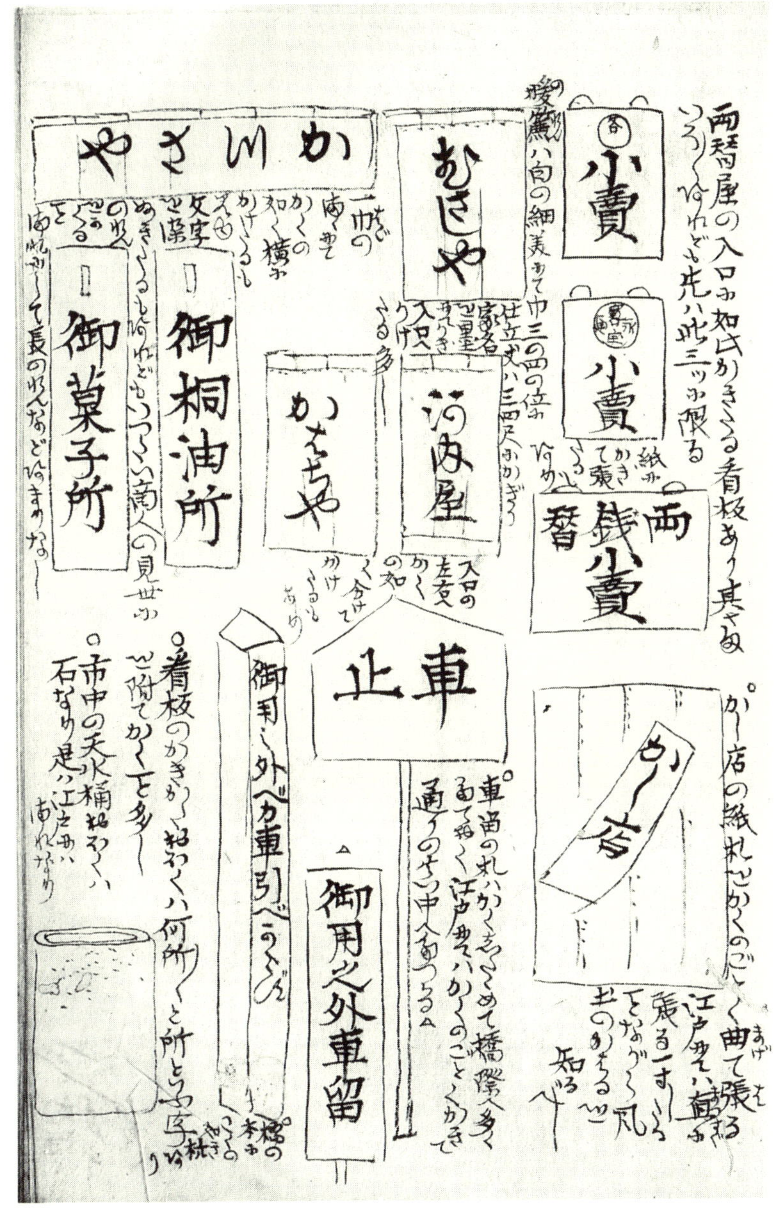
両替屋の入口ニ如此かきたる看板あり其やう
いろいろなれども先ハ此三ツニ限る
小売
小売
両
銭小売
替
紙ニかきて張る
むさしや
河内屋
御桐油所
御菓子所
車止
御用之外車留
御用之外へ力車引べからず

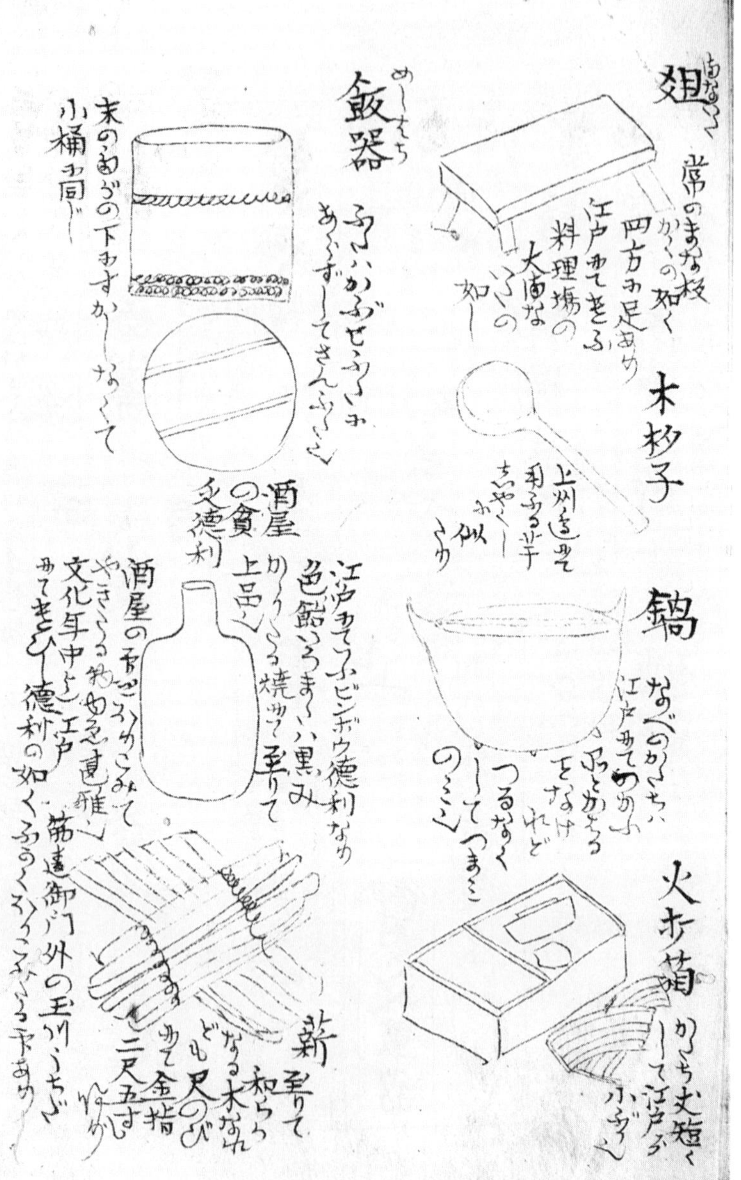
俎
木杓子
鍋
飯器
酒屋の貧乏徳利
薪

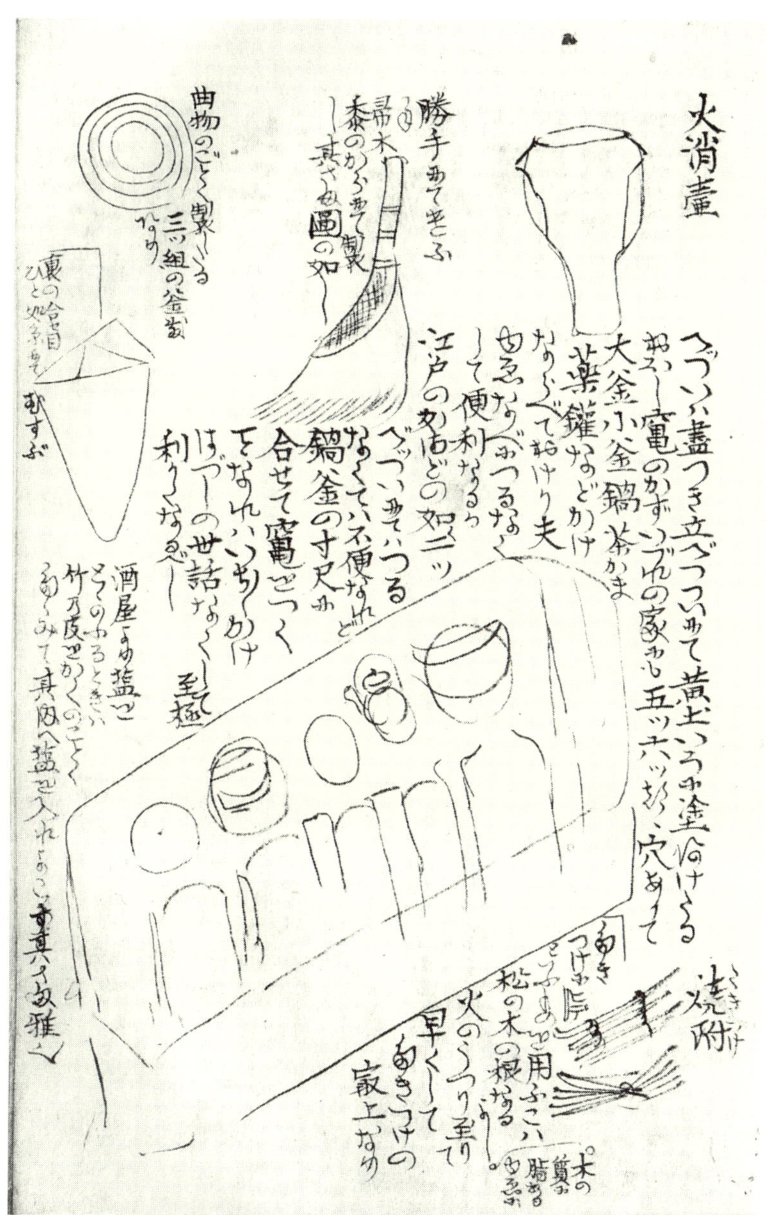

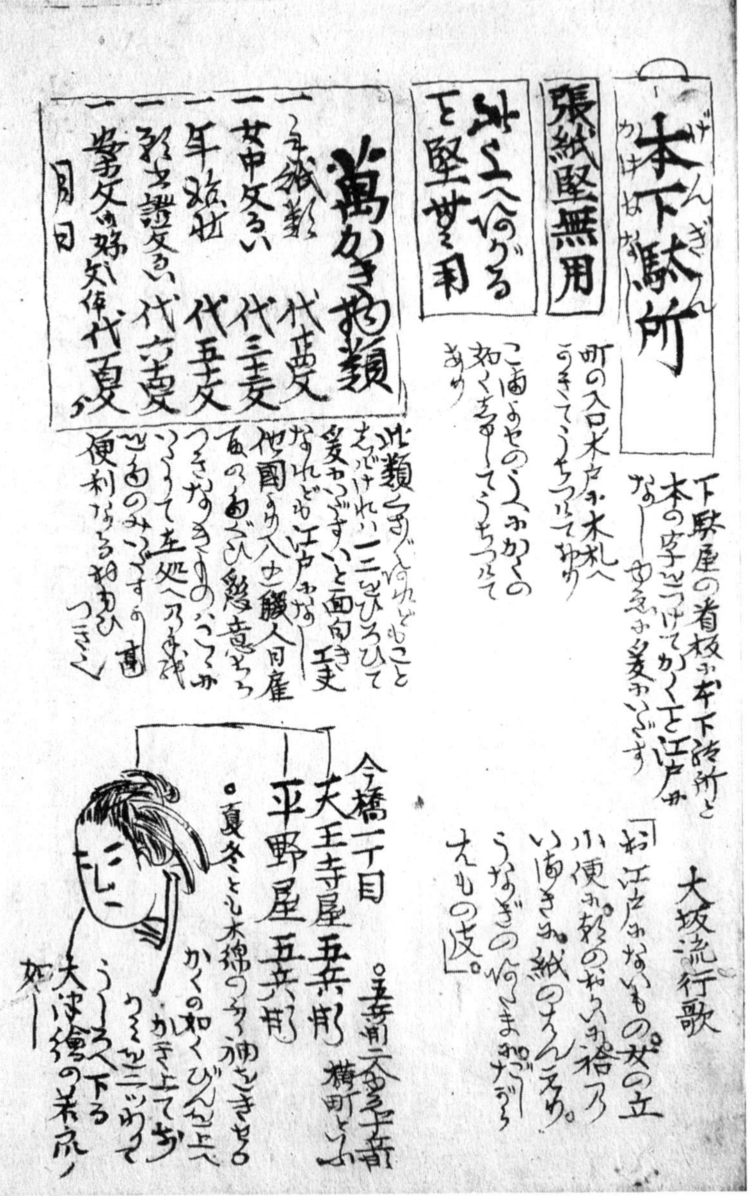

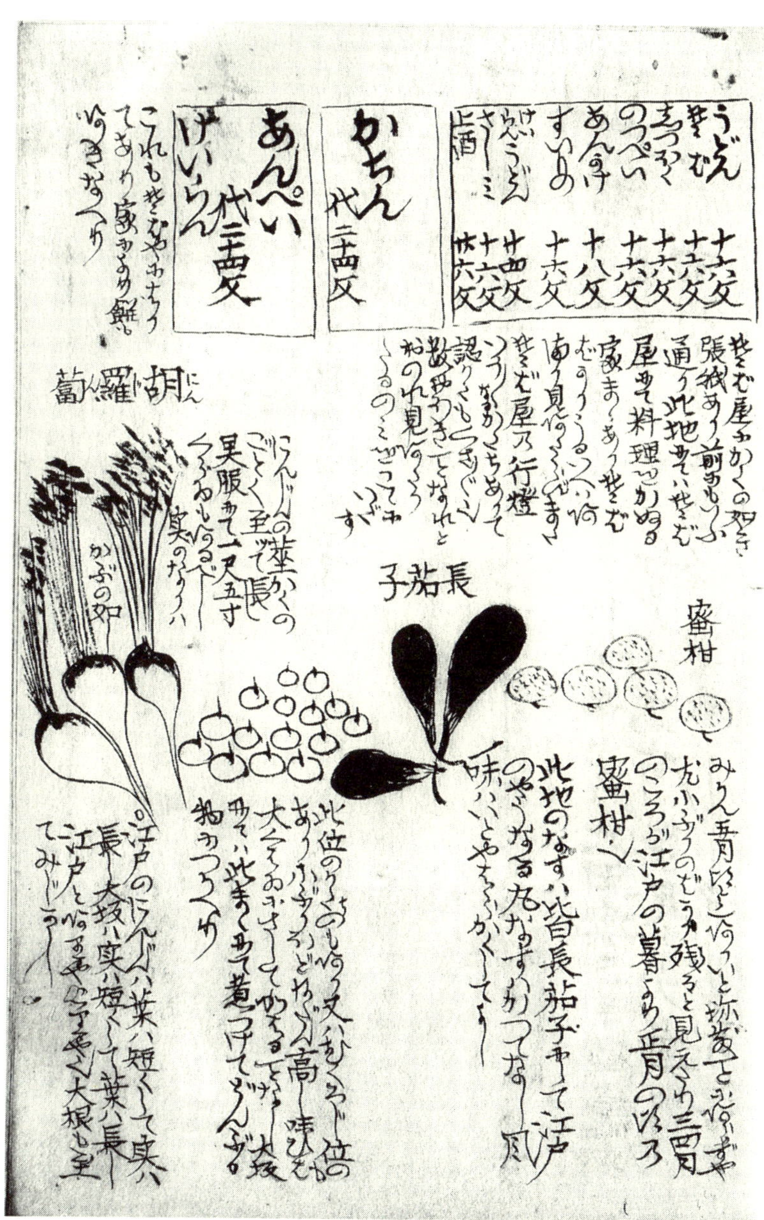

うどん	十六文
そば	十六文
しつぽく	十六文
のつぺい	十六文
あんかけ	十八文
すいもの	十六文
けいらんうどん	廿四文
さしみ	十六文
上酒	廿六文

かちん　代廿四文

あんぺい　代廿四文
けいらん

これもそばやにてうりてあり家にてうり餅なり

そば屋にかくの如き張紙あり前にもいふ通り此地にてはそば屋にて料理をかぬる家まゝありそばむぎのうるうどんは見ゆるなりますゝそば屋の行燈にうんどんそばきりなど認めて数多かきてあれども見へず

蜜柑

長茄子

みかん青けれどもいと甘くておいしずや尤小ぶりのものも残ると見えて三四月のころまで江戸の暮より正月のころの蜜柑なり

此地のなすびは皆長茄子にて江戸のやうなる丸なすびはかつてなし風味はいとやはらかくしてよし

胡蘿蔔（にんじん）

にんじんの茎はかくのごとく至つて長し呉服にて一尺五寸くらゐもあるべし実のなりは

かぶの如し

此近のかぶらのものは又はむくろじ位のありかぶらなれどもよく高し味ひを大かたおほきにしてかぶるとなりけり大坂にては此まゝにて葉つけてうるなり稀につくるなり

江戸のにんじんは葉は短くして実は長し大坂は実は短くして葉は長し江戸とはうらはらにてまたよく大根も至てみじかし

悪者（モガリ）　紺屋ノ干モノ竹ヲモガリトユフソハ何ニテモサハルトカヽルトニユフヿヨリ
イヒ倣ヘタリ又悪者ヲイガミトイフイガミノ権太モコレヨリ出タル
名ナルベシ諷ノ内ニモうとふの合狂言ニモガリトユフヿ見ヘタリ

チボ　一寸サハルヿヲチボリサハルトユフチボハ千鳥ノチマリナルベシ

鬼ヿ　江戸ニテ鬼ゴトイヒ又鬼ニ成トモユフ大坂ニテハキツキリモトユ
又此子ハミツニシテカクトユフヿヲイボニシテカクトユヘリ
因ニイフミツサヒノ説アリ

コボレ梅　美淋ノカスヲイフ又江戸ニテユフ留カスヲ板カミキトユフ

田楽串　二ツニ割リテアリ大坂ニテ松葉串トイフ此田楽ニツキ極ノ説アリ
事長ケレハ略ス○江戸ノ竹馬古ク鷺足トイフ奥州
白川ノホトリニテ製スル田楽串　奇説アリ

○むやみなることを　むさんに　○ひなやさことうといふ　京にてハとくる
○子のことを　どんぶり　○きちやごの貝を　ぜゞ貝　○えんどい　太鼓のこと
○赤ぼうをば　赤子　○すりを　ちぼ
○盗でくを　おくりを　○あいこ持を　弁慶
○おごることを　立てる　○もちてくるを置てやくれとを　おせるや
十のふを　おききうき　○惣嫁一名濱立又ゞジヤリ○水田　大工なぞふといふ
今橋一丁目　平の屋五兵衛といへる十人両替の其一人也其家ニていづうちハ
暑も寒くもともに振袖を着せる古風なる事也○此平の屋の向ニ天王寺屋
五兵衛といふ人あり同く十人両替の一人也此処を十兵衛横町といふ
五兵衛ニ五兵衛んのれなし又長者横町ともいふ也此天王寺やハ聖徳
太子の子孫なるよしいふ也苗字を大眉といふ也昔より此家ハ
皆男子生するといふ　奇也

。ひやかすとは　ぜゝめき　。辻番のことは　番所

。ごうらく者とは　ごくたく又ごろつきといふ

葬送式　地面持の町人なれハ七十ヶ寺も供をすることあり

近年公より法度にて二十ヶ寺ニかきるよし先ハ伝馬役人

立ッ其次へ丁代上下ニて立ッ尤股立をとり一刀ニて立ッ其次へ

出入の町人立ッ其次へ白き紙ちやうちんを持ッ江戸の高張といふ

ものなし夫より龍頭の付るはたを四ッ持これハ二ッツゝ坊

子のもつ役其はたへ諸行無常といふ字を一ッのはたへ一字ッゝ

かくすへ。ドラニッ　メウハチニッ　リンニッ　これ又坊子四人ニておす

其僧を役僧といふ。葬送の人ニてするとき本膳ニてのふるまい

めしをぶんこれを死家食といふ

一
盆（ボン）〳〵　大坂ニて遠國といふ出シ　これハ遠國越後の國で
月見　八月九月ともに蕎麦を不食　これ江戸と異也　枝豆ハ有月
十三夜なけれども既ニ九月に豆明月と唱ふ　八月ハ不備　又九月の
秋祭ニハ市中ニて餅ま酒を作り客ニ振舞也　大坂中のこらずかく
の如し
冬至　これハ江戸ニてハ餅をつきていはへども大坂ニてハさる事なし　又
おことみぢをくぶすとなし　大坂ニてハおことのをば針の供養といふ
此日ハ針仕事する人仕立屋をはじめ皆休也　○冬ご祭　江戸と同
樒柑をなげる事同し　○節分ニハ鶴の吸物をくふ是を吉例なり
遊女屋ニてハいふまでもくぶす　吸物さんの子ニ鶴の羽をのせてくぶす
それも退女郎など此羽をとりて冷て湯くさす黒山所くを
あるけど羽のつかずにへるこれをみずへとするなり　○つるの加賣あり

粋書　江戸にてハしやれ本のこと又ハ人情本ともいふすれハ昔から
いきなるへきことにて粋といひ通といひ江戸にてハ意気ともいふなり
通人といへるハこれからつゞ粋ハ通も其のこと本朝文粋の粋
又ハ白虎通風俗通通の通へつゞきよく物の分ることなる
べし　○江戸にてハメカス大坂にてヤツス同しこと
奥州にてハぎえんぶといふことをコハイといふよし江戸にてハ不案内
のことなり
男女ふたり連にてゐるをいちやけでゆくといふコレハいちやけ也又
帰りてゐるよし又ハちらちらハらくらくでゆくともいふなり
コレモ男女うちつれゆくをいふなりといふよし其の大坂の通
言ヾ

○山下一霞麓之草

山下（ミツカ）一霞（ヒトカスミ）麓之草（フモトノクサ）

カゞゞサ　サバカリ残

何ぶり餅こがさやかとなする酒やぶ人（子　釋迦　焙　堅）

大高ハもみぢのかみう立田姫（揉　紅葉　地　紙　神）

奥州ハ五十四郡ござ多さげ重（組）

右ハ大坂流行　もぢり

○紫之上かくれ右り源氏の跡ぞ留しハ　紙とふ字

○人ハ草木の中ニすみ竹ハ木の目の上ニ住　茶箱

○男のかふ　なふのみやこ（南都）　七草のあくる日（初めおうり）

○女のこゝろ　七人の家老（四かろう）　三人目ぢさ留し（ね）

虎龍一蟠知壽將（コタツテイチハンニシリカラヤウー　テ　リ　ヨ）　矢張奔馬嘉璀南（ヤツハリホンニマガヨイニハイーナ　ス　ヨ）

く　　　　　　　　や
　楼木の名をたんぶる　　　　　義太夫本の外題かたんぶる
　一字く　　　　　　　　　　コクセンヤ、うす雪でこの色気
赤きぬすきの紅屋この　　　　
稲つむときの妻　　　　　　　六のつくろう戸に切て
髪ぎるときの鶴のきバ　　　　て巻って竹の窓

うまのきう里やうきつねの知うなうくろれいう
ぐ助どう。

商人の家ニ奉公する手代丁稚のあつかひも至りて柔和ニして
麁雑のことなく譬ハ品物の高下ニよりてハ何程ニ直段を直切
らるゝとも微も腹立することなく事静ニ負はらぬを述候
客の氣ニさゝらぬやうニ取あつかふこと神妙の至りニしていかなる商
人の心得ハ斯のありあきまじく然るを國風ニよりてハ甚しきハ
ちがひの國ありて己が云ひふらし直段を下直ニ負さるときハ
以の外腹をたちて客ニむかひて悪口雑言をいひ猶あき足らず
して大聲のゝ盗ミ抔ニてハなし争太ム直段ニ賣らるゝ
きゝやさても眼のなき人ニてハあるなどゝさも悪しく數言る商
人あり是何等の事ぞや方外至極の振舞ニて古道具屋等ニ

古着屋などに得て此やうなる賣方の商人あるゆへ深く慎む
べきことなり夫に引かへ此地ハ天秤商ひをする下賤の者とても言語
應對ことやわらかにして身形をくづさず八百屋魚屋のたぐひも
三尺帯をしめざるハ稀にして矢張常の帯を箱しめにしめ其上に
尻をはしよりたるをかくさんとおもひ前垂などをしめて商ひ歩くもあり
惣て子供などの遊び居るを見るに六ツ七ツくらゐの子供にても
夫相應の下帯をしめてあすべり夏などいかほど炎天にても
丸裸になりて遊べるハ見かけず間々下賤の者の子供など
股掛ひとつになりてあるを見るに股掛の下垂を長く仕裁へ
膝頭を覆へり是小児といへども隠すべき処ハ隠さねばならぬ

と世に知らるゝ親くの世にしていと殊勝にして誠や都近き國なる
人の心も禮義正しく感心すべきことゝ夫故喧嘩口論も餘國
よりハ微なく火附。盗賊ずまぴかくりの類ひもいと稀なるハ良出
度國にはあらずや畢竟いましい人のあり心中のねろきも實より出し
実に入るの迷ひにして敢らふべきことにはあらず今劇場人形
にてする処の浄瑠璃の心中も其人ニハねろくハ此地の者々ろふぬ
穿鑿にはあれど好事家の為に人の知りさる心中正説の一二也
擧けて爰に記す

おふさ
徳兵衛　宝永元年申十二月十五日の夜高津大佛勸進所にて死
　　　　天保五年より百三十一年に成る

小春
治兵衛　享保七年寅十月十四日網嶋大長寺にて死
　　　　天保五年より百十九年に成る

おちよ
半兵衛
おちう
徳兵衛
三勝
半七
おその
六三郎

享保年中ニ死年何年めや亦月日
元禄十六年未四月七日梅田堤ニて死
天保五年年迄百四十七年ニ成る
元禄八年亥十二月六日下難波村領墓所南側石垣の際ニて死
天保五年年迄百四十年ニ成る
寛延二年の春自安寺境内ニて死す月日　寛延二年八
天保五年年迄八十六年ニ成る

何んぞ鳥ハ良花ハさゝ藪鶯ハ京ぢや〳〵吉原
雀ハ羽田ニかメ江戸の男と立てられチヤア男の中の男一
疋
右ハ
大坂ハのいざといふ所ハ若者どもの元気ありひなびあらく住む
所にてそれゆへ毎夜遊里へ通ひてかぜう〳〵とぞめき歩き
面白き事を考へるといふまゝ藪鶯ハ京ぢやぶちといふハ是
ハ長兵衛が己ら身へ引きうけて藪鶯ハでも京之居ど
といふ自慢の言葉なり吉原雀といふことを取かへして京大坂
の言葉に対するといふ文句なるべし

桂林漫録。

さゐえやきちやわんでとらのこゝらをとる。　皿（サラ）　茶椀

こゝやまぢや。こゝやまこうくれてすむいぬの一聲

峴（ケン）山不見（エ）　碣（ケツ）石尚（ホ）在（リ）　姜女已（ニ）去（リ）　孟子未（タ）来（ラ）

右ハ硯蓋といふ字　東坡

瑯琊代酔

両（ー）月並（ビ）出（デ）　三山倒（ニカ）懸（ル）　上（ニ）有（リ）可（キ）耕（ス）田（ー）

下（ニ）有（リ）長流川　一家六口　下（ノ）二口未（ダ）全（タ）

右ハ用

用　ふたつの月也　田（田）　三ノ山さかさ　用　円の字あり

用　川（川）ともいふ字もあり　用　四ツ口あり　用　下白半分用。用

おいらいすへ若イときさやの中山通つたおたふみし女が行逢て
ぬのちやこもやと陰囊ひげをさしてあるうらなごすもとぬきおおとし
たなしできうりおとしきろ口でくしらぶ子かへ産れたびやてびや
通るおちよさんが衣のうらをでひきつゝすみ十三とせもおとゞてあぶ十三
との初てめが親(オヤ)のうくきぎくちあけまりやこでで一番ときやさんおに
戸で二番のとくぎやさん
(子守うた)ねんねんねんねんねころやねんねが子守ハどこ江いたあア田舎の親のとこへあもがひおかい
アゝもごかつてなんするこちの子が〳〵そせてたへ寝せる

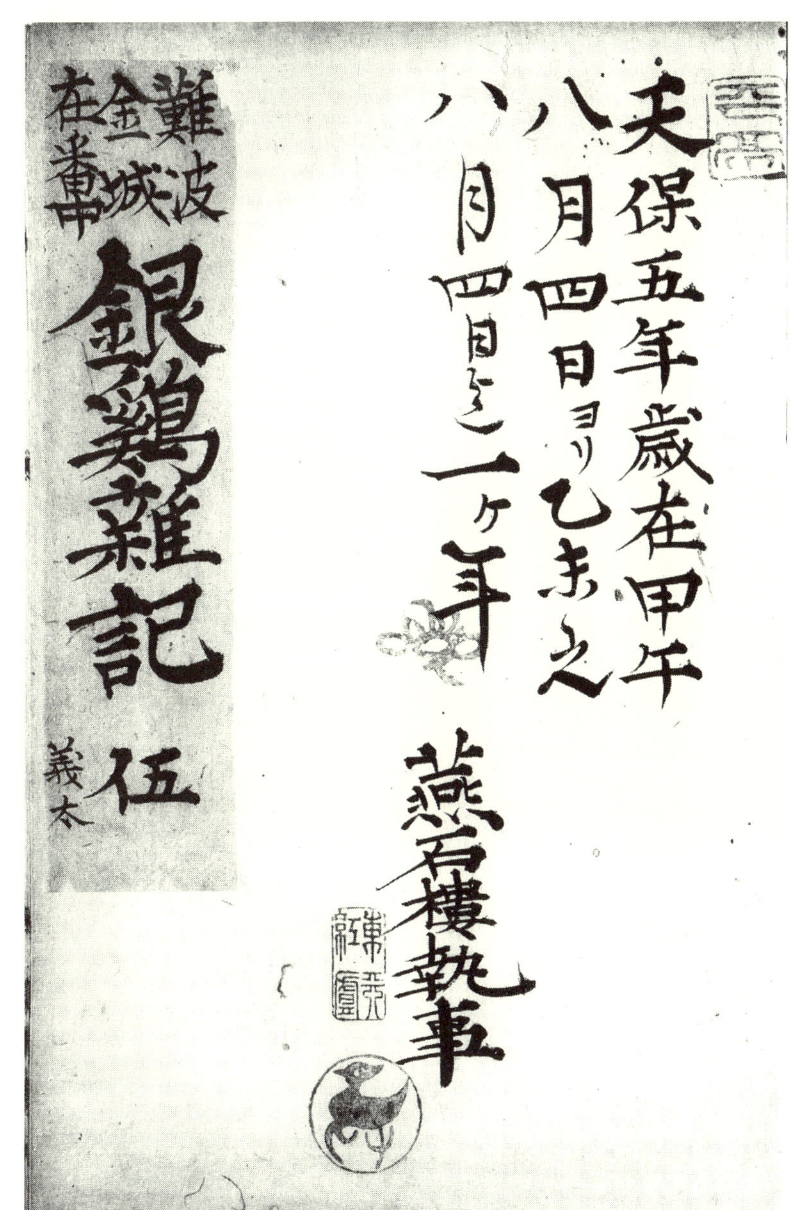
難波
金城
在番
銀鶏雑記
伍
義太

天保五年歳在甲午
八月四日ヨリ乙未之
八月四日迄一ケ年

燕石樓執筆

近松門左衛門作

鑓の權三重帷子
丹波与作
嵯峨天皇甘露雨
心中宵庚申
心中重井筒
大磯虎稚物語
夕霧阿波鳴渡
せミ丸
酒呑童子枕言葉
吉野都女楠

竹田出雲掾作

出世握虎稚物語
京羽二重娘氣質
古戰場鐘懸之松
右大將鎌倉實記
男作五鴈金
大内裏大友眞鳥
菅原傳授手習鑑
安倍晴明倭言葉

山崎与治兵衛寿の門松
曽我會稽山
源義経将基経
恋八卦柱暦
弘徽殿鵜羽産家
頼朝伊豆日記
百合若大臣野守鏡
伊達染手綱
宵庚申
冥途の飛脚
孕常盤

天鼓
博多小女郎波枕
頃城酒呑童子
増補用明天王
天神記
今宮の心中
大経師昔暦
日本振袖始
天智天皇
女をちの木
源氏冷泉ぶし

大塔宮曦鎧
曽我五人兄弟
唐船噺今國性爺
相模入道千疋犬
堀川波鼓
日本武尊吾妻鑑
天の網島
碁盤太平記
當流小栗判官
井筒業平河内通
傾城反魂香

菅専助作

姫小松子日の遊　作者五人　染模様妹背門松

ひらかな盛衰記　同　三人　忠孝大磯通

苅萱桑門筑紫𨏍　同　三人

蘭奢待新田系図　同　三人

先陣浮洲巌　同　五人

義仲勲功記　同　五人

太平記忠臣講釈　同　六人

壇浦兜軍記　同　二人

韓和聞書帖　同　二人

鄙景色雪の茶會　同　三人

大功艶書合　同　二人

外題		人数	外題	作者
苅萱桑門筑紫𨏍				
恋娘昔八丈	同	二人		
祇園女御九重錦	同	二人		
艶容女舞衣	同	三人		
蝶花形名歌嶋臺	同	二人		
傾城恋飛脚	同	二人		
融通大念仏	同	二人	釜淵双巴	並木宗輔作
東海道七里艇梁	同	三人	和田合戦女舞鶴	同作
博多織恋鑑	同	二人		
三浦大助紅梅靮	同	二人		
容競出入湊	同	四人		

心中紙屋治兵衛	同二人	潤色江戸紫	為永太郎兵衛作
義経腰越状		本田善光日本鑑	同作
菖蒲前操弦	同五人	武烈天皇艤	同作
鎌倉尼将軍			
三日太平記	同四人		
比良嶽雪見陣立	同二人	粧水絹川堤	東勇助作
菊池大友姻袖鏡	同六人		
倭仮名在原系図	同四人		
倭歌月見松	同三人		
東鑑御狩巻	同三人		
義経新含状		女舞剣紅楓	春草堂作

外題		人数	外題	作者
恋女房染分手綱	同	二人		
有職鎌倉山	同	二人		
太政入道兵庫岬	同	二人		
太平記菊水之巻	同	五人		
柿本紀僧正旭車	同	三人	役行者大峯桜	竹田外記作
倭仮名在原系図	同	四人		
天王寺開帳				
関取二代勝負附	同	四人		
四天王寺伽藍鑑	同	四人		
忠臣後日噺	同	四人	萬屋助六二代褅	並木五瓶作
愛護雅名歌勝関	同	五人		

碁太平記白石噺　同十人

酒呑童子話　同二人

瓢馬印黄金千生　同二人

うのみ責三巴　同五人

前九年奥劦合戦　同五人

後三年奥州軍記　二人

相馬太郎孝文談　同一人

山城国畜生塚　同二人

百合稚高麗軍記　同一人

菖蒲前操弦　同五人

應神天皇八白幡　同一人

今川本領猫魔館　同　五人
都名所土産井筒　同　一人
延喜帝秘曲琵琶　同　一人

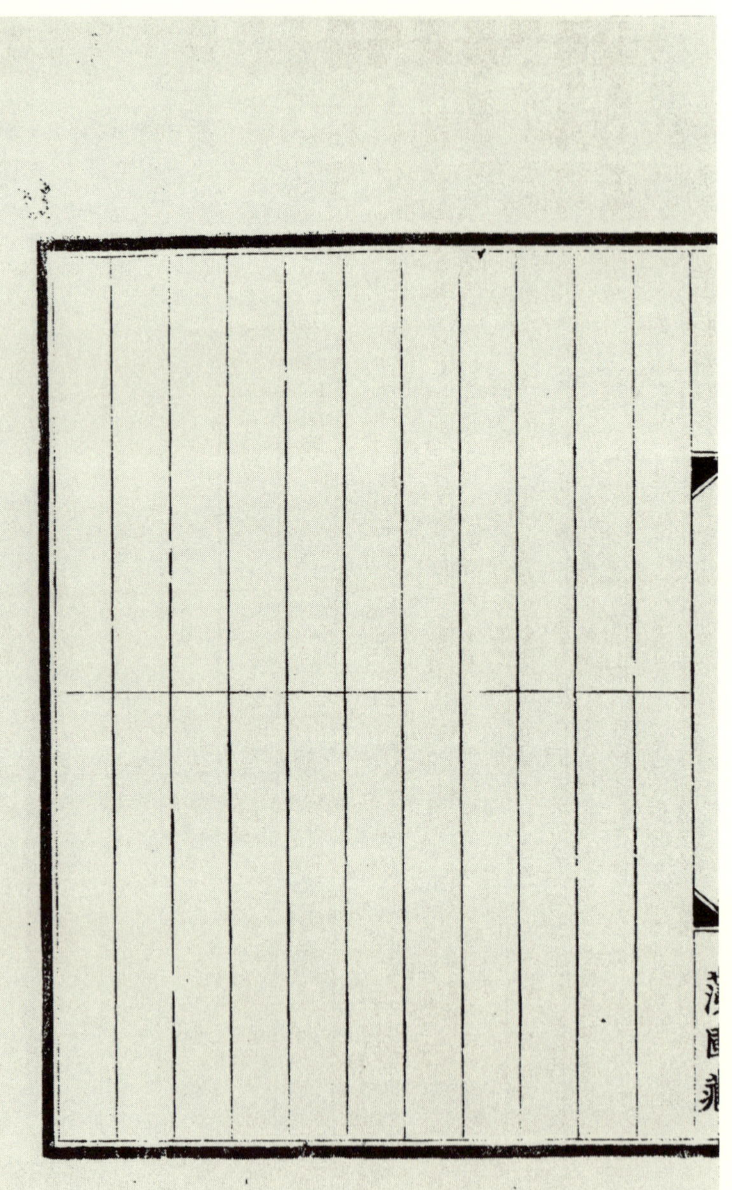

園蔵

［延寶大坂町盡］

延寳大坂町盡

新版絵図入 町名有所付

延宝七稔之末 南はしたつる遠く

紀行しはけふとして数れそたる所

まづ泰社名前のこちかて町筋ならしの

おもしろこにすぐ盛清代は主所

とてるとき屋まのかりて入れまれてし

おこ民の女としにぎはひて評くは

人家立ならぶき町すこし広くなり町筋

あんらい見ずてこれまして世の中のひと多き

ゆへまとしてんとするよねおかしきれも

大坂堀積町のなをえびすあにたくり

いとけなき子もわれら〳〵のたよりとも
なるべしとあさまちりえめしものや

大坂より方角此浮の
生駒山みなひかし出る朝日影
西ハ海かぞ入とゞろへけり
卯ハ大和巳ハ京よ子は丹波
酉ハ中国川ぞ紀伊国
戌亥のあひだに行ハあまがさき
十段さき舟渡して

天王寺大坂よりハみなみにあて
高津ハひがし西ニ向なり
住吉や堺のうしろハ未さる
こしれむかふハあはぢ嶋山
淀川の末ハ水上をたづぬるに
瀬田が落てうぢ川のすそ
木津川ハ伊賀山城を流きて
淀の大ちしまおハよど川

湖よりながるゝ水ハ大和川
さて又末ハ京ばしよ蔵
尼崎行ハ海しこも
野里佃よ神ざきの下
河内大和へ越所までは
七筋ありとうたへるべし
右七まいとは

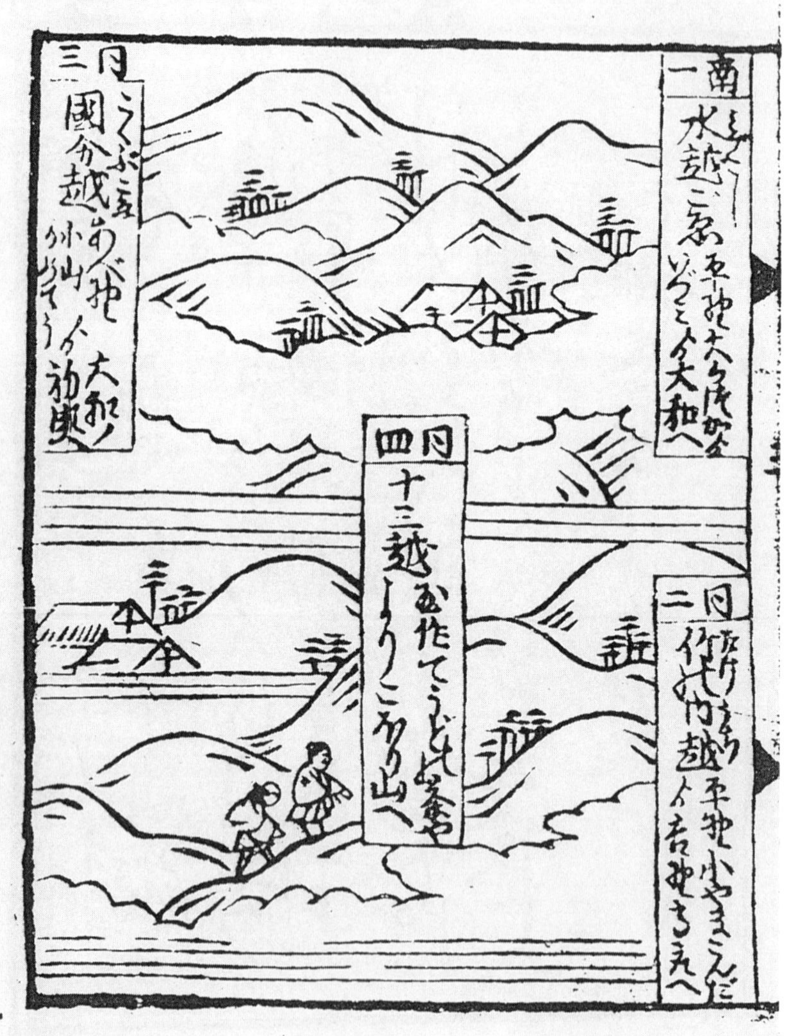

五月
くらがり越
六月
七月
越

大坂ゟくらいざし合四方へ道法

天王寺へ　廿五丁
住吉へ　二里
堺へ　三里
岸和田へ　七里
ワカ山へ　十六里
神ざきへ　二里
尼さきへ　三里
西宮へ　五里
兵庫へ　十里
明石へ　十三里
姫路へ　十八里
伊丹へ　四里
サ次まへ　五里
こをり山へ　六里

多田里へ　六里半
三田へ　十一里
岡山へ　廿丁
平野へ　二里
八尾へ　三里
久ほうじへ　二里半
平岡へ　三里半
国分へ　四里半

湯の山へ　九里
野江へ　一里
守口へ　二里
枚方へ　五里
淀へ　九里
高つきへ　六里
傳法へ　一里半
三軒やへ　一里

五

小堀ヶ内

高宮へ　九里	郡山へ　八里	京へ　十二里半
吹田へ　二里	長柄へ　一里	伏見へ　九里十二丁

●大坂惣堀并橋数名知所

お城江戸や伏見あつかひに堀

長り越て来は天満

●上の堀ハせんだ横堀ケ両へ流

●堀の内二筋ハ内より堀ケ町へなかる

一坂(?)

●内横堀橋之分　組ひかし　ひかし掛

北ヨリ今橋や高麗橋らしに平野橋

しあんばし又せい町のはし

のふ人橋久宝じさて安土まちや

よりく丸(?)佐々木(?)ハ堀(?)

●立売堀(?)橋之分　組かみ(?)へ掛

西川(?)

京橋や天満天神あふかたらし(?)

さてまた陸ハせんだの木橋

小 二　小 三

淀やばし　肥後ちくぜんや西ゑいれいハ
田みのべやばしよゑそ八越中
江戸堀橋ハ分　但しみなみへ掛ル
樋の口やけんさい橋にあハばしや
大目ばし又江戸堀り代橋
京町堀れ橋分　但太同
日
ひの口やうつぼきの雲やぶれだし
丸やあうやみちよきやじま橋

同

●あはざ堀橋北分　組大同

ひの口や清左衛門に中橋だし

あづち町下ハぐりんさやう高橋

同

●いたち堀橋北分　組大同

ひの口や土佐橋あはざだし大黒橋だし

あづち町まで高だしと志れ

●長堀橋北分　組大同

●内よこ堀分へ入る

下　七

青あるや　其あり橋は中だしや
志めんさいだしに末さのやだし
うくれありき思ふ橋うき鳴るだしや
白川ぞきや　其たのだし
●石蛇瑠橋よ分　役衣目
日
大和だし　中橋これや目中だし
爾乃うとぞ志そいありけり
たかつ羽ハ喜びすまあんで　橋
まそし思ひ京ハ京ん〳〵くまし

上町之分

●天満堀川橋之分　但西東へ掛る

南からへ　いやそう橋　ひのゆふだし　やひとつ橋

天神中ちう橋　寺そ坊主だし

●惣数百餘ことへとも角高　外之

●町中名ぐ此所　但西ひがし町之

油ぞく町　橋や　つりがね　かうらいや

内本平野　内あは町　あり

折や町いとや新うちや町
おかびく扱げさ内平町之
徒や町ときさらや伏見あうく丁
のふ人だし第せきぞいづゝ丁
内とひて久宝寺町あんどうじ
町のみなとハみそつれとあれ
●内堀かたせんだ町名寄
小浜や高来尼崎ゆき古小路
くらい橋あたり町

其三

付九組之ハ天満年中

天満平野 あらぢにくるま町
びんご あらぢに本町と申れ
美や町 かへ地よ 小久志ノ
東久志ノ 小久志ノじ丁
南久志じ だくろ志めんけい町 あれハ
あんじし町や 志あよ 志あり
● 長堀分南丁 分寺
こあき 若大志じせ すごし夜
もせん 三休る 志そハ 天ぬ

●両横堀ゟ西へ町名寄
土佐堀より海部堀江戸堀のや
うつや鍛冶やにうつぼ川
新天満町うつぼ新靭や乃
町のみなとハあはざぼり川
れんびやう町江戸や町おびやいづゝ町
いたちぼりにて海部そてすれ
新町や京町のみなとにて堺や町
長堀川よまく八丁

北南ノ町

●天坂東川崎より西へ南北
東から壱丁目より廿一丁
次第々に難波だしまで
●弐丁目ハ天坂だうし十の字●
●九丁目ハとりいのまど
●十丁目ハ天神だしすじ
北四丁同五丁よりぢや町
かうらく丁に舟大工まち
老鶴の大工北町ハ三丁あり
次ハ佐右かしま町と

十丁目ゟ東　町ノ東

乾物町　樽やかこそ　天神町
あり川　おきどて　新うちや町
袋町ハ島かこそ二丁あり
あをるまちでに　次ハいせ町
北どんだ　南どんだと　二丁あて
みなとめ八町　そうずれ
又ラア律の　まこそや　めうと町
いけぐ町あて　北ハおほえり
銀ぐ丁や　こゑのおく丁　こゑよせうし
大工町　又西本引丁

のふ人町　沢小八郎本引丁

茶や町　茶そめてんや北町

新うをや　伏見　坂やに　くうあん町

ゆふつき　源八　ねのれんつれとされ

大坂天満惣町数

合四百八十九町

内

伏見くゝ　五十七町

南くゝ　百六十町

北くゝ　百九十三町

天満くゝ　六十町

● 小南町六筋此内

東ノ一　谷町筋ハ
（天満だし合 二丁西あり

西へ二　天神橋筋ハ
（南ハ下ちる町 小ハあかゝり迄

西へ三　堺筋ハ
（あみ旦だし合 二丁上あり

西へ四　せんだの木筋ハ
（さかい筋より三丁西 南ハ大たうだし

西へ五
たうかんさい橋筋ハ（南ハ道とんほりよりすじかハトヾまり橋一丁ヒ）

西へ六
御堂筋ハ（淀やばし迄トヽル）

右の外東西南北小町〳〵小路そのかず不明也

● 多けれども是をしるしがたし

舟数〳〵積り

上荷舟　千五百九十五艘
　　　　但十八石つミ

茶舟　千三十艘

上荷　大　五百六十艘
　　　小　但百石ゟ二百五十石つミ

内　三百五十七　大坂ニ而
　　百五十六　尼崎ニ而
　　四十七　大坂ゟ勢しこニ在

上舟　百八十三艘
　　但　川石ゟ百石まで

剣先　弐百十一艘

長堀名所の栫橋女梅院女
わきに見え花に余所にして

太舟　　　　　　　　　　　　　廿六艘
すゞみ舟　　　　　　　　　　　百十二艘
いしぶね
石舟　　　　　　　　　　　　　　六艘
又
だちんむまのかず
駄賃馬之数　　　　　　　　　　三百六十疋

過書奉行

角倉与市　代々四人

木村惣右衛門　代々四人

過書　百石積迄

上荷年寄四十四人　下々迄

●惣代四人

柏原舟年より　弐人

茶舟年寄組頭六人　・惣代四人

けんさき年寄弐人

上舟年寄一人

砂舟年寄三人

●御用聞

大工(だいく) 助太郎
同年寄(としより)三人

左官(さくわん) 又兵衛
瓦師(かはらし) 茂兵衛

石や(いしや) 左内
木挽(こひき) 九兵衛

油絞(あぶらしぼり) 市兵衛
かぢ 与三郎

桧皮(かはだ)や 又太郎
傳馬(てんま)年寄(としより)

大坂天保ふろや之数
天満八丁目　大こく風呂　又兵衛
ゆな三人
同五丁目　扇ふろ　助右衛門
ゆな三人
同平野町　薬師ふろ　久右衛門
ゆな三人
内あんどじ町　きせ風呂　次右衛門
ゆな二人

太夫の總　ゆふ三人　柳屋　吉屋

日本橋下　そうかゆふかたのし　京ひす屋　長之

小人宝町　同　柏屋　作屋

南こんや町　同　市之

新町　同　いせ屋　多屋

米や町　名香屋　多兵衛

津村　らうそく屋　九兵衛

くだや町　学屋　次兵衛

江戸ぼり　丁子屋　与兵衛

かぢき町　志わ屋　六兵衛

合十四くぶあり

右此一冊道おしゑれため

ほゞしるしあれハ不足の

多くいろく筆つくすまじ實ハ

まよのひろまれ見るべきものなり

とし寛板や

延宝六年初冬　とや　又六開板

攝州名所記

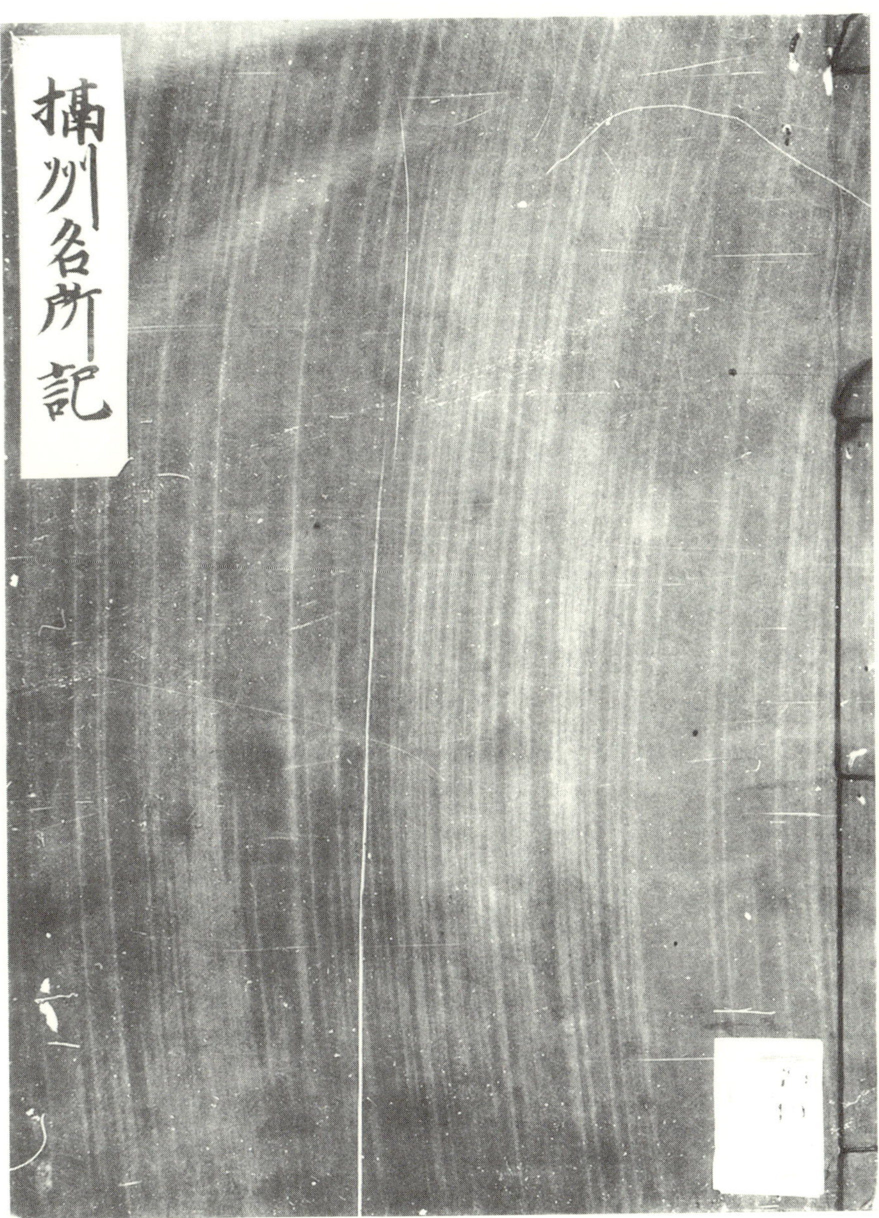
攝州名所記

昭和36年8月12日
松平文庫
第2281号
島原図書館

摂州名所記

播州と摂州乃境ハ松竟こそゐし乃松の由
境乃松よりも東道八町程行ハ小乃方をそうしるこり
敦盛乃石塔あり高さ五丈を尺三巻四尺四方之
山のく〻泉水ともいふ井ハ汐あり但泉水ともあり
茶臼ともあり二間四方也

一谷二谷三谷乃事

石塔より東二町程行ハ二谷同二町程行テ三谷同二町
程行一谷　巖石落ニハ山を二谷乃やかづえともア
候又ハ坂より一谷乃山ともいふ又一谷乃名ま

平家諸軍勢あつまり致居けのうち則此所を
須磨乃上野と申すや
一ノ谷二谷乃ある又内裏のあとを安徳天皇御皇居
旧所又陣屋二十三所に有候又大将の跡ありて
三ノ谷竪二町余横九間高さ九間谷口より波打際まて
八拾間余
三谷ヨリ二谷までの間二町余さて二谷の竪三町余横八間高さ
拾九間谷口より波打際まて四拾間余
一ノ谷竪四町余横二十間高さ拾弐間但此浜拾七間あり
谷口より波打際まて六十間や

一ノ谷のよ鉄拐峯日鏡けれわれ此根本よくあ
しきあん迎ノのびたる余辰巳の方へなひきけ松
むらしきれ此本となり得や人此山尖ノ山そ中
鉄拐峯とハ此上の小山とい他人ノ鏡尖ノ山乃
むらひて茂く山鉢伏山とそいや
鵯越乃道鉄拐峯乃こし北にあるへむひ道を
鉄拐山の小下多地田井畑とらて木生く松風村雨乃生
爪とい得人あ女乃名鏡の池何となく田語し
深キ乃單墻東の人ノ本ハ生田川と混而搦ノ又を墻弱
須磨村こといゝ得人魚谷多山一二売

きうれハ山随泉村とき、え申ス
次广れ説香堂上野山瞹禅寺先考大皇れ勅願所
とト山山寺ニ敦盛乃御新あり寺を尽くら
そ連綠葉毛や去葉筒日弥笛筝あそ知り
ラ一層わらき
咲ゐも杏ぞ咲て絶行のふれ七ニ一むらマこを望
先々移千周防古周石川紙吉来門寄進承弘法大
師ゟ夢乃法花経一部をも二寸計畏れふべく
を寸回りや耗教釈日御筆惠果和尚弘法御師や
御書夫列唐筆直く乃御佗絵贊れよるれ

雨にもあたらす雨もかゝらやう宗よ深民の船所同事か
住居するそれ九年
そり九年をもいとふ冬あらし浪つれうれつるまをこへく
そり九松末須にらへをすほまをろわろ舵本九れ行
三抱すにもとこゝ推のひねもせやまることや八合け
なとり世広末甲の方へ八十余四東の方へを
十る計枝ふゆ下へとひきて山所を行て
船所さ九ス舟にし田井畑とも船不らさ出
西涯本そめ曲

月見松 末次ら人小山の中にふすいそり年の月

見の松もや木数九本ありしかしの松ハ枯て名代
うゑしとや

道人松　此所ハ須磨東須广と駒ヶ林の間ニ
ありしハ二本ありしを年〻一本ハ枯て今ハ一本に
木おほきやさ七尺斗根本ハ三囲許や

忠度塚　同所より東駒ヶ林の間村よりハ一町西
同須磨ニ松一本あり是とさだめし忠度所ニ化

須磨継橋　同所但村よりハ一町余東の方ニありと云

長実卿母

金葉
忘るゝめやふまぬつき橋ふししとも作道まさくへと思ふ程とそ

あまをすみの海はるかに月のよそほふ浪のつきせし

円鶴ヶ林　村中に二葉の松あり高さ九尺許民家の傍

松のもとに楯てあり口は二圍ほとなり又名男松

前は　浪も松もありてそ

いく人のこゝろにかなふ松なれや人しる松かさか

西代村　光ハむかし大田の宮より西の方にあり道ノ池西

代村の東の際にあり但此堤にて高氏摘西成

けふ合の戦場や

蓮の池より東かみて川則橋の上通り行てあり平ノ

高瀬に此ゆふへ川の通りはせ摘らもしなみ

木村源人重章塚　すゐた川の橋の東のかた小池の
中にありしるしに木あり
同境内の田の中の池のうちに通蓮の塚ありしるしに松の
木あり境界也
長田大明神　東の方の北にあり此社に小野道風筆
の額あり　不完の貝村胡子の御判あり
真野池　同境内　白の梅　東尾池村の中にあり人の九つに
真野の池の小菅を笠に縫せよく余所の見る目に名を立べきか
みちのくのまのの萱原遠けれど面影にして見ゆといふものを
家にて[illegible]

おつは源氏を矢を射しけるに和田小松原といへる所なり
南浜辺にあり
安徳天皇内裏 平家在日記にあり但し所に水の
子といふ所あり
和田の御崎 兵庫の西にあり三町程南海中へさし出たる
ゆゑさし出たるさきなり　入道前太政大臣
歌
久方の月の入さの影とめて舟のゆく帆もやむ兵庫の浦風
和田の笠松　平清盛石塔より南へ一町余下にあり松
三本ありしが一本の松は今はなくなりしを昔惜しむ
古枝まてことなる葛の絡みて帰るとてや和田の笠松

八代集之並松乃あらしを

平清盛公乃石塔 年号弘安九年とあり 高さ四尺

壱尺六寸ニ巻人之人四方平貞時建立の石塔也

八棟寺ともいふ寺地あり 清盛公浄善提所あり 其寺

其もと八十年以前より退転のよしや

兵庫へ入 福巌寺 後醍醐天皇御除不付寺より飛居之所

也 但今ハ田之内井ノ文字寺内よあり

若使子孫後乃縁なるや讀よあり

得福寺 高氏 佐脚ありしかるる人日出事弘法乃御作

兵庫築嶋乃寺 経嶋山来迎寺 運慶 湛慶 安阿弥

但弘法大師御作 阿弥陀 観音 弁才天 清盛守本
の阿弥陀なり 松王児童ハ清盛長一人余なり清盛
ハ此所にて同承応保元年七月十二日其年
まで凡九十歳余松王十七歳也清盛五十七
歳なれば今は其跡も絶果てハ七堂伽藍のすゞる
氏の時代に退転や

湊山 兵庫の町北へ二町計也道より西の方に在也
兵庫より一里計戌ノ方にあり 従徳大寺前に
湊山とこそしくに吹き風に声も通ふ松ハ湊やゆらし

湊川 兵庫の町より五町 小側 往還なる橋也

ありまつの川筋おりて刑部て範頼のち
久々川といふ其麻と名内のぬち田ぬ奥ノふ辷つての形
其余名城泊田勝入のこ三家代として奥勝九郎云るも
それ判列池田有基として人形根度して勝入を
主塘と云こ
美登村つひれ村毛を一村てよくれいうけれ村
中になりと義登村として毛々付るを川むら十七
八何程西し　　　　　　　浪人公こと
中にそれ堂さと人山さうさせゆさもき
やぬの一を孫さ尖て家むら義登の麻とらくやうすん

馬皇村　船来子　午通しニ月寺小寺れ石瑳を
荒田村　沈大納言頼盛山庄ミ苑るミ安徳天皇ハ
皇居之
柳正蔵宮陵所源頼光を小八三町程通ろうに一町程
雨ふあり梅松稲を除ミ
上鴨村　光水村を原もあり十町汁小通り
上鴨村を小乃山うめのれミ坂中村尼熊村城ケ口
村小野村中之村尺々ケ村八村悔條協乃す
しゝもし花熊を
右花熊村荒木摂州飯立之地侯代として御口子一

今宮とやら仁と云寺ハ大坂を門前ハ村西成
ニ示尼より兵粮米入しを大坂川にして押へ戦
ひ時節にふ一ヶ所討死す此景は志摩なと
仁云石玉ぞ属く西賀源市貴也
西賀源市俄滋之年将不ゝ池田勝入責落剛滋剖云
戦ニ長久手の合戦に勝入子息庚申生ノ年
十六才にて討死滋貴の下知にてれゝ名承ゝ
のゝす時上ア村の名く丹輪伽大士門とあ
源市歩行名にて名く俄伽大士門にて建て庚申
へ今ぞ不ゝ家書松田か落十文字より伽大士門

よ合ふて勝負作るとお引し爰ハ在原中と池田
之戸東門しける也昆陽村をへ九ち堺へむかひて
働き程左出されは中直は勝入支配の地而ハ
摂列境にあり池田川沿ひなし
太く付瀧坂本村あるハ北よれとよ勝入門森寺満在陣
長島也中の村あるハの北山よ勝入居しけり
小坂村のふもと子息池田勝九郎を陣し長久合戦た
天正四年と云七十余年よ余りアは
ちひの塚あれ判官信濃九郎光村舞しあるを兵庫
あり小中の村几よ之太平記云太龍寺田山誘塚

周記となり

治太郎同次郎か塚　上ア村より二町東道より一町

程北にあり松二本あり

権現二度のかけ上ア村の北ソ際ケロしと云所に権現馬、

とゝまると云石ありとなしの石のうしろにあり権現

塚と云　但其名や生田表道より北へ上り一村

と云所あり　寂照て有

まつかさふとこんと云し津の国の生田の森の杜の事に有

箙の梅　生田の神社の東の方付の内にあり　権現二度

のかけのよと紀此梅かゑだをさし出　梶原の時

彼所まうて[illegible]

月杜乃前に子敦盛の墓とて一本あり　敦盛

[illegible]生田の森の[illegible]

月[illegible]人[illegible]肉桂の木あり

小野坂　是ハ生田の川乃ほとりにあり

小野塚　生田の川乃ほとりにあり　此二ツ共ニ名所也[illegible]

名所乃うち

乙女塚　生田より十八町程西にあり　海辺に塚あり

うなゐまつ　万葉集ニ有

[illegible]さし田の森として此外細き林あり

としよりと

忘られぬ見まもしはしば眺めくに生田川に身をやすめ給ひし跡

右二人の男もしらぬ男の塚生田より一里ばかり東

葦の屋の村にあり

又小竹塚とて生田の杜にあり地名也

布引の瀧　生田川の水上にあり　後鳥羽院

布引の瀧の白糸わくらして誰山風にかけてほすらん

行平卿

こきちらす瀧の白玉ひろひおきて世のうき時の涙にぞかる

業平卿

ぬきみだる人こそあるらし白玉のまなくもちるか袖のせばきに

摩耶山　是ハ摩耶夫人の守本尊の観音を納

則摩耶夫人を影とあり併せ摩耶山忉利天上

寺といふや

摩耶乃峰にハ松ハ入道浄心か立たりし

三大女の渕　此より西乃脇の浜村より二町程東

乃渕も是也

新後拾遺
松風ハ里乃しるへに吹て来ぬ光乃末乃人の音そ秘

御影　道より田地浜崎之村を　楠松東本同一町にあり

敏馬東浦

世の中は[illegible]

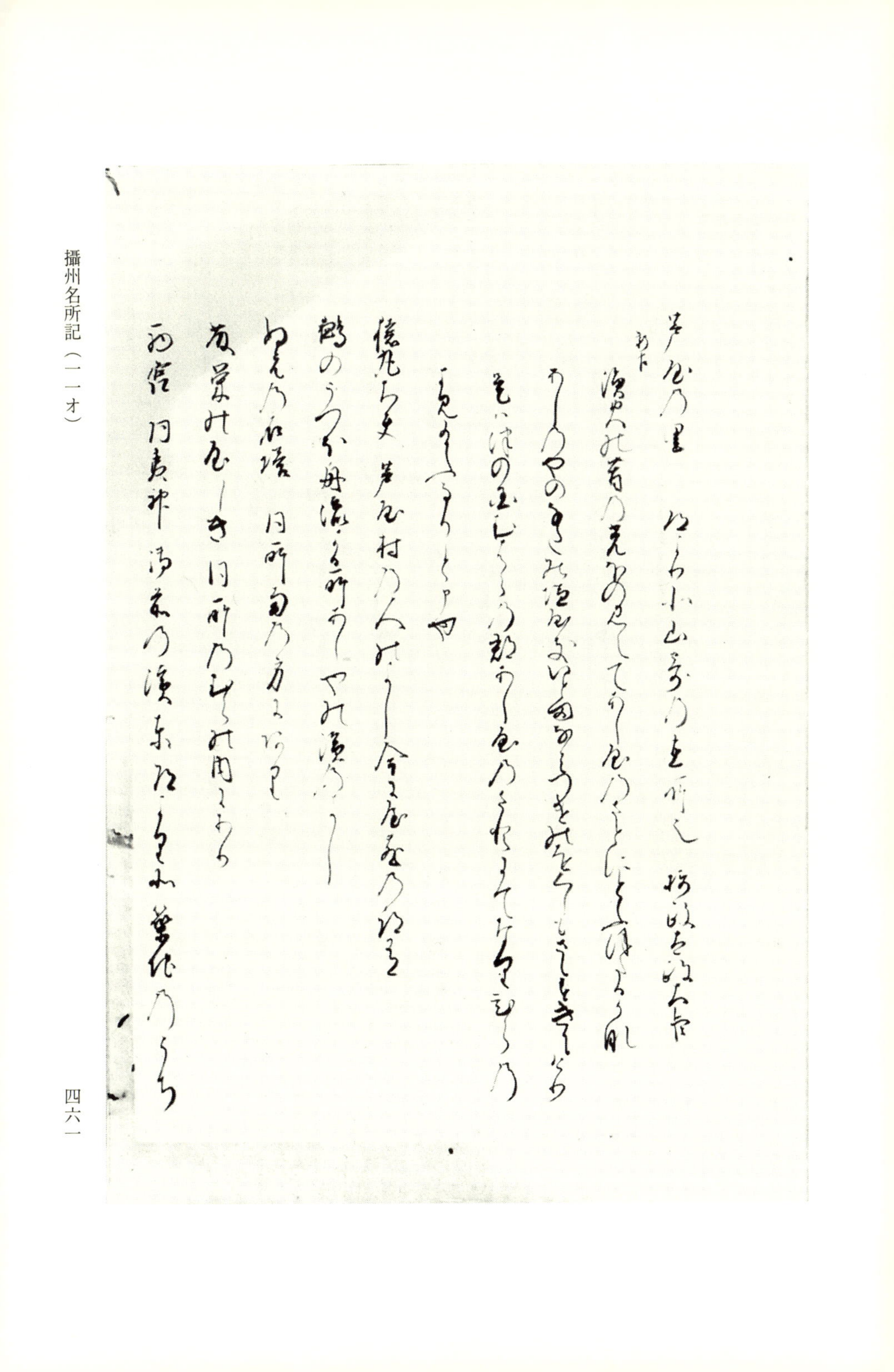

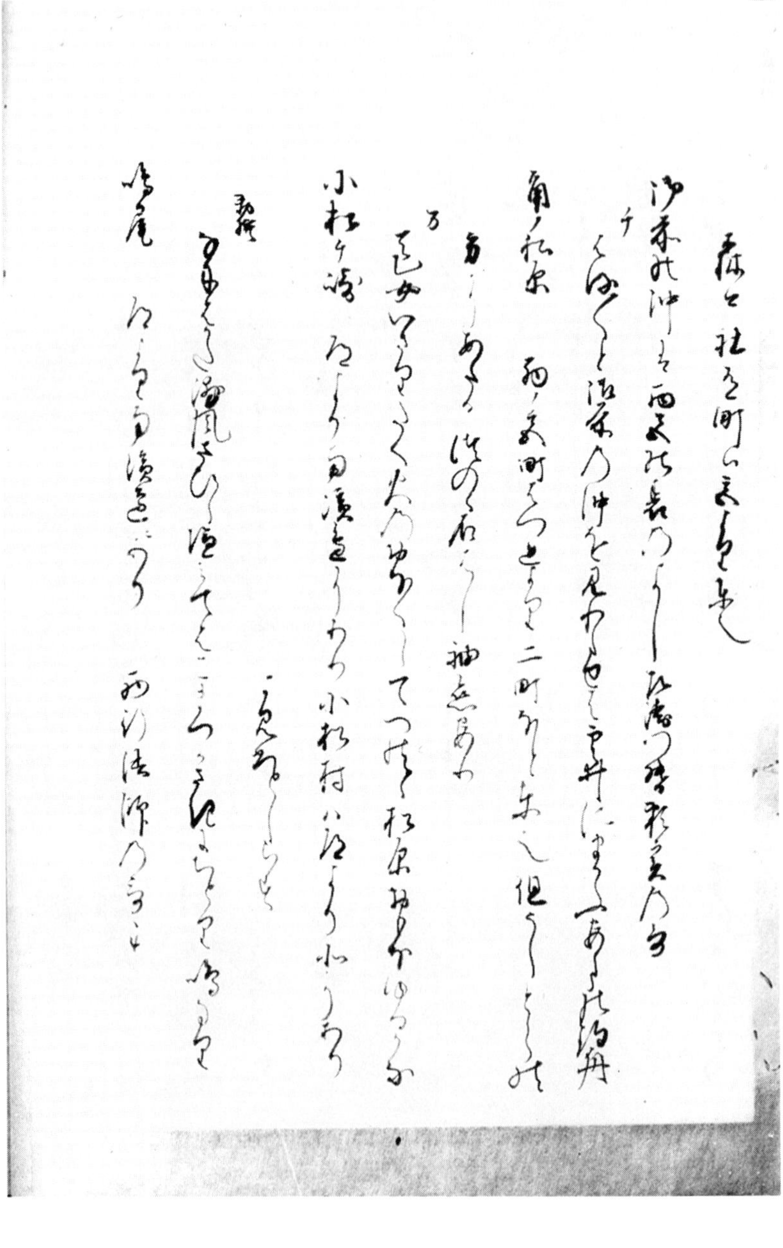

清輔
こまかに秋の夕くれの松風にたくへて身にしみまさりける

武庫山ハ　西也　此中央ニ有山甲山とも云や

是ハ神功皇后異敵御退治此所此山に甲を六釼と納

め給ひし事なりとそ

武庫川　尼崎より二十町程西也

琴浦明神　鬼太夫か塚在是より東新田村にあり鬼大臣と

いふいはれなし　人丸なりとそ

武庫の浦の御津のみなとにいさりする塩の海波よせてかへる

鳴尾　西ニ　梅本ニ尼崎より八町程北の方にあり今案ニ

田蓑嶋　今内膳ニ尼崎もありしれ此所もそなるへし

のやけつり
き瀬中のより池江川をとをきまきて怪ろくなり
淀ハ久たのたて下信節し
個沼れ成　七ッ松村の少東より居端を二十町余
卖つ方とある
吉向大たのえ　倉墨寺村より居端を七町子の方にあり
大わ浦　居湯れ頃のゝ　此人口持を居湯を七町子の方にあり
　も有る亟沈あり一澤下句の町沙居る亀、り安等人
　詳酒れれるせる祭武文宮てあるもしい

離沢浦　居嶋を上又町張未申の方とぞふうさき

のせしてまたん同前

浦初嶋　尼か崎より辰巳の方よりわたる間ニて尼崎
　より七町南の方よりわたる

野田松　尼崎より辰巳へ九町余行

摂州境　是ハ二里　尼崎より西宮まで　五里
西宮より尼崎までハ二里　尼崎ニ川あり間

大嶋村ニ　大関寺在りて浄敷寺尼崎より戌の方へ一里行

尼崎より　神崎へ一里東ノ方也

箕面寺同瀧　池田より二里丑寅ノ方寺内ニ六七坊あり
　寺ニ狗の角　牛の玉あり　弁才天秘蔵　仏舎利有

竹かくし瀧あり 是より十町ほど瀧を瀧岩
も上に猶大いなる二の瀧上に瀧壺あり 三尺四方なり
是より弁才天役行者此瀧壺へ入水のよし
修行の命(ママ)行者瀧に入 瀧壺事真言伝 釈書
等にあり 行者の陽杖此所に納是あり 勝尾
寺へ上る道 是難所也 其程一里許
應頂山勝尾寺　本尊観音 順礼札所廿三番
八百五十年余古より不絶燈明あり　鐘楼堂
荒神社 但御相殿 向権現の古木有 天照太神
御影石 薬師如来 八幡宮 弘法大師作

堂　愛染乃松ハ往昔乃よし花山人ゟ松と云ふ
源頼朝乃石燈籠乃石塔あり階百八十段あり珠
数橋とも云也　礼拝松ハ　釈迦涌出穴　六角堂　不動
堂　松侍　　愛染浄彩堂　大和新清坊居住
摩耶乃詠　硯水流　付水ハニテ坊中ヘ乞坊数ゟ六
坊いつれも真言宗　奥乃院二階堂万日をとく本社
阿弥陀　腰大師　法然上人　勝如上人ゝ
本像あり　日牌月牌毎月大念仏法然
乃涅槃板ありつゝれ　勝尾寺池田ゟ二里余
丑寅ノ方也

大澤山久安寺　池田より一里子乃方伏尾村にあり
則久安元年に建立本尊観音也七堂伽
藍乃しし秀吉公乃時代ニ焼拂寺絶筆を
実失てそれより以後八十九坊あり今を俚
に八坊あり茶乃出る所也山門より社を一町を
山門左右に大師あり経蔵　観音堂より鐘
楼堂とあり
千重乃桜　名木一本ニ二本あり小木数多あり他に
本堂前桜同本也
大廣寺　池田乃北乃方にあり　綾羽の里同所の北にあり

着物の名目不有とかや

山本庭樹　植木を売買尼崎より三里亥ノ方庭樹ハ

山本吉兵衛といふとかや

紫雲山仲山寺　小濱より十八町子ノ方之仲山村にあり

寺内に八坊あり本尊観音但太子守本尊也寺領

むかしは津の国一円にあり一度寺之令寺領を

之也荒木摂州乱より堂道具焼失七堂伽藍も焼

失焼払いしを秀頼公再興

荒神　同所清長寺小濱より亥ノ方十八町あり隠居

寺なと二ヶ寺や什物等不知となり

昆陽池　昆陽寺　本尊行基菩薩にて宿か
十町西の方　中寺　本村より　こやの松原　こや宿
小屋の池名也
多田院　満仲の法號　木像　則正一の作　御自作の
よし法也　馬たこ一尺二三寸にね見えし同堂乃
後ろ傍に有り　右溝ゟ北里余子の方へいふ
塩川伯耆守古城跡地也
鼓の瀧　多田の本十町計　辰巳の方　名所の瀧也
伊丹へ　右溝ゟ二里　古城跡地より　荒木摂州城地
池田へ　右溝ゟ三里　古城ありし地に池田勝入

城地や

越水　尼崎へ二里東　古城山尾てきよし　三好修理

大夫城地や

西宮　尼崎へ二里　かた馬場本へ尼崎へ六里

摂津国郡数十三郡

嶋上郡　嶋下郡　豊嶋郡　能勢郡

川辺郡　有馬郡　太田部郡　荒木郡

武庫郡　西成郡　東成郡　住吉郡

百済郡　脱

嶋上郡ハ　尼崎ヨリ丑寅　嶋下郡ハ　尼崎ヨリ丑ノ方

豊嶋郡ハ　同丑ノ方　能勢郡ハ　同子ノ方

河辺郡ハ　同亥ノ方　丹波境也　有馬郡ハ　同戌亥方

矢田部郡ハ　同酉ノ方　菟原郡ハ　同酉ノ方

武庫郡ハ　同戌ノ方　西成郡ハ　同卯方

東成郡ハ　同卯辰方　住吉郡ハ　同辰巳方

百済郡ハ　同卯辰方

諸国之大船小船舟着之事

尼崎ハ　城ヘ舟路もつくに日置濱地ハ六町程浅し

高洲ゟ一丸洲迄二十五町壹瀬ニ而茅也ヘ又ハ満き

五尺汐干とふし有座砂大船三艘泊る也

ふかきハ五尺余れ有ゟ沖汐干とふし沖中六七

尋水底砂泊十町程干上り泊干ニ小舟も不入

西宮ノ所々

新田浜二町余壹瀬　小松ノ浜二町余壹瀬

尼崎ゟ鳴尾浜へ弐浦一里余二丁町余壹瀬泊乃也

泊りもふし二三尺余れ有汐干とふし沖中ハ

六七八尋有座砂小風ニ泊り又大船二町乃

ら不叶

尼崎ゟ　西ハ兵庫二里浜より二町余ノ内ふかさ二
三尺程より次第ニふかし　沖中六七尋有底砂也
小風ニ懸りよし大船二町の内不苦
打出浜　西宮同前
尼崎ゟ兵庫三里浜より一町余常ニあさし　但五尺小
風ニ懸りよし　青木浜　深江同前　魚崎深
江同前
尼崎ゟ　御影兵庫四里　深江同前　岩屋浜　深江同前
同所ゟ　脇の浜兵庫五里　西のはづれより生田川の
口迄二町余常ニ浅ク底ハ小石まじり砂也

北風ニ大舟二町之内へ不寄
尼崎ゟ　上アへ舟路六里濱ゟ四五尺沖中六
七島西風北風ニ舟つけ大船不寄
尼崎ゟ　兵庫へ舟路七里地ゟ四五尺深サとふかし
沖中八島北風西風ニも南風ニ舟繋ル
和田崎地ゟふかし四五尺沖中次第ニふかし十
一二尋也
尾池濱地ゟ十二三尋ニ至浅沖中十二三島随行早ト
尾崎ゟ駒ケ林へ舟路八里地ゟふかさ四五尺沖中
十二三尋塩行ニやし大船ハ瀬ニ近くへ不寄

野田浦　妙法寺川のをもむく沖へ一町余浅瀬有て
水ふかさ四尺程沖ハ十二三尋
尼崎ゟ淡路へ舟路九里地よりふかさ五六尺沖中十
二三尋塩行しやし大船自在

尼崎ゟ　和泉ノ大津へ　舟路かゝり　八里
同　同岸和田へ　同　同　十里
同　紀州和哥山へ　陸路　十九里
同　同高野山へ　同　十九里
同　同兵庫湊へ　陸路　舟路　十六里

尼崎ゟ　紀州大嶋へ　陸路舟路　三十一里
同　大和郡山へ　日同　十里
同　奈良へ　陸路十一里
同　高取へ　同　十三里
同　山城ノ淀へ　陸路舟路　十里
同　伏見へ　同　十一里
同　京へ　陸路　十三里
同　丹波亀山へ　同　十一里
同　篠山へ　同　十五里
同　福知山へ　同　廿三里

同　播州明石へ　舟路 陸路　十二里

同　姫路へ　同　廿一里

同　室へ　同　廿五里

同　三木へ　陸路　十五里

同　淡路岩屋へ　舟路　十二里

同　由良へ　同　廿五里

解　題

浪花雑誌街迺噂二編　二冊　自筆稿本

書誌について、影印によって明らかになる点は省略し、明らかにならない点だけを記す。

原表紙、柿色布目模様。

大きさ、縦一八・九糎横一二・五糎。〈影印縮小率約八三%〉

丁数、巻之一は二六丁、巻之二は二三丁。丁付なし。影印には、柱に通しで、仮丁付をつけた。

巻之一、二とも、内題下の東天紅発声印は朱色。

西尾市岩瀬文庫蔵。これを長友が、大阪府誌編集室編集発行の『大阪府の歴史　第九号』（昭和五十三年三月）に、「『浪花雑誌　街迺噂　二編』（翻刻）」として紹介したが、影印に付するのは初めてである。

『浪花雑誌街迺噂』初編四冊については、既に『浪速叢書　第十四　風俗』（昭和二年四月、同叢書刊行会）に所収され、解題もあり、追加して説明することはあまりないが、今ここでは簡略に要点を記しておくことにする。

半紙本四冊で、天保六年（一八三五）七月中幹雕刻告成。書林は江戸通油町鶴屋喜右衛門、京都寺町通御池上ル鉛屋安兵衛、大阪心齋橋通唐物町河内屋太助。

内容は、大阪の生活風俗と江戸の生活風俗とを比較し、滑稽本風に仕立てたものである。それは銀鶏の口を借りて言えば、「江戸と浪花のいりわりを磨いてかたる」(六二頁)のである。その銀鶏の大阪滞在は、『難波金城在番中銀鶏雑記』の表紙書きに見るように、大阪城勤番として天保五年八月四日から翌年八月四日まで一年で、この間の見聞交友が雑記としてまとめられ、それが『浪花雑誌街廼噂』初編、二編の材料になっている。このことは作成した索引の検索によっても確認されるであろう。

初編の口絵には、銀鶏の旅宿難波新地の茶店松迺尾、そこを訪れる浪花の風流諸大人との交遊図を掲げ、また彼等の狂歌や発句を貰い、「寄鶏祝誹諧歌」「寄鶏祝發句」で巻頭を飾っている。銀鶏が大阪の風流文人、戯作者、浮世絵師らと交流を深めていることが、『銀鶏雑記』と同様に、つぶさに看て取れるのである。

初編の巻一から巻三までと二編は、江戸の雅客鶴人と大阪の千長・万松の三人の寄合話として進行する構成をとっているが、全ては見聞にもとづく事実の描写で、それを江戸と比較対照しているのである。それは、大阪市中の案内をしながら生活習慣、事物、料理、名称、店、家作、看板、物価、道具、言語、風俗、人の気質など、諸方面にわたっていて、大阪と江戸の比較をすることを基本にして、記述が進められている。

初編巻四は、鶴人・千長・万松の三人が論ずる各種の題材について図画したもので、文章だけでは意を尽さないのを補完していて、小冊ながら珍らしい風俗画集となっている。これらの銀鶏の意図も、素描も、『難波金城在番中銀鶏雑記』に示されており、例えば三五〇～三六三頁に見るとおりである。

『浪花雑誌街廼噂』初編四冊について、『浪速叢書　第十四　風俗』の解題に付け加えたいことは、次の四条である。

一は、同書の解題に言う続編のことで、次のようにある。「この『街能噂』の續篇(但し寫本)があると、曾て本會顧問紫影藤井博士の示教により、南木氏を通じて遠く東京の書肆まで問合せて貰ったのでありましたが、遂に索め得られなかったのは残念でした」とあるものが、ここで紹介する西尾市岩瀬文庫所蔵の手稿本『街迺噂二編』のことになるであろう。

二は、銀鶏が「いつ我が浪速に來て、いかほど滞坂したか、その期間は確に知り難いが、少くも二年や三年は大坂に暮らしたものと見えます」（同書）という、滞阪の時期についてである。そのことについては、前述の通り『難波金城在番中銀鶏雑記』の表紙に「天保五年歳在甲午／八月四日ヨリ乙未之八月／四日迄一ヶ年」とあることから、銀鶏の滞阪の時期は天保五年八月四日から翌六年八月四日にかけてのことで、しかもそれは大阪城勤番のためであったことがわかる。内容も大体天保五、六年当時の事実を伝えたものであることは、大阪の当時の戯作者、例えば、好華堂野亭や暁鐘成の伝記に照し合わしてみても確認される（長友著『近世上方作家・書肆研究』東京堂出版、一九九四年八月）。

二編も同じくこの天保五、六年滞阪中にもとづくものであった。まず成立について言えば、巻之一に「承應ハモウ幾年ばかりになりや正。千長 慶安の次。明暦の前でムリヤスから。カウト天保七年迄。百八十年になりやす。」（五三・五四頁）とあって、天保七年に刊行を予定していたことがわかる。記事は巻之一の巻頭から季節を正月のこととしており、しかも銀鶏は例の鼻持ならぬ自己宣伝を本書でもしていて、「（銀鶏先生は）去年八月かへられやしたが。今年の四月ハ是非登れる約速でありやす」（七四頁）などと言っており、滞阪中の正月のこととすると、それは天保六年正月に取材したことになる。

三は、初編の刊年についてである。翻刻ではその刊年をどこにも記していないが、版本の見返し上欄には、図版に示すように、横書きで「天保六年歳在乙未七月中幹彫刻告成」とある。少なくともこの記事は何らかの形で明記すべきものであった。

四は、初版本の半紙本に対して、中本仕立ての後印本のあることである。

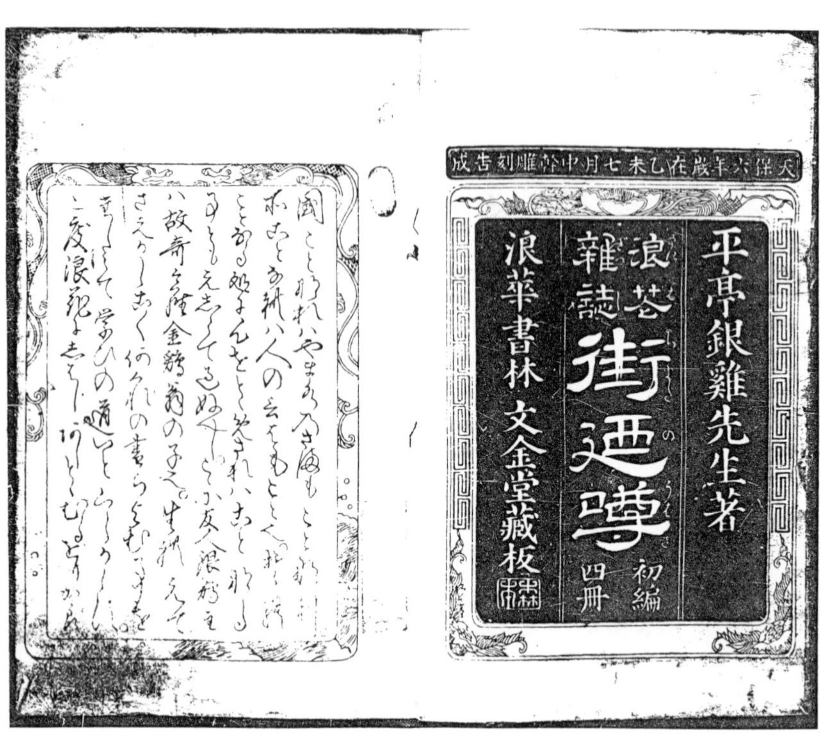

作者の平亭銀鶏について略述してみることにする。平亭銀鶏は医者、狂歌作者、戯作者。本姓は畑また平。名は時倚。字は毛義。通称は数馬。号は銀鶏（雞）・平亭・燕石楼・文盲散（山）人・田中庵など。寛政二年（一七九〇）に生まれ、明治三年（一八七〇）三月二十三日死没。歳八十一。墓所は上州七日市永心寺。法号は寿徳院梅岳銀鶏居士。

父は畑金鶏で医者、狂歌作者。本姓は平、また赤松氏。名は秀竜。通称は道雲。号は奇々羅金鶏（雞）・燕石楼・観奕道人・東天紅蘆主人などという。明和四年（一七六七）生まれ、文化六年（一八〇九）一月二十一日死没。歳四十三。代々、上州七日市藩医。唐衣橘洲に狂歌を学び、大田南畝や山東京伝らと交遊した。三十六歳で致仕、諸国遍歴の後、江戸墨田川畔に住して、狂歌や戯作に親しんだ。著作に『網雑魚』（天明三年）『闇雲愚抄』（寛政三年）『獨夜文庫』（寛政一二年）『金鶏医談』（同）などがある。

子に畑鉄鶏がいて、同じく医者。本姓は畑また平。名は時習。通称は道意。号は鉄鶏（雞）・翰斎・翰音斎主人などという。文化十一年（一八一四）生まれ、文久二年（一八六二）二月四日死没。歳四十九。鉄鶏も上州七日市藩医。伊東玄朴に医学を、東条琴台に経義を学ぶ。天保十四年（一八四三）江戸田所町で医を業とし、のち七日市に帰り、藩主前田氏に仕えた。絵もよくし、『款識百例』（嘉永七年）、『同　續編』（安政元年）などがある。

平亭銀鶏は、上州甘楽郡七日市の前田侯に藩医として仕えた。自らは、狂歌を六樹園（石川雅望）、和歌を松の屋主（小山田与清）に学び、書道は呉橋荒木適斎門下、子昂風の荒木派を修め、そこで山東京山と書論を戦わしたという。天保三年（一八三二）頃から流行の書画会に因む文人名家の評判記・番付類、『書画薈粋』（天保三年九月刊）等を刊行している。天保四年後半の全国的な米価騰貴には、『日ごとの心得』（十月刊）、『たくはゑてんしゅ家内の花』（十一月刊）等の倹約重宝の伝授書を刊行している。天保五年八月から一年間大阪に遊歴して滞在し、大阪の戯作者らと交遊、同六年七月には『街廼噂』『浪花夢』など大阪を題材にしたものを刊行している。天保九年頃には浅草堀田原組屋敷に住し、為永春水との交遊もあったらしく、『春色英対暖語』五編には提灯持ちの序文を書いている。嘉永三年（一八五〇）頃には家を子の鉄鶏に譲ったのか亀戸天神の側に住している。安政七年（一八六〇）三月には浅草観音の開帳を当て込んだ『金竜山海潮音記』を刊行している。文久元年（一八六一）四月には「隅田の草庵」で『滑稽奇談酒取物語』を書くなど、生涯に四十種近くの編著述があり、その概要は『国書総目録』にうかがえる。

著作の中心は文人録の編集刊行であるが、掲載料を要求するなど、欲深さが批難されている（『妙々戯談』『出放題』）。飢饉が起ればその対策書を、下阪すれば題材を大阪に取り、社寺の開帳には当て込みを書くなど、利欲とその時々の興味と売名に出た著作が多く、一貫した傾向はない。内容も独創性に欠け、『江の嶋まうで浜のさゞ波』（天保四年三月刊）

付載の道中心得は『旅行用心集』の焼き直し、『金竜山海潮音記』には『江戸名所図会』からの抜粋等があり、見るべきものは『街廼噂』ぐらいである。

江戸の平亭銀鶏が大阪金城在番として勤務したのは、天保五年（一八三四）八月四日から翌年八月四日まで、一年間であった。銀鶏はこの間、大阪の戯作者らと交遊したり、遊歴したりした事跡を、次の諸書に書き残している。

〔一〕『難波金城在番中銀鶏雑記』五冊。銀鶏自筆校本。天保五年歳在甲午八月四日ヨリ乙未之八月四日マデ一ケ年。

〔二〕『浪花雑誌街廼噂』初編四冊。平亭銀鶏先生著。天保六年歳在乙未七月中幹彫刻告成。書林、江戸鶴屋喜右衛門・京都鉛屋安兵衛・大阪河内屋太助。

〔三〕『浪花雑誌街廼噂』二編一冊。銀鶏自筆校本。

〔四〕『廓中奇談浪花夢』初編三巻。平亭銀鶏作。歌川貞広、哥川貞芳画。天保六年乙未秋刊。書林、京都大文字屋得五郎・同吉野屋仁兵衛・江戸丁子屋平兵衛・左海住吉屋弥三郎・大阪河内屋長兵衛。

〔二〕『浪花雑誌街廼噂』の巻末広告には、「銀鶏先生浪花旅宿中著述目録」として、〔二〕『浪花雑誌街廼噂』、〔四〕『廓中奇談浪花の夢』のほか、『至昔今悪滑稽酒取物語』全二冊、『豊年雑記』全二冊、『飛落落葉』全一冊、『難波廼花』全一冊の六種が載っている。

最後の『難波廼花』は板行されていないが、その内容については、「此書は大阪の戯作者と浮世絵師との姓名住居をしるし、并に伝をくはふ」と案内説明されているので、中村幸彦先生は「恐らくこの書の草稿にあたるものであろう」（後掲。『中村幸彦著述集　第十四巻』所収「未刊随筆談　8平亭銀鶏の雑記類」）と言われている。[一]『難波金城在番中銀鶏雑記』が『難波廼花』刊行に予定されていた草稿に間違いはないと思われるが、[二][三]『浪花雑誌街廼噂』や[四]『廓中奇談浪花夢』を見ると、[一]『難波金城在番中銀鶏雑記』の記事は、資料としてふんだんに利用されている。つまり、取材ノートなのである。

さらに、『難波雑誌街廼噂』二編巻之二には、大阪の「種〳〵の嘉例のある。をかしいはなしがムリヤスが。皆な銀鶏先生の女郎花浪花の穴に精く出てゐやすから。今に御覧じやし。早間もなく出板でムリヤ正」（七三・七四頁）とあるが、この『女郎花浪花の穴』も未刊と思われる。

これらの予定書目とは別に、[一]『難波金城在番中銀鶏雑記』が銀鶏の大阪関係の取材ノートであったことは、内容を一読してみれば明らかである。その記事は未整理と整理済のものがあり、同内容の記事もいくつか見られる。したがって[一]を中心に[二]、[三]、[四]の記事を検証すれば、銀鶏が見た大阪の戯作者や浮世絵師らの活動状況がかなり具体的になる筈である。

[一]『難波金城在番中銀鶏雑記』については、中村幸彦先生に後出するような解題解説もあるのであるが、長友もそれ以前に延広真治氏から御指教を受け、大阪幕末の戯作者らの調査で、楠里亭其楽、好華堂野亭、柳斎重春、暁鐘成らの資料として用い（拙著『近世上方作家・書肆研究』東京堂出版、一九九四年）、また『文学』隔月刊第一巻第五号（二〇〇〇年九・一〇月号）に書いた「幕末大阪の文化サロン」の資料として扱ったので、それをここに載せて、蛇足を加えることにする。

もっとも、銀鶏の言説については、疑問視する向きもないではないが、[一]についての記述内容を見ると、面談や自宅訪問で取材し、正確に写実することを心がけているように思われる。

記載の人名には重複もあるが八十余名、その内住所とともに人物伝があるのは三十三名である。中村先生は前掲書で鶴酒屋乎佐磨ら三名を紹介されたが、先生も拙著でも引用しなかった者を紹介してみることにする。

○印刻家　阿部謙洲　西横堀北之御堂ノ後角（三〇一頁）

良山堂といふ。今は阿波橋の際の薬店ニ同居す。水晶印銅印、好にしたがって刻す。毎月五日に骨董会ありしが、しばらく中絶す。文政板の難波人物誌には、儒者の部に入てあり。余程文才のある人にして、良山堂茶話などいへる著述ありて、あまねく人の知る処也。専門のいとまには詩を作（り）、書を学ぶ。頗一の風流人なり。銅印も自製せり。其手ぎは至て好し。江戸に遊歴する処の可亭の類と同日の論にあらず。

阿部謙洲には、引用文にも見るように『良山堂茶話』（初編文政七年、二編同十一年刊）があり、それは父良山堂が毎月初五日に社友同朋を手煎の茶会に招いて、その席で収拾採録した随筆である。序文には、「相集る者、皆翰卿墨客、緇流羽士、世味を抛擲し、形骸を脱略する者にして、素心同調、彼此暢適、二儀に俯仰し、人物を錯綜し、清言雄弁、吻を衝いて交〻発す」とある。大阪に来た銀鶏が、阿部謙洲の父の流れを引くそんなサロンの人たちとも交流の輪を広げていることが察知されるのである。その謙洲も讃岐の出身で、大阪に来て文墨に親しんでいる者である。薬店を営んでいた印記が一七〇、二一七頁にある。

○浮世絵師　歌川貞広　布袋町（三一五頁）

大坂屋清次郎といふ質屋也。此人年は漸二十斗（はたちばかり）なるが、天稟画才ありて、自（ら）北斎子の風あり。余が著述する処の南柯乃夢、街迺噂等、こと〴〵く此人の筆也。姓質朴にして、少々酒をのむといへども、芸子おやま等をあげて悪さわぎをすることをきらへり。一枚絵、摺物、団扇などの画は、年々歳々かくといへども、読本の画は己が作をか、れしが初舞台なり。実に後世恐るべきの画也。今より十年も修行□らんには浪花に一人たるべし。

歌川貞広は銀鶏の『南柯乃夢』（天保六年三月刊）や二『浪花雑誌街廼噂』、四『廓中奇談浪花夢』の画工であるが、読物ではこの銀鶏のものが初舞台であるという。『南柯乃夢』は銀鶏の毎月二十五日の書画会の状況を記述し、文人墨客の不学文盲を嘲ったものであるが、銀鶏の江戸を内容とする読物に大阪の画工歌川貞広を選んだのは、彼の才能ばかりではなく大阪の水準を高く評価して、江戸にも紹介したかったためであろう。

大阪には社中や同朋の会、今風に言えばサロンが各種あって、大阪の篤志の人、あるいは大阪に上って来た人たちがそこで交流し合っている状況は、一『難波金城在番中銀鶏雑記』の記事にも見られるが、ほかにも色々書き留められている。

狂歌師鶴迺屋乎佐磨は出生は江戸の人。故あって大阪に来て住居すること二十年。浪花でも社中多く、頗る風流家で高名である。同じく壺中庵梅干丸は社中百人。同じく窓迺屋梅好は毎月狂歌会を持ち、銀鶏が誘われて参加した日は、諸大人方が集り、山海の珍味は善美を尽して賑った。

戯作者楠里亭其楽は、もともとは江戸麻布の産。さる諸侯の藩士であったが、故あって辞し、大阪に来て町役人となり、著述が色々あり、傍ら誹諧を好み、社中は多い。

狂歌師久太楼姫丸は白粉問屋。狂歌を好んで社中多く、友人が来ると茶室へ通して雅談におよぶ。

同じく檜垣猶三郎は号を真種と言い、元来は江戸の人。文政五年（一八二二）に大阪に来て、鴻池九兵衛の隠宅を借りて住居し、照り降り傘という日傘を弘める人の世話をし、狂歌会を催し、十点以上の歌は傘に貼って売った。画工三嶌英斎も元来は江戸の人。八年ほど前に大阪に来て、所々遊歴して浪花に足を留め、天性義深く、虚言を言わず、好んで客を愛し、また酒量十人に秀いで、傍ら鑑定を楽しむので、朝暮骨董家が入り込み、市のようであった。浮世絵師天満屋国広は、至って実義ある人で無欲。諸国より遊歴人などが来ると、厚く世話を焼いて助けとなった。同じく柳斎重春は長崎の産で、若年の頃から画を好み、大阪に足を留め、師につかずに浮世絵師となった。和歌の村田嘉吉は春門の子。月並の会日は十六日である。国学の松迺屋高尚は備中吉備の神司。折々大阪に遊び、銀鶏が尋ねた時は、堀江二町目の稲荷の御旅所に宿泊、日々講釈をし、大阪の社中は皆々集り、聴聞していた。煎茶家北園斎長楽の会日は毎月八の日である。好事家蒹葭堂石居の煎茶の会日は毎月二十五日である。書・和学の北海神通は江戸の産。足の踏み方を記した禹歩僊訣という奇書を著し、最近は天狗考を著した。目抜所の寿嶽軒元貞は雲州の産。大阪で目抜を彫る者でこの人に勝る者はいない。大阪には列挙してきたような各種の社中や同朋のサロンがあって、それはもちろん大阪出身の人たちのそれと並行して、催行されていた。

一方、短期間で大阪に来る人たちも多く、[二]『浪花雑誌街廼噂』には、今年は江戸の先生方、椿年、文二、武一、焉馬が来たと列挙されている。これらのことは[三]『浪花雑誌街廼噂』、[四]『廓中奇談浪花夢』にもうかがえる。

大阪の町人社会が文化知識人を暖く迎え入れていることは、銀鶏の交遊ぶりを見てもわかるが、その銀鶏は「兎角(とかく)大坂(おほさか)へくると、其(その)まゝ足を留(とめ)る人がいくらもありやす。何(なん)にしても土地(とち)はきれい、人気(じんき)はよし、其上(そのうへ)に金銀(きんぎん)がふんだんといふ国だから、暮すにはいひはづさ。余国のやうに、向ふ鉢巻をして、悪体をつく人などは、さつぱり見かけねい」（二『浪花雑誌街廼噂』）との主旨の大阪賛辞を一再ならず書いている。もっとも銀鶏には、江戸前の積極性、何でも見てやろうという旺盛な好奇心、加えて厚顔無恥な誇張癖は、多少あった。例えば二『浪花雑誌街廼噂』の巻頭には「寄鶏祝誹諧歌」「寄鶏祝発句」があり、そこには狂歌・俳諧・戯作の作者、歌舞伎役者ら四十五人の詠作を並べて誇示しているのである。このことは、逆に言えば、大阪の社中・同朋の文化集団、サロンが、一応は何んでも受け入れてやろう、何んでも聞いてみようとする、許容心の広い、貪欲な知識集団であったとも受け取れることになる。二三『浪花雑誌街廼噂』は読物であるけれども、そこには恰好をつけて振る舞う人士の行動を、ここでは銀鶏のことを言っているのであるが、是非の判断はせず、黙って受け入れている姿勢があるようにも読み取れる。

大阪の文化界は、江戸をはじめ他国からやって来た人たちの知識や仕事を集積して、血肉として体力をつけ、段々に各種の花を咲かせていくことになる。そのことを若干例示してみることにする。

江戸から大阪に来た楠里亭其楽の『復讐誉通箭』（文化十五年刊）の校正は大阪の筆工家好華堂野亭が行い、書肆河内屋嘉助を中心に刊行された。野亭の『昔語茨の露』（文政三年刊）には逆に楠里亭が序文を書き、書肆河内屋長兵衛を中心に刊行された。野亭の『秋葉霊験絵本金石譚』（文政十一年刊）には長崎出身の柳斎重春が挿絵を画き、書肆岡田茂兵衛を中心に刊行され、これら読本の刊行で三人は提携しあった。重春は笑印など、真にせまるところを書いたという（二『浪花雑誌街廼噂』）。

もちろん大阪出身の者同士が提携し合っていることは言うまでもない。野亭の『阿弥陀経和訓図会』（天保十五年刊）に始る「浄土宗回向文」「般若心経」「観音経」の和訓図会等の挿絵は松川半山が画き、いずれも書肆秋田屋太右衛門を中心に、シリーズとして刊行された。暁鐘成と松川半山の二人は、暁鐘成が還暦を迎えた嘉永五年（一八五二）から没する万延元年（一八六〇）まで、鐘成は文、半山は画と、分業提携し、書肆の河内屋一門から刊行されているのである（前出、長友著『近世上方作家・書肆研究』）。

それでは出版はどのようにして取りたてられるのか。四『廓中奇談浪花夢』では、立派な作者が大阪へ来ても、初めてでは出版されず、まして続き物や極彩色の口絵があるものなどは、安い金では出版できないという。銀鶏の二『浪花雑誌街廼噂』『女郎花浪花の穴』（未見）は書肆河内屋太助、四『廓中奇談浪花夢』『至昔今悪滑稽酒取物語』（文久元年刊）は書肆河内屋長兵衛が主力である。さらに河内屋長兵衛は風来山人の『飛落落葉』を再版するのに、校合を銀鶏に「無理無体（むりむたい）に押しつけて」、出版することにしたという。ここでも銀鶏の自慢の口ぶりは察知できるが、大阪の出版が書肆先導になっていることが見て取れる。出版の企画決定権は書肆側にあったのである。

出版書肆について、銀鶏は二『浪花雑誌街廼噂』の中で、心斎橋筋には五六丁ばかりのうちに、四、五十軒は書肆があると書き、河内屋太助、同平七、同長兵衛、同茂兵衛、柏原屋清右衛門、秋田屋太右衛門ら二十八軒を列記し、これほど本屋のある所はどこにもない、これによって文華の盛んな土地であることを知るべきであり、実に大都会の地であると書いている。書物も物によってはよほど恰好な物があるので、種々買い求めたいと書いており、心斎橋での書林営業や売れ筋の本の評判も聞いて廻っている。

幕末の大阪には、高い水準の社中や同朋集団、文化サロンが各種あり、彼等は大阪に来た他国の人も喜んで迎え入れ、互いに仲間になってさらに大きく輪を広げ、前進して行く広い度量と奥深さを持っていた。彼等は出版書肆とも緊密に提携し合っていて、その成果を出版して、書物として顕現することもできた。そのようなことは他国にはなく、大阪は日本一であるというのが、銀鶏の見た大阪ということになるのである。

先に、銀鶏は大阪滞在中、大阪の戯作者らと交遊したと書いた。その戯作者らの本業については、『難波金城在番中銀鶏雑記』の引き札の主と、同貳編二四七頁以下の「大坂尋人住居姓名」録などを点検（索引参照）すれば明らかになることであるが、ここで若干名について記してみることにしたい。

○野里四郎左衛門は、号を梅園という古物家。三年寄の一人。（二九六頁）

○壷中庵梅干丸は、小山忠兵衛というヒゼン薬屋の主人。（二九七頁）

○六〻鱗不美人は、若麸屋庄兵衛という麸屋の家主。（二九八頁）

○花月庵素徳は、田中屋新右ェ門という酒造家、煎茶家。（三〇〇頁）

○窓酒屋梅好は、米屋長兵衛という富家。（三〇二頁）

○千里亭は、扇屋利助という本屋。引き札が一八一頁にある。（三二九頁）

○蒼浪舎魚淵は、大文字屋九八郎という旅籠屋の主人。（三〇八頁）

○松長者天淵も、亀屋喜兵衛という旅籠屋の主人。魚淵の兄。（三〇九頁）

○久太楼姫丸は、和泉屋久右衛門という白粉問屋の主人。（三一〇頁）

○歌川貞升は、金物屋六兵衛という商人の倅。（三一四頁）

○松廼尾松翁の家業は浪花で一、二をあらそう茶店で、五五・六頁に親交のことを記している。『浪花雑誌街廼噂』初編巻之一凡例には次のようにも記している。「おのれ此度はじめて。浪花へ遊歴せしが。松廼尾の主人とはゆゑありてたび〳〵文通せしことあれば。其因みによりて今此家に旅宿し。しばしそこゝと見物する」。そして、その口絵四枚は哥川貞広が描いた松迺尾松翁の店であり、銀鶏が大坂で親交した三十数名の人物画があることは前述した。町人らの文化が隆盛、お互いに親交していたことが手に取るように理解できるのである。

難波城金番在中銀鶏雑記　写五巻五冊

本書については、中村幸彦先生に書誌と解題があるので、それを掲載する。最初の書誌は、『大東急記念文庫貴重書解題第三巻　国書之部』（昭和五十六年十一月十六日、同文庫）の記述、次の解題は『中村幸彦著述集　第十四巻　書誌聚談』（昭和五十八年三月三十日、中央公論社）「四　未刊随筆談　8平亭銀鶏の雑記類」である。ここでは大東急記念文庫所蔵の銀鶏の他の自筆雑記類にも言及されているが、もちろんその書誌は『大東急記念文庫貴重書解題　第三巻　国書之部』にも記述されている。また、内容も広く銀鶏の文事全般にわたっていて、その性格をよくうかがうことができるものである。

難波城金番在中銀鶏雑記　寫五巻五冊　二二－一二二－一二七〇

畑時倚（平亭銀鶏）編　自筆　袋綴　改装　裏打の部分もあり　茶色後補表紙　二四・四糎一六・五糎　用紙行数字高など一定せず。〈影印縮小率約六五％〉

（一）原表紙（共紙）一丁本文四十丁（貳）原表紙（共紙）一丁本文二十八丁（［參］）原表紙一丁本文二十八丁（このうち「蔓圃藏」と柱刻ある罫紙四周雙邊毎半葉十一行匡郭一七・九糎一三・四糎を使用する部分あり）（四）原表紙（共紙）

一丁本文十五丁（伍）原表紙一丁本文十丁（「蔓圃藏」の罫紙使用）後補表紙外題なし　原表紙題簽左肩とき色無邊一六・六糎四・〇糎「難波金城在番中銀鶏雑記一（貳・佪・伍）」（參闕）各表紙に「天保五年歳在甲午／八月四日ヨリ乙未之八月／四日迄一ヶ年」「燕石樓執筆」の文字あり、又、（貳）の簽下部左側に「三餘」、（佪）に「浪街」、（伍）に「義太」とあり

（第一册目は、天保五六年間在大坂中に入手した諸刷物類の貼交帖、諸商品、茶所、賣藥、食品、狂歌會、富札、書林、千社札等の集、第二册は、自作の狂歌文の間に、京都兵庫大坂の知名人の住所姓名や生活上の諸覺などを交へる、第三册目は大坂の聞人の評判記で、後半は住所録なれども頗る體裁は整つてゐる、第四册目は「難波遊」と題して繪入にて大坂の生活の態を説明する、刊本街の噂の材となつたものと思はれる、第五册は義太夫丸本の目録）。

〈長友注　原装訂では、丁付は不明であったが、本書撮影のために綴を解いてもらうと、（一）に、編集のためと思われる墨書の丁付のあることが影印に見る通り判明した。しかし、柱の丁付には、通しで仮丁付をつけた。また、後補表紙は影印には付さず、貼紙のある箇所（二一六頁）（二七四・二七五頁）（三五二・三五三頁）はそれぞれ重出した。〉

平亭銀鶏の雑記類

平亭銀鶏は姓畑、名時倚、字毛義、通称数馬、上野国甘楽郡七日市の人。父道雲名秀竜は七日市の前田侯の医官であったが、奇々羅金鶏と号して、狂歌師としてやや有名である。父は赤良門だが、彼の言によると、狂歌は自らは飯盛門、書道は荒木適斎門下に、子昂風の荒木派を収め、其処で佐野東洲の養子であった頃の山東京山と

机を並べ、書論をたたかわせたというが、共に口程には上手でない。しかし、父の業と狂歌をうけついで、後年は江戸に住し、浅草堀田原組屋舗に住し、晩年、家を子の鉄鶏に譲って隠居してからであろうか、亀井戸にも住した。明治三年三月二十三日八十一歳で歿し、墓は七日市の永心寺にあるという。以上は、当時の人名録類、自著から狩野快庵の『狂歌人名辞書』などによる略伝である。著述はかなりの数に上る。大阪の風俗を江戸と比較して滑稽本風に作った『浪花雑誌街廼噂(ちまたのうわさ)』の如く、今も重宝がられるものもないではないが、小説風のものも面白くなく、多くは片々たる時事を採り上げたもの、当人は、平賀源内の『六部集』の行き方を学んだつもりかも知れないが、到底足下にも及ぶものではない。最も多いのが当時流行の人名録や名家の番付、評判の類と、時には毎月の二十五日に自ら主催の書画会を開いたという彼らしく、書画会などにまつわる、文人名家の評判記類である。当時の人名録に、「雑学」とか「雑家」と分類されているが、正に雑家であるし、その学問知識なるものもいかがわしい。彼の著『銀鶏一睡南柯廼夢』の文人集合の口絵を見ると、『十八世通志』『源氏湖月集』なる珍本の本箱を並べる。もっとも『湖月集』の方は、これより先に洒落本にも例がないではない。が誰かに注意されたのか、後に出した『文人穴さがし』で、

> 湖月抄を湖月集とかき、十八省通志の省の字を世と誤り、又本文にも天子の諱と記すべきを、天子の御名と記し、平仄の仄を灰といふ字に誤るなどは、あまり鼻さきのことにて

と、恬として改めるていたらく、自ら「文盲散人」と号したのも宜なるかなである。番付評判記についても『妙々戯談』によると、その番付にのせる文人達から一朱二朱ずつ金を取った。文人達も名を売るためと、渋々ながら出したという。その欲深いことは、この『妙々戯談』のみならず、『諸家必読出放題』にも批難されている。自筆雑記によると、書画骨董の売買にも何か係っていた如くでさえある。彼自らの書によく見える、書画会功者で、そ

の席に連なって先生方に交われば、自らも先生顔する、その一人であったのである。知ったか顔も、正に道聴塗説の輩であったと思われる。そのようなかんばしからぬ人物の雑記を紹介しようというのも、実はその道聴塗説が、何かの役にも立とうかと思ってのことである。

彼の珍妙な文人録『江戸文人寿命附二編』の広告に「銀鶏雑話　五十巻」と見える。五十巻は少々あやしいが、若干が自筆で残っているようである。たまたま筆者の見たのが大東急記念文庫蔵の次の四部である。

『平亭雑記』二巻、『銀鶏雑記』一冊、『難波金城在番中銀鶏雑記』五巻、『銀鶏三余雑記』一冊

同文庫には安政五年のコレラ流行の世相を述べた『疫癘雑話街廼夢』の稿本もあるが、これは別にしよう。難波在番中のものには、例の『街廼噂』の材料や当時の大阪の市店の刷物の貼込帳などあって面白いが、今は東西の文人の噂を若干紹介しよう。しかし、『南柯廼夢』を悪評した『諸家必読出放題』の「平鳩渓詰銀鶏」の一条でも、この人既成の書物にあるものを、専ら我知り顔に書いたのを指摘されているが、文人の略伝も、もういくつか出ている幕末のこと故、ここでもそうしたことがあるかも知れない。要慎要慎。

『銀鶏三余雑記』には、江戸の戯作者が何人か見える。

山東京伝は壮年の頃より、父金鶏と交ることいたつて深し、故あつて上毛七日市の旧宅にあること一年余、其人となりいたつて質朴にして、常に書を読こと（ママ）このみ、三余のひまはいふもさら也、歩行しながら書をはなさず、なかんづく小説をこのみて、水許（ママ）伝を腹として、戯作をせられしか、不斗したことより、悪玉善玉のしやれをかきて、公より御とかめを蒙り、窂へまではひりしが、（中略）されば戯作道をひらきしは、実に此京伝子より初まれり、たはいなき滑稽とはいひながら、忠信（ママ）水許（ママ）伝の手際なとは、なみ〳〵の作者の及処にあらず、吉原のしやれ本は、此人をもて鼻祖とせり、既吉原大全の序は東江先生の筆なり

今から見れば珍しい記事ではないが、幕末に既に京伝の評価が、ここまで固まっていた事がわかる。寛政元年に黄表紙『嗚呼奇々羅金鶏』を、諸家の評によると書かされた京伝が、七日市に遊んだことはあったろうが、一年余の滞在で、何か彼の歴史的な読本『忠臣水滸伝』の案が、そこで出来たようにも聞えるが、どんなものであろうか。その前に鬼武の一条がある。

感和亭鬼武は、前野満治郎といへる人なり、ひととほりの戯作者にはあらず、撃剣をよくし書をよくし、和歌をよくし狂文狂詩をよくし、地理に委く算法に工なり、好んて土鼈をくはれしゆゑ、庵号を土鼈庵と名づく、寛政年中かぐら坂にて、富吉といへる者、親のかたきをうちしとき、鬼武子助太刀してうたせしこと、人皆知所也、十月十一日のことなりとかきけり、常に戯作を好んで作られしが、作はあまり面白からず、自来也物語は自満の作なれども、評判なし

馬琴の『近世物之本江戸作者部類』の鬼武は、何だかじめじめして面白くないが、これで見ると、滑稽本作者らしく面白そうな人物に思える。名は『戯作者考補遺』に曼七とあるが、『戯作者小伝』の「燕石十種」所収本は「曼助」とあり、いずれが正しいのであろうか。呉橋門で友人という山東京山についても一条があって、「しかれども作は赤本にかぎり、読本は小機姫鷲（ママ）のを読の外にいでず。印刻は直（ママ）を極めしよりこのかた、風流家にはぶかれ、田夫野人の便利とはなれり云々」と、余りよくない評を加える。『難波金城在番中銀鶏雑記』の第三冊目は、大阪の狂歌師、浮世絵師、戯作者の略伝を記したものにあてている。『街廼噂』の奥付には、「難波廼花　全一冊、此書は大阪の戯作者と浮世絵師との姓名住居をしるし、並に伝をくはふ」と広告がある。恐らくこの書の草稿の一部にあたるものであろう。遅れていたこの方面の研究は、近頃、横山邦治、長友千代治、松平進諸氏の努力で次第に明らかになって来た。銀鶏としても噂の渦巻く江戸の人々と自ら趣も相違するので、案外正確に伝えること

を努めているかも知れない。よって若干参考になるかもわからない。筆頭は、

○狂歌師　常盤町壱町目谷丁少シ西へ入　　鶴迺屋乎佐麿（二九五頁）

大坂三年寄の内、野里四郎左衛門隠居、出世江戸の人、故あつて此地へ来り、住居すること二十年、南畝社中也、浪花にても社中多くして、頗風流家の高名なり、年八十一歳にして壮健無事、性戯場を好み、市川白猿、岩井紫若、中村梅玉等と交り深し、白猿、しばらくの役を勤むるときの烏帽子素襖扇子大太刀、並に助六の役を勤むるときの紫縮緬の鉢巻、此家へ贈る、一日老翁右の品〳〵を取出して己に見せしことありと。これは「天保五年歳在甲午八月四日ヨリ、乙未之八月四日迄一ヶ年」在阪の時の記なのであるが、『狂歌人名辞書』とは、若干違ったところがある。浄瑠璃や読本を作った好花堂山田野亭は、筆工として見える。

○筆工家　心斎橋筋清水町　　山田野亭（三〇二頁）

専門のいとまには、戯作もなせり、近頃河長（河内屋長兵衛）にてほりたる和田軍記（天保五年）は此人の作也、前編は鎌倉見聞誌の儘にて、少しく増補したる迄也といへども、後編は丸に作り物かたりにて、跡かたもなきことを綴りし書也、己か校合せし飛花落葉の筆工は、此人の筆也、滑稽本も余ほど刻になりたるあり、浪花にて筆工に名を得たるもの四五人あり、其中の一人にして、人よく知る処なり、をりにふれてはたはれうたも詠せり、いとをかしき人也

『京摂戯作者考』に「書家を業とし」とあるのは、筆工のことでもあったらしい。『飛花落葉』は平賀源内の著の再版だが、これまた『街廼噂』の末の広告に全一冊と見えるもの、後に『風来六々部集』として、銀鶏の出したものも同じ版下であろう。近頃、松平進氏の研究が出た（『梅花女子大学文学部紀要』第十三号）柳斎重春については、

○浮世絵師　三ツ寺町　　柳斎重春（三一七頁）

此人長崎の産にして、若年の頃より画を好みて、遂に浪花に足を留めて、師に附ずして浮世絵師となる、読本いろ〳〵かけり、河長の板和田軍記も此人の画也、大坂芝居の看板より、見世物のかんばんおほく重春子のひけうけ也、酒をのまずして質朴なる人也、爰にをかしき噺あり、うまれえて烟草をきらふこと、余にまた百倍せり、画室の火鉢に制札あり、其文にいはく、いかなる貴客たりといへども、決して火鉢へ吹からはたくべからず

とあり、一逸話の報告だがやや面白い。最後に、片山兼山門の儒荻原大麓のことを、『三余雑記』の方から引いておく。

荻原大麓先生は、上毛藤丘の産なり、若年のころ博奕諸国に流行し、放蕩無類のやから美服をかざり、そこ〳〵にふらつきありくを見て、先生おもひけるは、人間わづか五十年、麁食をくらひ麁服を着て、田間にくちはてんより、東都にいたり、遊芸をならひ、生涯を滑稽にくらさんこそおもしろかるべしとおもひ立れ、夫より藤岡を欠落なし、江戸深川にいたり、三味線を稽古し、芸者となりて世を渡られしよし、其後こゝろざしを転じて、兼山先生の門に入て、儒家を立てられしこと、笠原英三といへる人の咄なり、儒者医者にならんとて、芸者になれる人はおほくあれど、芸者にならんとて、儒者になりしは、万世先生の外あまりおほくはあるまじ、いとたふときことにあらずや

という。『江都諸家墓所一覧』には、名万世、称英助、文化八年五月八日歿、中寺町妙福寺に葬ると見える。字は休卿といい、享年六十とは、その著『韓子考』を収めた、「儒林叢書」の解説である。文晁画の肖像のあることは、森銑三氏の文晁の伝にあったかと思われる。考証学者という。もし本当とすれば、太鼓持上りの考証学者

も珍しい。

さてこの道聴塗説家のいうところが、どれ程本当か、その傍証を探ねる楽しみ（？）が又出来たというものである。

［延寳大坂町盡］　一六葉

書誌について、影印によって明らかになる点は省略し、明らかにならない点だけを記す。

袋綴じ本を解体して、貼付したもの。
原表紙、前表紙・後表紙、ともになし。
料紙の大きさ、縦一四・五糎横二一・三糎。〈影印拡大率約一〇七％〉
匡郭内法、縦一二・二糎横九・〇糎。
大阪府立中之島図書館所蔵『保古帖』（甲和五八―一）所収。

本書については、既に複製がある。刊本は『攝陽奇観』巻之四（『浪速叢書』第一巻）所収であるが、それは第三丁と第四丁を欠き、当時大阪安土町鹿田静七氏秘蔵の「保古帖第一」によって補ったものという。その「保古帖」は、現在は大阪府立中之島図書館所蔵で、本書影印の底本とした。ここでは大きく鮮明に複製することが目的である。

写本は、大正十三年十月一日、編輯印刷兼発行者木村助次郎氏の『難波蘆分船附録全』（だるまや発行）であるが、その巻末には次のような解説がついている。一字分空白は長友による。

曩に「蘆分船」「難波鑑」とを刊行し　以て大阪に於ける古版地誌の白眉たる両書の複本を完成したるが、その「蘆分船」には「附録」一冊ありと聞とも　紙数少きかためか散逸して　其原本は好事者間にも目撃せし人稀なりとの事に、爾来種〻なる方面を捜索中　最近に至り　故松岸義哲氏の蔵書中に其寫本ありと傳聞するのみならず、たま〳〵大阪府立圖書館にも貴重品として備付の一本ありと聞き、これを借覧せしに、是亦寫本なりと雖も　臨寫の筆蹟殊に美事にして　恐く原本の面影を其儘に傳ふるものと推測さるゝにより、茲に同圖書館の承認を經、複刊して　以て「蘆分船」の完璧を期すること、なせり、

大正甲子仲秋

だるまや書店主人

木村助次郎しるす

この解説のように、本書を『蘆分船』の「附録」と、一応は考えてよいであろう。

『蘆分船』は、『浪速叢書　第十二　地誌其一』（昭和二年七月、同叢書刊行会）にも所収されていて、周知の通りの大阪案内記であるが、その著者は一無軒道治で、刊記は次のように記されている。

右蘆分船者摂州難波地景／古今名所記也予潜求之聊為／童蒙繪其所〻令板行者也

延寳三季／陽月吉辰

書林／山本氏理兵衛開板（治重）（印）

本書を、『蘆分船』の著者・刊年・刊行者について比較検討してみた場合、出版製作上、両本の間に正編と「附録」の関係は認められない。

「附録」あるいは「増補」のことが認められるのは本書の序文からだけであるが、それは『蘆分船』が「寺社名所のみにて町筋たしかならず」であるのに対して、本書は「次第〱に人家立つゞき　町なみ広くなり　町筋あんない覚がたきまゝ　世にまよひ子多きゆへ　をしへんとするに数おほし　されは大坂堀橋町の名をえびす哥につくり」（四〇三頁）、誰にも分りやすく覚えやすくするという目的からの出版である。

しかもそれは、同じ編者・刊行者からの出版ではなく、別の編者・刊行者からの出版である。このことは、大阪における大阪への関心、大阪についての実用案内がますます必要になってきていることを明らかにしているものといえよう。他国の旅行者への案内書とは区別されなければならないのである。

これらのことについて、前掲書『浪速叢書　第十二　地誌其一』の解説では、十数年前の『蘆分船』出版の紹介はしているものの、「附録」についての言及はしていない。このことは編者が「附録」あるいは増補・続編の存在を知らなかったか、あるいは知っていても、本書をそれらに類同するものとは認識していないことになる。但し、だるまや版『難波蘆分船附録　全』の巻頭では、「今爰に載する圖画のことく小冊あり　寔に近世稀冊にして　蘆分舟にいさゝか府属すれば　写しあらはし侍りおわんぬ」と記しており、その原本書写者が「附録」とは認めないまでも、『蘆分船』に付属類同するものであることは認識しているのである。長友が原板本を改めて紹介したい理由もここにある。

本書は、『蘆分船』と違って、序文に記すように、人家が建ち続き、町並は広くなり、町筋の案内も覚えがたくなったので、方角や堀・橋・町名を狂歌に作って覚えやすくしたものである。それは江戸時代になって歌われ出す「京都案内歌近辺道法」に相当するもので、大阪市中開発の著しい進展を証明しているのである。

本書はこのように、大阪市中の地域・地名を対象にした案内記であるが、翌年延宝七年三月刊『懐中難波すゝめ 全』（京堀川小嶋屋長右衛門、大坂心斎橋筋古本屋清左衛門）は、大阪の城代から諸奉行の人名、諸大名の所付・知行付・用聞人付など、また諸商工業から諸芸能者まで、大阪の現況総合案内へと展開していることに注意すべきであろう。『難波蘆分船附録 全』と本書を比較すれば、記載内容、本文の描画は大体同じであるが、漢字と平仮名の異同、漢字振仮名の有無、記載様式、特に罫引き図表などに相異が認められる。

摂州名所記　写一冊

編者不詳。
袋綴　茶色地刷毛引模様原表紙。
大きさ、二七・二糎二〇・二糎。〈影印縮小率約五八％〉　題簽一〇糎二・五糎。
本文二一丁。
松平文庫所蔵（島原図書館内）（七〇－一〇）
現兵庫県下、須磨、兵庫、神戸、芦屋、西宮、鳴尾、箕面、尼崎一円の名所旧跡案内地誌。

注記

5頁　「岩瀬文庫」の長方形印と、鶏の丸印などは朱色。以下、同じ。

111頁　題簽はとき色（淡い朱紙）。右下方の薄い識語は「天保五年ハ今慶應ヲ去ルヿ三十三年昔ナリ」とある。

114頁　三重枠内は青色摺り。195頁参照。

123頁　薦被りは青色摺り。160頁参照。

125頁　書写。匡郭内法（以下同じ）縦一七・九糎横一三・三糎。

127頁　縦一九・四糎横一四・〇糎。

128頁　二重枠の内法縦一四・七糎横一〇・五糎。

132頁　「新生そ葉価五分」等は薄藍色摺り。「木谷蕎麦」は草色摺り（192頁参照）。「塩屋忠兵衛」引札は縦一七・九糎横一三・三糎。

133頁　極く淡い藍色摺り。

135頁　右同じ。

136頁　左半分は継ぎ紙。文様は朱色摺り。

151頁　「狂歌怜野集」最内枠は縦一八・八糎横二九・二糎。

156頁　「ほていや小兵衛」墨印は縦三・七糎横二・五糎。

158頁　下両端「御菓子所」と「御はみがき」（一五九頁参照）の末尾印は朱。

159頁　上「せいろう蒸(むし)すし」は薄藍色摺り。

160頁　「銘酒琥珀光」の薦被りは二枚とも青色摺り。右方は縦一八・一糎横六・五糎。

161頁　「薯蕷饅頭」の右肩は朱印。

162頁　「上田社画会」の匡郭は縦二一・九糎横八・〇糎。「九百弐拾両」受取は大きさ縦一八・五糎横五・二糎。「拾」にかかる小判形印は朱色。最上方は朱摺り。

163頁　上方の受取の「拾」にかかる小判形印は朱摺り。最上方は朱摺。「玉靏」下は朱印。他は全て墨印。

164頁　左上「あざ原屋庄右衛門」は全体草色摺り。
165頁　右上「御末広師」は朱印。左上「てぐす」の引札の匡郭は縦九・六糎横六・三糎。左下「御菓子司所」引札は縦五・二糎横三・四糎。
166頁　「御菓子所」は別摺り物の貼付。
167頁　「河内屋太助」の引札は縦二四・三糎横七・九糎。
168頁　「東都産物処」の三重枠の内法は縦一一・八糎横七・一糎。
169頁　「古道具売買所」の引札は縦二三・四糎横七・九糎。
172頁　「なだ伊」の紙の大きさは縦一六・三糎横七・八糎。
173頁　左上「越與」の匡郭内法縦一一・六糎横八・九糎。右下は極く淡い緑色摺り。
174頁　右端頭部の文様は朱摺り（162頁参照）。
176頁　「お六すき櫛」全体内法は縦一三・七糎横一二・〇糎。「龍田川」は青色摺り。その下の印も青色。その周囲の印は朱色。

178頁　下「万嚢物」は縦一〇・五糎横九・〇糎（219頁参照）。
179頁　「満舞歳」「御銘酒所」「歳」などの箇所の印は朱印。
181頁　縦一九・三糎横一三・二糎。
185頁　「鶏味噌」「丁子風呂」は青色摺り。花月堂の下の印は朱色。
187頁　「とうがらし」は縦六・八糎横三・九糎。「息才煮」は青色摺り。花月堂の下の印は朱色。
188頁　上「御弓矢韘師」は縦一四・〇糎横八・八糎。
190頁　左下はうすいが、「表具ひしほ／御酒の口とりによし／花月堂　朱印」とある。
192頁　左上「木谷蕎麦」は草色摺り。左下は淡い茶色紙に、「内本町三丁／御歯磨／松井市右衛門」とある。
195頁　以下は、一枚摺り物などを、全紙広げた形で抄出したもの。第一行目字高は、一七・四糎。横幅は三〇・一糎。左方の三重枠は青色摺り。

196頁　匡郭内法（以下同じ）は縦二一・〇糎横三一・六糎。
198頁　匡郭一九・一糎横三〇・三糎。
200頁　匡郭二二・五糎横三二・五糎。
201頁　それぞれ四種、別種。
202頁　字高は一五・七糎。横幅は二一・一糎。
203頁　右と同じ。左半分は別物。扇の印は朱色。
204頁　字高は一五・七糎。横幅は二八・四糎。
205頁　匡郭一九・三糎横二七・一糎。
206頁　匡郭一九・四糎横三一・七糎。
207頁　上段第一行八・二糎横二三・二糎。
208頁　匡郭一九・五糎横三〇・五糎。
209頁　右の花罫は縦一七・一糎横一一・二糎。左の三重枠は縦一六・九糎横一二・五糎。
210頁　縦匡郭一九・五糎横三〇・五糎。
198頁、206頁、208頁、210頁は同種である。198頁は河内屋庄右衛門のものであるが記述内容に他と類同がある。
206頁、208頁、210頁は藤林善右衛門のもの。208頁と210頁は同板。206頁は208頁と210頁の板木に、後から二行目「祇園御香せん品〻」の一行を入木追加し、三段目左端の囲み欄を入木訂正したもの。
211頁　外枠の内法縦二〇・四糎横三〇・六糎。
212頁　匡郭縦二〇・九糎横三一・四糎。
214頁　左端の受領証は縦一八・五糎横五・一糎。（162頁参照）
215頁　「鼠絶散」の子枠縦九・九糎横一三・三糎。216頁分も同板。
216頁　中島屋徳兵衛のものは横幅六・三糎。倉橋屋弥一郎のものは横幅七・六糎。ともに下方は裁断。
217頁　重出。良山堂阿部良平印は、朱。全体縦三・九横二・七糎。
219頁　「万嚢物」は縦一〇・五糎横九・〇糎。
223頁　「日の出／せんべい」大枠は縦一二・三糎横八・六糎。
224頁　「しよかちの御薬」は淡い茶色紙。子枠縦一七・九糎横七・〇糎。
236頁1行目「おのれ」、6行目行頭「〇」は朱書。

注　記

237頁1・2行目　4・5行目　各行間の小文字は朱書。
245頁7行目　行頭「〇」は朱書。8行目傍線も朱書。
245頁　最終行下の「銀鶏好」印は朱。
247頁　下の「銀鶏」の印は朱。
248頁4行目・7行目　行頭の「〇」は朱書。
250頁1・7・8行目　行頭の「〇」は朱書。
258頁　行頭の漢数字は朱書。
259頁　行頭の漢数字は朱書。
271頁　中央部下よりの印も朱。
274頁275頁　重出。273頁の貼紙をめくったもの。
285頁4・5行目　傍線は朱書。6・7・8、13・14行目の行頭漢数字は朱書。
286頁　点画印、銀鶏印は朱。二行目下三行目「十八」「十三」は朱書。
317頁　十行目の下は虫損。
336頁　四行目からは貼紙。
351頁　「たそや行燈」の図などは貼紙。したがって352頁353頁は重出。

索引

1、人名・書名・地名・語彙など、原則として内容や説明のあるものに限って採録した。
2、頭書や割書からは配列せず、区別の必要なものに限って、頭書や割書きから配列した。
3、庵号・堂号・姓氏名については、それぞれ分けて採録したものもある。
4、項目については、わたくしに要約、立項したところがある。
5、引き札などは、標題と姓氏名などを採録した。

あ行

か　行

さ行

た行

な　行

は　行

ま 行

や行

ら行

わ行

あとがき

大東急記念文庫『かがみ』第三十四號特輯號「中村幸彦先生追悼文集」に、私は次のように書いた。

資料のことでは、先生に申し付けられながら、実行しなかったことがある。関係者は御記憶の筈であるが、それは上方藝文叢刊（昭和五十四―五十八年）で、畑銀鶏の大阪関係の自筆本、大東急記念文庫蔵『難波金城在番中銀鶏雑記』と西尾市岩瀬文庫蔵『浪花雑誌街迺噂二編』を合せた影印を、共編でさせてもらうことであった。先生からの御話にも拘らず、ある事で迷って即答しかねていると、先生は斟酌されてそれ以上の話はなさらず、他の担当も先生はなさらなかった。申し訳のないことをしてしまったとずっと思ってきたが、今はそのことを明記し、出版費を負担してでも実現してみたいと思っている。

島津忠夫先生にこのように書いたと申し上げ、いつ大東急記念文庫岡崎久司氏に申し出たらよいでしょうか、と相談すると、島津先生は、雑誌が出来上ってからだ、と言われた。雑誌が出来てからは、延広真治氏などから、是非実現させるように、との御便りをいただいた。延広氏からは、解説にも書いたことであるが、既に早く『難波金城在番中銀鶏雑記』について御教示を受けたりしていたこともあったので、いよいよ意を強くして、岡崎氏に申し出たのであった。

大東急記念文庫岡崎久司氏は御快諾下さった上に、調査撮影利用については最大限の便宜をはかること、また該資料は中村先生が、当初大東急記念文庫の善本叢刊に候補にされていたこともあるので、その出版社汲古書院坂本健彦氏にお願いするのがよいと言われ、岡崎氏からも事情を話していただくことになった。坂本氏からも、中村先生のことならば引き受けますと御快諾いただいた上に、出版費用の負担などいりません、との御話もあった。

資料集の刊行等はむつかしく、難行するかなと思っていたら、中村幸彦先生のことということで、すべてはこの通りに順調に進んだのである。七光というものである。

序文を書いていただいた島津先生、岡崎氏、坂本氏らで御相談があり、中村幸彦先生三回忌追善として、ここに刊行させていただくことになったのであるが、やむをえない事情も重なってやや延引した。なお、編者として拙名を並記させていただくことは恐れ多いことではあるが、御許しいただきたいと思う。各位には心から感謝申し上げます。

編集には小林淳氏の御尽力、また索引作成には森重善光氏の御尽力を得た。御礼申し上げます。

ここまでの「あとがき」を、「平成十三年秋　彼岸入り日」の日付で書いて、初校まで出たのであったが、さらに諸般の事情から刊行が遅れた。その間、岡崎氏の御退職があり、岡崎氏にかわって村木敬子氏に大東急記念文庫での万般の御配慮を忝くした。

さらには、『浪花雑誌街迺噂二編』『難波金城在番中銀鶏雑記』のほかに、本書構成の頁数次第ではと当初用意して届けていた『延寶大坂町盡』『播州名所記』についても、小林淳氏に再検討があり、収録していただくことになった。誠に有り難いことである。

中村先生六回忌　平成十五年五月七日

長友　千代治

［編者略歴］

中村　幸彦（なかむら　ゆきひこ）

明治44年兵庫県洲本市生まれ、平成10年5月7日没。

享年87歳。京都大学卒業。近世文学専攻。

天理図書館司書研究員。天理大学・九州大学・関西大学教授を歴任。

主著『近世小説史の研究』『近世作家研究』『戯作論』『近世文芸思潮攷』『中村幸彦著述集』『洒落本大成』（共編）『上田秋成全集』（共編）『角川古語大辞典』（共編）ほか。

長友　千代治（ながとも　ちよじ）

昭和11年宮崎県宮崎市生まれ。佐賀大学卒業。大阪市立大学大学院博士課程修了。近世文学専攻。

大阪府立図書館司書。愛知県立大学・京都府立大学を経て現在佛教大学教授。

主著『近世貸本屋の研究』『近世上方　作家・書肆研究』『近世上方浄瑠璃本出版の研究』『江戸時代の図書流通』ほか。

浪花の噂話
街迺噂二編／銀鶏雑記
［延寶大坂町盡］／攝州名所記

二〇〇三年七月　発行

編者　中村幸彦
　　　長友千代治
発行者　石坂叡志
整版印刷　富士リプロ

発行所　汲古書院
〒102-0072 東京都千代田区飯田橋二-五-四
電話　〇三（三二六五）九七六四
FAX　〇三（三二二二）一八四五

ISBN4-7629-3448-8　C3093